文化伟人代表作图释书系

An Illustrated Series of Masterpieces of the Great Minds

非凡的阅读

从影响每一代学人的知识名著开始

　　知识分子阅读，不仅是指其特有的阅读姿态和思考方式，更重要的还包括读物的选择。在众多当代出版物中，哪些读物的知识价值最具引领性，许多人都很难确切判定。

　　"文化伟人代表作图释书系"所选择的，正是对人类知识体系的构建有着重大影响的伟大人物的代表著作。这些著述不仅从各自不同的角度深刻影响着人类文明的发展进程，而且自面世之日起，便不断改变着我们对世界和自身的认知；不仅给了我们思考的勇气和力量，更让我们实现了对自身的一次次突破。

　　这些著述大都篇幅宏大，难以适应当代阅读的特有习惯。为此，对其中的一部分著述，我们在凝练编译的基础上，以插图的方式对书中的知识精要进行了必要补述，既突出了原著的伟大之处，又消除了更多人可能存在的阅读障碍。

　　我们相信，一切尖端的知识都能轻松理解，一切深奥的思想都可以真切领悟。

■ 文化伟人代作图释书系

Two Treatises
of Government

雪也 / 译

政府论（全新插图本）

〔英〕约翰·洛克 / 著

重庆出版集团 重庆出版社

图书在版编目（CIP）数据

政府论 /（英）约翰·洛克著；雪也译. —重庆：重庆出版社, 2021.2（2025.2重印）

ISBN 978-7-229-15654-1

Ⅰ.①政… Ⅱ.①约… ②雪… Ⅲ.①政治制度–研究 Ⅳ.①D033

中国版本图书馆CIP数据核字（2020）第265838号

政府论
ZHENGFULUN
〔英〕约翰·洛克 著　雪也 译

策划人：刘太亨
责任编辑：陈渝生
特约编辑：何 滟
责任校对：杨 媚
封面设计：日日新
版式设计：曲 丹

重庆出版集团
重庆出版社 出版

重庆市南岸区南滨路162号1幢　邮编：400061　http://www.cqph.com
重庆市国丰印务有限责任公司印刷
重庆出版集团图书发行有限公司发行
全国新华书店经销

开本：720mm×1000mm　1/16　印张：23　字数：406千
2021年2月第1版　2025年2月第3次印刷
ISBN 978-7-229-15654-1

定价：58.00元

如有印装质量问题，请向本集团图书发行有限公司调换：023-61520678

版权所有，侵权必究

TRANSLATOR'S PREFACE | **译者序**

约翰·洛克（John Locke，1632—1704年），英国近代以来最具影响力的启蒙思想家、经验主义的代表人物之一，而经验主义则是人类走向现代唯物论至关重要的一步。同时，洛克还是欧洲先进政治学术的开拓者与主要代表，他的著作影响了卢梭、伏尔泰、孟德斯鸠等人，从而造就了完整的自由主义体系。他一生笔耕不辍，留下多部重要著作，其中最著名的是《论宗教宽容》《人类理解论》与《政府论》。

作为一个迄今仍光辉四射的思想家，洛克最重要的成就集中在政治思想方面，而他的社会政治思想体系则主要体现在他1689到1690年写成的《政府论》中。在《政府论》上篇中，洛克基于自然理性和《圣经》解释，抽丝剥茧般地分析并驳斥了罗伯特·菲尔默在《先祖论》中提出的君权神授和绝对君权理论。伏尔泰读完约翰·洛克的著作后，不禁感叹："从来没有一个人比洛克的头脑更明智、更有条理，在逻辑上更为谨严。"在《政府论》下篇中，洛克又以深刻的笔触对自然状态、战争状态、奴役、财产权、父权、政治社会的起源与目的、国家形式、立法权、执行权、对外权、特权、征服、篡夺、暴政和政府解体等进行了详尽的阐释。该书出版后，被译成多种文字，在世界范围内流传甚广。书中所包含的政治法律思想不仅在当时的英国发挥过重大作用，直至19世纪末，英国的宪法制定还以其中的学说为基础。可以说，该书对于资产阶级法律思想体系的形成，起了十分显著的作用，在西方法律思想史上占有举足轻重的地位。此外，它还给世界资产阶级革命带来了深远的影响。托马斯·杰弗逊在起草《独立宣言》时，曾把《政府论》作为重要的参考文献；《政府论》中的分权理论，在经过法国启蒙思想家孟德斯鸠的改造以后，发展成为立法、司法、行政三权相对独立并相互制约的政治理论，对法国大革命产生了重要影响，法国在大革命后，也曾遵循这一理论制定了宪法。

　　傅雷先生曾言，译书要认清自己的所短所长，不善于说理的人不必勉强译理论书，不会做诗的人千万不要译诗……而洛克的《政府论》上篇为辩驳英国资产阶级革命时期的保王党理论经典而著，下篇则系统阐述其自由主义思想，上下两篇都重在说理，且洛克心思细密敏锐，逻辑推论周密严谨，而说理并非笔者所长，所以内心多有忐忑。但翻阅原作及多版本译本后发现，各家翻译优劣不一，各有各的特色，也各有各的缺陷，后遂重拾信心，潜心翻译，志在传神达意。此次重译历时数月，译毕又几经修改、润色，总算差强人意。心余力绌，望读者批评指正！

雪也

2019年8月于徐州

AUTHOR'S PREFACE | **自序**

　　读者朋友，您现在看到的这本书是《政府论》的开头和结尾部分。至于本该出现在中间部分、篇幅远大于此的内容，其遭遇如何，继续追究已毫无意义。我希望，幸存的这些篇章足以帮助我们伟大的秩序恢复者威廉国王荣登王位。我希望，在人民的支持下，我们的国王能充分行使他的王权；在一切合法政府的代表中，在基督教国家的所有国王中，他将获得人民最广泛、最坚定的支持。我希望，这些篇章能够让世人看到英格兰人民热爱和捍卫正义与自然权利的决心，看到他们把处于奴役和毁灭边缘的国家拯救回来的正义之举。如果仅靠这些篇章就能实现上述目标，那么，那些遗失的篇章就算不上多大的损失，读者们也不会因此怅然若失。我既没有时间也不想再大费周折去重新梳理罗伯特·菲尔默爵士著作中那些隐晦、复杂的表述，以填补关于我对他回应的遗漏部分。国王陛下，以及我们的整个国家，已经彻底驳斥了他的假设。我想，今后再也不会有人自信满满地反对我们共同的安全秩序，重新拥护奴隶制度，也不会有人被隐藏在流行风格和浮文巧语下的自相矛盾的说法所蒙蔽了。谁若不厌其烦，在我的这些篇章尚未触及的地方，努力剥去罗伯特·菲尔默爵士文章的华丽外衣，使他讳莫如深的表述变得简单明了，然后再将其前后对照，他会欣喜地发现，这绝对是罗织废话的佳作。如果他认为检查罗伯特·菲尔默爵士的通篇文章并无必要，那他可以只拿其论篡夺的章节做个试验，全力以赴，看看能否将罗伯特·菲尔默爵士的文章整理得通俗易懂、前后一致或合乎常理。若不是近年来布道者公开承认他的学说，并将其奉为当代神学，我本不该如此直白地评论一位绅士，何况他早已没有辩驳的机会了。那些妄自尊大者，已经严重误导了其他人，他们有必要向我们公开说明其倡导的先祖论的权威是什么，并说明其如此盲目追随的究竟是什么人物。然后，他们要么收回并彻底否定原先那些依据荒谬的观点，要么就努力论证那些被他们当作福音并大肆宣传的原则。尽管除了英国的王公大臣，他们找不出更好的作者。我本不该著书反对罗伯特·菲尔默爵士的，也不该深挖他的错误、他的自相矛盾以及证据匮乏（而他一直骄傲地宣称自己的论证完全以《圣经》为依据）。可既然我们当中有人对他的著作和学说如此推崇拥护，那么作为一种不同的声音，我对一个已逝的对手的批判也应该无可厚非。他们太过狂热，因此，即便我对他的评论只是稍显凌厉，我也不敢奢望他们会放过我。我希望，他们不论在哪里触犯了真理和公众，都能随时予以纠正，并深刻地认识到，对国王和人民造成的最大伤害，莫过于肆意传播对政府的错误解读。因此，不论何时，都不应拿宗教当借口。如果有人出于真理性的认识而驳斥我的假设，我向他保证，鉴于公平，我会放弃我的错误观点，或对他的困惑做出解答。但是他必须记住以下两点：

第一，对我文章中的某些表述或一些细枝末节的吹毛求疵不算是对我的著作的驳斥。

第二，我不会把那些无中生有的指责看作辩论，更不屑于去关注，尽管我相信，对于那些确实心怀疑惑且能明示其疑惑证据的人，我一定会给他们满意的答复。

好了，话不多说，相信是非定会明辨。

INTRODUCTION | **导读**

"一般说来,英国早期的经济学家,都把培根和霍布斯当作自己的哲学家,而后来洛克成了英国、法国、意大利的政治经济学的主要'哲学家'";"洛克哲学成了以后整个英国政治经济学的一切观念的基础。"

——卡尔·马克思《资本论》

约翰·洛克生平

(一)早年时期

约翰·洛克(John Locke,1632—1704年),英国哲学家,经验主义的开创者,第一个全面阐述宪政民主思想的人,被誉为"自由主义之父"。在知识论上,他与乔治·贝克莱、大卫·休谟并列为英国经验主义的代表人物。他还在社会契约理论上做出重要贡献,其著作影响了伏尔泰和让-雅克·卢梭,以及许多苏格兰启蒙思想家和美国革命家。

1632年8月29日,约翰·洛克出生在英格兰萨默塞特郡布里斯托尔港附近林顿村的一个小茅屋里,离布里斯托尔大约12英里。萨默塞特郡是英国人口最多、最富裕的郡之一,虽然它的富裕源于当地人辛勤的劳作与分工,但社会等级观念(尽管自都铎时代以来已经有所好转)渗透到各种社会关系当中。在这种等级制度的大环境里,每个人都崇尚等级高于自己的人,而最高典范就是上帝,君主则仅次于上帝。这一政治和社会背景是至关重要的,因为正是在这种氛围下,成年后的洛克才逐渐成熟并走上他的政治理论创作之路的。洛克出生后不久,全家搬到位于布里斯托尔以南约7英里的彭斯福德集镇,在那里,洛克在贝

□ 约翰·洛克出生地

萨默塞特郡林顿村，在教堂墓地旁的一间小屋里，被誉为"那个时代和那个国家最杰出的哲学家和最有价值的作家之一"的约翰·洛克就在这里出生。然而，这所农舍并没有受到任何特别的保护——它没有任何迹象表明，那个令英国人引以为傲的哲学家，就是在这里呼吸了第一口空气。

鲁顿的一个都铎式乡村住宅中度过他的童年。

洛克出生的年代，英国社会正处于动荡中，但洛克一家却过着相对富足的生活。洛克的祖父是一名精明的商人，做的是布料生意，他靠着高明的经商手段，通过较低的价格请乡人加工，然后把布料运至港口贩卖，由此迅速积攒了不少财富，使洛克一家跻身于富裕阶层。但是，老洛克的长子，也就是洛克的父亲（也叫约翰·洛克），并未继承其父亲的产业，而是担任了萨默塞特郡地方的一名律师。1642年英国内战爆发后，清教徒老约翰·洛克以骑兵大尉的身份参加议会军。洛克的母亲艾格尼丝·基恩是一名制革工匠的女儿，婚后成为一名家庭主妇，也是一名清教徒。据说洛克的母亲比他父亲大十岁，她慈爱而虔诚，洛克对她的感情极深。但是对洛克影响较大的还是他的父亲老约翰·洛克。老约翰·洛克在两个儿子（洛克是其长子，次子托马斯生于1637年，早逝）的教育问题上是煞费苦心的。在两个儿子年少时，他总是率先垂范，让他们对自己充满敬畏，保持距离，直到成人后才逐渐改变。洛克本人晚年也非常赞同父亲对他年少时的教育态度。出身在一个清教徒家庭，洛克从小就谨守清教徒家庭的严肃家规，养成了勤奋努力、爱憎分明的性格。他热爱简朴，憎恶奢华，很早就明白了政治自由的意义。虽然此后的阅历和经验开阔了他的眼界，改变了他的思想，但是他对人生的基本态度，深深植根于贝鲁顿那个纯朴的家庭里。

1647年，在父亲的友人、国会议员波帕姆的资助下，洛克在伦敦威斯敏斯特公学[1]谋得一席求学之地（自1645年以来，波帕姆一直是国会议员，他有足够的影响力推荐洛克进入当时英国最著名的威斯敏斯特公学），并在那里完成学业。

威斯敏斯特公学在当时是国会派的，校长理查·巴斯比博士是保王党。洛克在威斯敏斯特公学接受的教育是十分狭隘的，几乎完全围绕着古代语言展开，学校的主课就是希腊语、拉丁语练习，升入高年级以后再学习希伯来语、阿拉伯语以及初级地理。

在威斯敏斯特公学求学期间，发生了一件令洛克终生难忘的事情。1649年1月30日，国王查理一世被当众斩首，头颅高悬示众，成千上万的民众聚集于伦敦白厅大街围观，纷纷叫好。在那之前，以奥利弗·克伦威尔为首的独立派通过特别法庭，以"暴君、卖国贼、杀人犯和人民公敌"等罪名判处查理一世死刑。查理一世被执行死刑的地方，与威斯敏斯特公学相距不远，校长早早地把学生们关在校内，不准他们出去观看。虽然没有亲见那血腥的处决场面，但是围观民众发出的喝彩声，却穿过校园，穿透青年洛克的耳膜，深深地震撼了他，给他留下了不可磨灭的印象。

1652年，洛克中学毕业，进入牛津大学继续学业。

（二）洛克在牛津

威斯敏斯特公学与牛津大学基督教会学院有着密切关联，威斯敏斯特公学每年至少有三名学生获得牛津大学基督教会学院的奖学金，而且是终身奖学

---

[1] 英国公学的概念产生于14世纪末。公学并非指政府办学，而是表示不分宗教、种族和地区地公开招生。公学诞生之初，是为了培养一般的神职人员，由私人捐赠或公众集资创办，免费招收贫家子弟入学（富家子弟则大多由私人教师专门辅导）。由于公学毕业生大多考入牛津、剑桥等知名学府，进而从事社会地位较高的宗教职务，使得公学的地位不断上升。逐渐地，公学的门槛越来越高，其办学经费来自于上流社会人士的捐款，学校实际上成了纯贵族化的寄宿学校，招收对象一般为英国贵族和资产阶级子女，办学的主要目的是培养未来担任国家事务领导工作的政治活动家。英国的著名公学有：温切斯特公学（办学最早）、伊顿公学（最著名）、圣保罗公学、什鲁斯伯里公学、威斯敏斯特公学、拉格比公学、商业缝纫公学和哈罗公学、切特豪斯公学。

金，除非因为结婚而被撤销。洛克于1652年5月获得这一奖学金，并于同年秋天住进牛津大学基督教会学院，这一年他20岁。

当时基督教会学院的院长是约翰·欧文，他后来很快就升为牛津大学的副校长。而牛津大学曾经是保王党的势力范围，由于内战导致它损失惨重，声望也下降了不少。约翰·欧文上任后，立即着手恢复学校秩序，收拾内战带来的混乱局面。他是新教宽容和独立派的拥护者，也是奥利弗·克伦威尔的早期支持者和追随者（曾被克伦威尔任命为牧师，在远征苏格兰和爱尔兰时随军），为人宽容，德高望重。洛克十分倾慕这种宽容精神，因为这正好符合他对宗教自由的向往。可以说，约翰·欧文对洛克的自由主义思想的形成产生了极大的影响。约翰·欧文在牛津大学任职期间，他所展现出的卓越与公正在清教徒牧师中并不多见。然而，后来由于在政见上与克伦威尔的护国公理念分歧越来越大，他最终遭到克伦威尔的软禁（直到1659年）。英王复位后，约翰·欧文移居伦敦，专注于讲道与写作，直至逝世。

进入牛津以后，洛克必须继续学习逻辑、道德哲学，以及几何学和希腊语，但是他对这些传统课程并不感兴趣，甚至对学术争论的方法，以及争论本身的逻辑和形而上学的微妙性产生了强烈的反感。他发现一些当时的哲学家和科学家的著作，要比大学里教授的古典教材有趣得多。他尤其喜欢笛卡尔的著作，后者的思想理论为他哲学研究的发展奠定了理论基础，指导他用理性去推进哲学。与此同时，他对笛卡尔所提出的天赋观念却秉持怀疑的态度，对培根、霍布斯等人的哲学著作也没有盲目追随，而是以事实、本真为要。他接受了来自他们的许多教益，也经常无情地批判他们，这对他的哲学与政治思想以及研究方法的形成均产生了较大影响。除此之外，洛克对自然科学也产生了浓厚的兴趣，继而开始了这方面的研究，特别是对于医学的研究。

与此同时，洛克也确保自己达到对学位的不甚严格的要求——他于1656年获得学士学位，1658年获得硕士学位。在获得硕士学位之后，洛克选择留校，继续研究亚里士多德逻辑学和形而上学，同时扩展了历史、天文等研究领域。

这时候，他已经算是基督教会学院的高级学生了，也有资格在学院任职。1660年，洛克受聘于牛津大学，教授希腊语。也就在这一年，他的父亲老约翰·洛克去世，留给他的遗产是一些土地，一座小矿，这足以使他过上舒坦的生活。1663年，洛克担任修辞学教师；1664年，担任道德哲学学监；1668年，当选英国皇家学会会员。

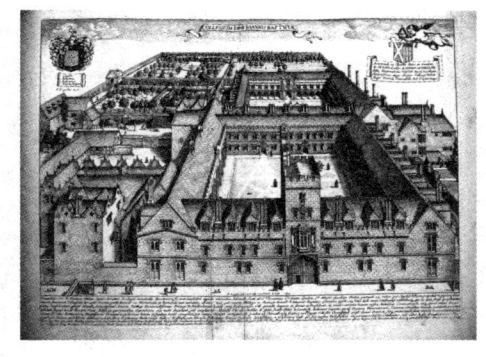

□ 17世纪的牛津大学（局部）

16世纪，英国王权与教权之间冲突激烈，牛津大学被迫卷入其中。亨利八世为了与皇后凯瑟琳离婚另娶，不惜与罗马教皇决裂，而牛津大学选择支持亨利八世。到了17世纪，牛津大学仍然习惯性地参与政治纷争，成为英国内战中的保王党，查理一世还在牛津大学集会室举行了反议会会议。

在牛津大学做研究生需要担任圣职，或在法律或在医学方面深造。洛克选择了医学。根据洛克的几本笔记本显示，早在17世纪50年代末，他就开始对大量的医学著作做笔记。在英国著名的神经解剖学家托马斯·威利斯1661—1662年的医学讲座上，他也做了详细的笔记。从这些笔记的数量和内容来看，它们不仅仅是他随意的兴趣，而是来自于他醉心的钻研（他后来还在1674年获得了医学学士的学位），只不过在那时，洛克并没有坚定地选择自己的医疗生涯。而医学的研究不可避免地涉及自然哲学，洛克大约在1658年阅读了生理学家威廉·哈维的《论动物的繁殖》（*Practications de Generatione Animalium*），此外，他还将注意力转向化学方面，对化学家丹尼尔·森纳特的作品也做了详细记录。他还曾与化学家罗伯特·波义耳、物理学家罗伯特·胡克等著名的科学家相识，他们成为他的良师益友。受导师的影响，洛克从传统经验和科学理性上对自然理论的分析进行重点把握。

洛克原本可以过单纯的学术生活，但在当时的社会背景下，他必然会受到政治环境的影响。查理一世被处死之后，君主政体、圣公会国教、圣公会主教上议院和贵族勋爵全部被取缔，英国成为共和国，克伦威尔集国家最高统治权于一身，成为"英格兰、苏格兰和爱尔兰共和政体"的"护国公"（1653—1658年）。然而，政治上的分歧困扰着共和国，克伦威尔尝试对国家进行改革，但事与愿违，他感到越来越沮丧，共和国逐渐走向独裁。1658年9月3日，克伦威尔病逝，他的儿子理查德·克伦威尔继任"护国公"，根基尚浅且声名不足的理查德无力镇压反叛贵族和长老派军官，新军内部迅速分裂为两派。英国再次陷入混乱之中，保王党逐渐占据上风后，议会公开声明支持君主制，赞成王室复辟。1660年，"长期议会"（其成员最初是由查理一世在1640年召集的，后来被保王党将领乔治·蒙克将军召回）很快找到了流亡的查理二世国王，将他迎请回国并助其登基，为这个动荡的国家带来了短暂的和平与安宁。当时，洛克和整个牛津都为这次复辟而欢呼，但他们很低调。洛克在一本委托出版的诗集中写道："我们的祈祷被听见了。"然而，他和牛津大学的同事们曾经也对克伦威尔的统治赞不绝口，称他为"伟大的护国公殿下"。

最初，清教徒和议会派都支持查理复辟，认为这对1660年的英国来说是最明智与和平的选择。因为查理把当时在英国兴起的新教各独立分支的信仰描述成"良心上的自由"，允许他们自由信仰天主教、安立甘宗或清教（英国"国教"），并积极废除克伦威尔时期"清教徒般的禁欲制度"，由此他们确信，这种"良心上的自由"会得到极大的宽容。然而，1662年，查理二世通过的《统一法案》[1]却粉碎了清教徒对宽容所怀抱的希望，并引发了英国部分地区的骚动和叛乱。该法案和随后的立法将2000名清教徒牧师赶出教堂，对16岁以上参加英国国教《公祷书》以外仪式者处以罚款，并迫使前清教徒牧师住在离

---

[1] 这是英国的最后一个宗教统一法案。法案重申了伊丽莎白一世于1558年所颁布的关于统一全国礼拜仪式和祷告词的命令，规定在全国范围内统一使用附于该法案之后的《通用祷词》手册。法案还规定，担任圣职、教师职务者均须宣誓，不尊敬英国国教者不得担任教师职务。这实际上就是要求文法学校的教师效忠"国教"和王，把全国的中等学校统一到"国教"的旗帜下，并打击其他教派与私人办学的积极性，限制中等学校的发展。

他们曾经布道的地方至少五英里以外的地方。这时候的洛克对《统一法案》是支持的，他认为臣民应对君主绝对服从，目的是维护政府的稳定。因为在他看来，人民是暴动不安的，如果给予人民权利，那么国家就会随时陷入无政府主义中，为避免无政府主义，必须主张臣民绝对服从于君主。但他后来逐渐摒弃了这种观点。1664年，洛克完成了拉丁文演讲稿《论自然法则》。这篇讲稿充分反映出他在社会政治问题上的一些观点与立场，成为后世学者们研究自然法思想的重要文本之一。

1665年，有人给洛克提供到教会和国家机关任职的机会，他本人也想改变自己久居牛津的一成不变的生活，便迅速抓住了这个机会。于是在这一年的11月，他作为秘书陪同英国特使出访克列维公国——当年勃兰登堡选帝侯驻跸地，并于次年2月返回。事实证明，这种外交行动是徒劳的，但从洛克留下的信件可以明显看出，他的第一次出国访问是颇有收获的，在国外的所见所闻，可能帮助他改变了对宗教宽容的可行性的看法，因为在当时的克列维公国，实行的可谓是真正的宗教宽容政策，不同教会的人民生活在一起却没有产生任何混乱，路德教徒、加尔文教徒、天主教徒可以公开自由地做弥撒，即使信奉新教的大选帝侯对天主教无比厌恶。

1666年，洛克从勃兰登堡回到牛津大学，继续他的教学和研究。而就在这一年的夏天，他认识了安东尼·阿什利·库珀（沙夫茨伯里伯爵）——一个改变他一生命运的人。因为这次相遇，他从一个政治保守主义者，转变成一个支持个人反对政府的激进主义者，他的命运也从此与时代脉搏密切相连。

（三）洛克与沙夫茨伯里伯爵

我们先来了解一下安东尼·阿什利·库珀。他身材矮小，行事果断，一眼看上去就很精明，对待任何事情的态度都洒脱恣肆，从不顾及旁人的目光。这是洛克所在时代一位集才干与财富于一身的人。他不但资产惊人，而且在地方和白厅都颇有政治权势，而这一切，自然得益于他不同凡响的政治手腕：谁掌权，他就为谁效力，例如保王党、议会派、摄政政体以及复辟的君主政体，都曾是他的效忠对象。在第一次内战中，他起初支持国王查理一世，但由于对国王提出的政治和宗教主张感到不满，便改变了立场；他曾拥护克伦威尔，并得到了提拔，当上了部长，但随着摄政时期（1653—1654年）的军事独裁越来越明显，他又心生不满；1660年，克伦威尔逝世后一年，他成为迎请查理二世复辟的议会代表委员会成员，虽然他并不完全主张复辟，但他懂得审时度势，知道这似乎是这个国家要迈出的最谨慎的一步。

然而这位八面玲珑的政治高手，却深受痼疾折磨，苦恼不堪。他患了包虫病，肝脏受了感染，随时都有引发脓肿的致命危险。时间来到他们相遇的这一天。这是1666年的夏天，已然成为一名出色的医学家的洛克，正在帮助实验室的合作者大卫·托马斯博士解剖一具年轻的尸体。这时，时任财政大臣的阿什利勋爵来牛津拿取托马斯（一直担任勋爵的顾问医生）刚发现的"阿斯托普矿泉水"，想用这种矿泉水来疗养身体。阿什利来到牛津以后，托马斯顺理成章地介绍二人认识。阿什利的魅力以及文雅的举止和美学素养令洛克倾倒；而洛克丰富的医学、哲学和博物学学识也给阿什利留下了极好的印象，三人共进晚餐，好不快意。在阿什利离开牛津的时候，二人牢固友谊的开端已经建立。

1666年10月，洛克接受阿什利的邀请，首次造访他位于伦敦郊外的别墅。此后，洛克一边继续从事医学研究，一边给予阿什利医疗方面的指导，二人的关系变得更加密切。

1667年4月，洛克接受阿什利的建议，离开牛津大学前往伦敦，住进阿什利在埃克塞特海滨的别墅，成为他的客卿兼私人医生，与他的家人共同生活。

比起在牛津的时候，洛克在伦敦的生活同样多样化。他继续在医学方面进行广泛阅读，并且已经积攒了一些临床经验。他在这里还结识了著名医师托马斯·西德纳姆。后者不光指导他继续进行医学研究，还对他的自然哲学方面的概念产生了极大的影响，这种影响在洛克后来的著作《人类理解论》中有所体现。

洛克的医术在1668年夏天受到严峻考验。折磨阿什利勋爵多年的腹痛和黄疸日益加重，并伴随着频繁的呕吐。英国国王的御医向勋爵推荐了泻药，然而这种药反而加剧了勋爵的疼痛，最为致命的是，他的肋骨下面长出了一个巨大的肿块。洛克眼看阿什利勋爵的病情走向危殆，经常疼痛难忍，随时都有性命之忧，便做了一个大胆的举动，说服勋爵进行阻断脓肿的手术——手术非常危险，病人完全有可能下不了手术台，或死于术后感染。而勋爵出于对他的医学知识和临床经验的信任，竟然欣然接受了他的建议。随后，洛克主刀，由其他几名医师协同完成了这场手术。手术异常成功。洛克还在勋爵的胃壁插了一根银质导管用于排泄，以防脓肿复发。勋爵余生都戴着这根管子，以致它后来还被诗人约翰·德莱顿讽刺为"水龙头"。

勋爵将自己的重获新生归功于洛克，认为自己的命是他捡回来的，将他视作救命恩人，对他愈发信任，无论是生活还是工作中的问题，都经常与他交换看法。与此同时，勋爵也开始为洛克的将来另做打算。在他看来，洛克既然能够凭借自学成才而拥有高于国王御医的水平，那就证明他天赋异禀，如果让他继续行医，无疑大材小用，于是试着让他学习各种政治事务，想要把他培养成为自己的政治幕僚。此外，阿什利勋爵还将自己的孙子交给洛克教育，这个孙子长大后，成了有名的道德哲学家。他在回忆时说："我从小被祖父带大，但是真正掌握我教育方向的是洛克先生。"勋爵还把洛克介绍给自己的朋友，让他帮忙教育朋友的儿子，这些经历让洛克更加深入地思考如何进行教育，后来还写了一本《关于教育的一些思考》，即中译本《教育漫话》。另一方面，洛克也从伯爵身上获益良多。随着洛克入住这位英国最深谙政治权术的政治家的家庭，他对各种政治问题有了更深层次的见解，为他之后的政府理论的形成奠定了基础。在来伦敦的第一年，洛克写了一篇关于宽容的短文，表达了与1660—1662年这段时期截然不同的观点。洛克成了沙夫茨伯里伯爵的机要秘书。沙夫茨伯里任大法官的短暂时期内，洛克也跟随他进入政府服务，担任贸易委员会秘书。

□ 沙夫茨伯里伯爵

安东尼·阿什利·库珀（1621—1683年），沙夫茨伯里伯爵。出生于英国多塞特郡温伯恩·圣吉尔，死于荷兰阿姆斯特丹。英国政治家，英联邦时期的国务委员会成员，查理二世时期的"内阁委员会"成员和大法官。辉格党创始人之一，英国复辟后头20年最有权势的人物之一。其对洛克的政治思想有极大影响。

1675年，国王查理二世的弟弟兼王位继承人詹姆斯辞去所有政府职务，公开皈依天主教，并娶身为罗马天主教徒的意大利公主为妻，而查理二世的主要情妇——法国的朴次茅斯公爵夫人也是天主教徒，这就使民众开始怀疑国王对法国有所许诺。而沙夫茨伯里伯爵则因积极动员议会阻止詹姆斯与意大利公主结婚而被政府免职，最后投入反对派阵营，成立了"乡村党"来对抗国王的政府，由此演变出近代最早的两个政党——辉格党和托利党（一般来说，辉格党追随沙夫茨伯里伯爵，托利党拥护国教派）。

就在沙夫茨伯里伯爵政坛失势后，洛克的肺疾日益加重，不得不于1675年11月结束行政职务，前往法国疗养。在法国期间，他坚持每天写日记，记录自己的行为和活动。1676年1月4日，洛克抵达蒙彼利埃，在那里逗留了一年多。在蒙彼利埃，他除了继续他的哲学探索，还结识了两位新教医生，他们一起研究医学。同时他聘请了一名法语老师，每天学习一小时法语，并开始尝试着阅读法语书。1677年2月，洛克离开蒙彼利埃，以旅行的方式前往巴黎，途经图卢兹和波尔多，于6月初抵达巴黎。在巴黎，他继续研究哲学，深入地研究笛卡尔的作品及其思想。

1679年5月，洛克回到伦敦，当时英格兰正处于严重的政治危机状态。此时，沙夫茨伯里伯爵已经暂时地官复原职，他与辉格党成员一起，想要利用民众对天主教阴谋的恐慌，逼迫查理二世废除其弟弟詹姆斯的继承权。他们试图利用宪法手段将詹姆斯排除在王位之外，《排斥法案》分别于1679年5月和1680

年11月在下议院获得通过,但1681年1月查理二世通过解散议会掐灭了第一份法案,并让第二份法案在上议院未得到通过。1681年3月,查理二世在牛津召开新的议会,但不到一周就解散了,第三份《排斥法案》甚至还没有时间在下议院完成它的进程。查理二世在位的最后五年,再未召开过一次议会会议。洛克也受到了皇家间谍的监视。他对自己的安危十分谨慎,因为他知道,查理二世也许不敢对沙夫茨伯里下手,但他完全有可能对沙夫茨伯里伯爵的顾问进行司法谋杀,以儆效尤。当时是保王党当权,国王如果想要除去某个人,可以出钱买通陪审团以叛国罪来判处他。为了万无一失,洛克销毁了可能对他不利的文件,更不做任何可能引来杀身之祸的事情。我们不清楚这个时期他写了什么文章。但据说他的《政府论》就是在《排斥法案》期间为沙夫茨伯里伯爵出谋划策而撰写的长篇备忘录,所以又被称为"排斥论文"。1680年,已故罗伯特·菲尔默爵士的《先祖论》在《排斥法案》危机最严重的时候出版。菲尔默在1648年写下了这部著作,拥护君主的神圣权力及其对土地的绝对权威。对此,洛克用《政府论》作出回应,驳斥了菲尔默的理论,称其是在"信口开河地胡言乱语"。

如果真是如此,那洛克就是白费功夫了。随着查理二世无意再次召开议会,局势慢慢明朗,辉格党分裂。作为辉格党的激进分子,沙夫茨伯里伯爵被查理二世视为最危险的对手,并决心粉碎他。1681年,沙夫茨伯里伯爵被控叛国罪,但陪审团驳回了对他的指控。然而,1682年9月,沙夫茨伯里伯爵越发预感到自己不再安全,便躲了起来,两个月后,在一场有计划的叛乱失败后,他逃到了荷兰,并于1683年死于荷兰。

沙夫茨伯里伯爵的逃亡和死亡,并没有削弱辉格党激进派继续战斗的决心。他们谋划了暗杀查理二世和他的兄弟约克公爵詹姆斯的阴谋,其中包括暗杀国王的私生子蒙茅斯公爵,这场阴谋被称为"黑麦房阴谋"。计划被揭穿以后,有参与嫌疑的人都遭到了处决,其中最重要的人物是与洛克常有书信往来的阿尔杰农·西德尼。洛克悄悄地逃到荷兰,在那里一直待到詹姆斯二世被推翻。

洛克在以上事件中的介入程度仍然模糊不清，但几乎可以肯定的是，他所知道的内幕足够让他处于严重的危险之中。他在逮捕行动开始前一周逃离了伦敦。至于他是如何离开英国的，尚不明确。但1683年9月7日的时候，他已经身在鹿特丹了。在荷兰期间，洛克很快与其他几位英国政治流亡者取得了联系，他们就是托马斯·达雷尔及其同僚。然而，洛克与他们的往来却被有心者报告给了国王，后者于1684年要求牛津大学基督教会学院取消了洛克的奖学金。自此，经济窘迫的洛克不得不长期寄居在朋友家中。直到1689年，洛克一直生活在荷兰，这使他得以摆脱政治阴谋和责任，从而发展自己的哲学。

（四）晚年生活

1685年，查理二世去世，他的弟弟詹姆斯继位。"黑麦房阴谋"的余波继续扰乱最初稳定而庄严的新政权，蒙茅斯和阿盖尔于1685年推翻詹姆斯的叛乱失败后，新君主镇压了那些试图推翻他的乱党。詹姆斯随后向拥护他、并深受其信赖的天主教徒分发军队职位，并将天主教徒提升到枢密院；11月，他解散了议会。尽管如此，他宽容地发表了一份《信教自由声明》，允许信奉天主教和不信奉国教的教徒享有自由，这其中的动机尚不明确。他这种行为激起了民众日益强烈的反抗，使英国很快爆发内战。1688年12月，面对荷兰奥兰治党的威廉带领的侵略大军，英国军队犹豫不前，各地反天主教的暴乱层出不穷。詹姆斯自知末日已到，企图逃往法国，在逃跑途中被抓获后，被迫与玛丽[1]和威廉展开谈判。他们勒令他离开伦敦，住到泰晤士河入海口附近去。

威廉积极地与法国天主教的势力作斗争，并取得了成功，再加上他的妻

---

[1]玛丽二世（1662—1694年），英国国王詹姆斯二世的长女，苏格兰斯图亚特王朝第十三位国王和英格兰及爱尔兰斯图亚特王朝第五位国王（1688—1694年在位），荷兰执政兼英国国王威廉三世的妻子和共治者。

子生了一个男孩，他被推举为王位继承人。詹姆斯自知失势，逃到了法国。不久，英格兰和苏格兰议会均宣布詹姆斯退位，威廉加入了史称"光荣革命"[1]的行列。

在这些政治动荡的岁月里，洛克写作了《人类理解论》（1689年），同时还写作了《政府论》和《论宗教宽容》（一说《政府论》的撰写时间应追溯到1679年至1681年，即《先祖论》出版的时候）。在《政府论》的修订版中，它被描述为捍卫"光荣革命"，拥护威廉和玛丽顺应民心登上王位之作。

"光荣革命"之后，1689年2月，洛克随公主玛丽安全地回到英国，不久，玛丽成为王后。洛克几乎立即被授予勃兰登堡州选举人大使一职，但他拒绝了这个职务。他拒绝的主要原因是健康状况不佳，还有一个原因是，要想成功地履行这一职责，不可避免地需要大量饮酒应酬，但他不再接触酒精，除了偶尔出于药用目的。伦敦的天气使洛克的肺疾日益严重，他的朋友达默里斯·玛莎姆夫人经常邀请他去他们的奥茨庄园小住。在离开英国前，这位夫人（当时未婚）原是洛克的追求对象。她是剑桥柏拉图主义者拉尔夫·卡德沃斯的女儿，而洛克喜欢卡德沃斯的著作，这也影响了他向自由主义转变。1682年，他们初相识。她原本提出陪洛克去荷兰，洛克没有同意。分别六年间，她一直充当洛克的通信员，只不过到1689年洛克再次回到英国时，她已经同别人结了婚，成为玛莎姆夫人，但他们的友谊之花并没有凋谢。洛克去世后，玛莎姆夫人的回忆性文章也成为了解洛克的重要文献。而洛克置身于一个政治上更加宽容友好的环境中，先后发表了关于经济、《圣经》、宽容和教育的著作（1689年的《论宗教宽容》，1690年的《人类理解论》《政府论》）。

---

[1] 1688年，英国资产阶级和新贵族发动的推翻詹姆斯二世统治的政变，这是一场防止天主教复辟的非暴力政变。这场革命没有发生流血冲突，因此被后世称为"光荣革命"。1689年，英国议会通过了限制王权的《权利法案》，奠定了国王统而不治的宪政基础，国家权力由君主逐渐转移到议会。君主立宪制政体正是起源于这次"光荣革命"。

1689年春天，洛克在伦敦结识了艾萨克·牛顿，牛顿曾当选剑桥大学的国会议员，并参加了当届议会。就在他们相识不久前，牛顿刚发表了《自然哲学的数学原理》，提出震惊世界的万有引力定律，而洛克也是这本著作最早的读者之一。二人相互吸引，很快就成为了朋友，尽管洛克很快就意识到牛顿极难相处的性格。在接下来的一年里，他们越走越近，一起交流思想，就各种各样的话题进行交流。他们交流的主题并非自然科学，而是对《圣经》的见解。

1696年，洛克再次被任命为贸易委员会成员（直至1700年），这是他杰出的公务员生涯的顶峰。

洛克多年来身体一直不好。他患有哮喘，伦敦的烟雾让他变得更糟。1698年1月，在一段严寒天气期间，他曾被威廉三世从奥茨召至肯辛顿宫，他自己曾说，这段旅程差点让他丧命，而玛莎姆夫人也说，他的病从未完全康复。

洛克可能是在室内度过生命的最后一个冬天的。他终日守在火炉旁，试图保持体力，等待天气转暖后病情的好转。然而在1704年春夏之间，他的病仍在持续，未见缓解，洛克理所当然地怀疑自己不太可能活得更久。这年4月，他立下遗嘱，将大部分遗产留给了他的表弟彼得·金。到夏天的时候，他的体力日趋减弱。他以前喜欢骑马锻炼身体，但现在这已经超出了他的体能。到了10月份，他虚弱得连车也坐不了，只能由人背着进出庄园，到秋日的阳光下晒一晒。然而，他的头脑仍然清晰而活跃。9月，他在遗嘱中加入了一个暗示，首次公开承认他的《政府论》作者身份；一个月后，他还写信给彼得·金，讨论发表声明事宜。等到这封信写完的时候，他只剩下三天的时间了。他的腿已经肿了起来，浑身无力，再也起不了床。10月28日，他感觉身体稍强，穿好衣服被抬进书房。下午三点，他临终前，玛莎姆夫人正在为他朗诵赞美诗。她写道，他的死"就像他的生活，诚挚而虔诚，但又自然、舒适、超脱"。

在英格兰埃塞克斯郡东部小镇一处幽静的教堂墓区，安放着哲人的遗体。他终身未婚，没有子女。他为自己撰写的墓志铭如下：

"停下你的脚步啊，路人！躺在这里的就是约翰·洛克。如果你想问他是怎样一个人，他会说自己是一个依傍小财产而心满意足的人。身为一位学者，他将追求真理作为自己学习的唯一目标，你可以从他的著作中发现这一点，任何有关他的事物都写在他的著作里了，也都比本墓志铭对他的赞美还要真实。确实，他的美德，并不足以让他自己提出来炫耀，也不足以拿来给你作为典范。让他犯下的邪恶随着尘土掩埋吧。如果你要寻求做人的典范，去从《圣经》里找寻吧；如果你要

□ 约翰·洛克的墓地

洛克长眠在离奥茨庄园不远的教区墓地，那里是他度过人生最后14年的地方。他一生中经历了王政复辟、伦敦大火、"光荣革命"等许多历史事件，却没能在有生之年看到自己的理念被实践。但是，他的思想却深刻地影响了人类的精神和制度。

寻找邪恶的典范，希望你不会找到它；如果你要寻找死人（如果这能够帮助你的话），你在这里就可以找到一个，也可以在任何其他地方找到啊。"

约翰·洛克思想与著述

（一）《论自然法则》

洛克最初不愿撰写政治性文章，因为在他看来，像托马斯·霍布斯的《贝希莫特》，其引发的冲突多过人类的武器。尽管如此，在牛津的基督教会学院时期，他仍写下了两篇关于宽容的重要论文，以及当时最具破坏性和争议性的著作《政府论》，还有《论自然法则》演讲稿。写作后者时，洛克时任基督教会学院道德哲学的审查员。

洛克作为基督教会学院的道德哲学老师，无论是在他的论文，还是在他对学生的演讲中，他都以审查者的身份陈述道，自然法则——一个基本的道德体系——是每个人都应该知道的。这些文章虽未发表，但广为流传，对詹姆斯·提利尔（1642—1718年）等作家产生了较大的影响。他最初的论点接受

了上帝的存在（"没有人会否认上帝的存在"——在牛津大学必定没有人会否认上帝的存在，因为信奉基督教并愿意最终接受导师这一圣职是被该校认可的必要条件）。他补充说，法律是上级（上帝）的旨意，规定了该做的和不该做的，对所有人都具有约束力。

洛克的道德法则要求某些事情是完全禁止的（如偷窃和谋杀），而另一些事情则取决于某些情感或义务。尽管道德具有明显的相对主义，但它对所有人都具有同等的约束力，"没有哪个民族或哪个人会与全人类隔绝，蛮横无理，以至于不受法律的束缚"。道德法则是固定不变的，因为"对人的理性来说，现在适用的必须永远适用，相同的理性无论何时何地都将体现出相同的道德法则"。人的本性决定了他必须遵守一种具有普遍约束力的道德法则，尽管他懒惰、易受他人的引导、随波逐流，或感情用事，但他无法改变这一道德法则。

持有异议者认为自然法则是不可发现的，因为不是所有拥有理性的人都能认识理性，抑或他们对理性的内容持有不同意见。洛克对此反驳道，拥有理性的能力并不代表需要运用理性。有些人喜欢活在无知之中；有些人可能太驽钝，或者太感情用事，以至于无法提高他们自己智力，达到需要理解自然法则的程度，还有一些人自小就在罪恶的包围下长大，于是早已对自然法则习以为常。其次，对于我们现在所说的道德相对主义所持的异议，并不意味着缺乏法律，反而表明了法律的存在。

另一个关于洛克政治思想和一般哲学思想发展的迹象是，他考察了一个人认识道德法则的方法（人类如何认识事物的理论成为洛克执着的追求，最终在他的《人类理解论》中画上了句号）。很明显，世界的本质受法律支配，人的行为也受法律支配，没有道德法则，人就没有社会；没有道德法则，人与人之间的信任就会瓦解。我们可以通过四种不同的方法来认识道德法则：铭文、传统、感官体验或神的启示。洛克忽略了最后一点，也拒绝了铭文和传统（两者都与罗马天主教神学有关），他主张用我们的感官和理性去认识道德。

洛克拥护勒内·笛卡尔的方法论，这使他转向了哲学。洛克认为，感官体验宣告了最高法律制定者、创造人类的英明造物主或世界的存在。于是，人类背负起思索、获得、维持其生命的使命。然而，道德法则不能有赖于"同意"，即不能有赖于大众或民众的同意，因为人民的声音同样可能导致谬误和罪恶。人的实际道德可能是高度相对的，但差异并不会破坏法律中共性的存在，因此我们不应该盲目地服从（或追随）他人。尽管如此，保守派的洛克仍然主张，我们应该服从我们的立法者，因为他们拥有创造的合法权力，但我们的服从不应该只是出于对立法者权力的恐惧，还应该出自良心：我们应该遵从良心，因为行政长官所要求的应该是符合道德的正确行为。

然而，从洛克的文章中可以看出，他越来越怀疑政府。洛克认为，对于一个好的政策，人们既可以无所畏惧，也可以心安理得地服从。他可能是在暗示，行政长官也有责任安抚人民，使他们不至于违背良心，这些话可能反映出《统一法案》越来越引人担忧。在他的理论中，我们也逐渐认识到权力的使用及其带来的好处的局限性：立法者有权将自己的意志强加于持不同意见的人。但洛克建议，这种权力只能作为最后的手段使用。

从一段耐人寻味的文章中，我们可以发现洛克哲学理论的成熟，他讨论了自然法则是否算是建立在人类自身利益的基础上。他不赞同古希腊卡尔内亚德的理论"所有人都是为自己的利益而行动"，但是他承认个人利益在自然法则中所起的作用，"因为自然法则是对每个人的私有财产最强有力的保护，如果不遵守自然法则，任何人都不可能掌握自己的财产，并追求自己的利益"。然而，这与亚当·斯密的理论相悖，即公共利益源于个人利益的理论（《国富论》(*The Wealth of Nations*)，1776年）。因为洛克后来接受了孟德斯鸠的重商主义，并最终接受了亚里士多德的理论，即一个人的利益是另一个人的损失；但此处具有重要意义的是，我们后来读到的大卫·休谟对追求个人利益是持批判态度的。洛克说，有些行为我们认为是道德的，但个人可能会付出高昂的代价，比如慷慨和友谊。虽然个人利益可能会以牺牲他人为代价，让一些人富裕起来，但是"一方的正义不会剥夺另一方的公平"。同样，如果所有人都追求自己的利益，那就意味着个人会做自己的审判员，而这只会导致混乱、欺诈、暴力和仇恨。

洛克反对将个人利益作为自然法则的正当理由，并反对公用事业构成道德法则基础的观点。对他来说，道德并非源于行善，因为任何善行的发生都源于道德法则："公共事业不是法律的基础，也不是义务的理据，而是服从法律或义务的结果。"

有趣的是，洛克补充道，道德法则"既不假设也不允许人们被彼此的仇恨所煽动，将国家分裂成势不两立的状态"。一方面，这一信念可能被认为是对霍布斯所描述的自然状态——一场所有人对所有人的战争——的理论攻击，但这可能是错误的；因为关于自然状态，霍布斯的思考与洛克的观点是一致的，即自然法则（共同的道德准则）适用于人际互动。另一方面，这可能是洛克对他的政府，以及各种宗教和教派的狂热分子的警告，因为他们企图把自己的想法和意志强加于其他人。

《政府论》与《论自然法则》都包含了洛克旨在研究和发展的哲学元素和信念——尤其是政府的角色及其局限性、良心对于滥用职权的反抗，以及宗教自由。

（二）《论宗教宽容》

在洛克离开牛津那与世隔绝的高墙，到阿什利勋爵家里去工作之后，我们发现他的政治思想发生了转变，他不再接受贤哲式的君主地位，而是认为君主是一个可以像其他人一样犯错误的人。在接下来的几年里，洛克的思想越来越多地从支持人们被动服从，从而维护生存地位的观念，转变为赞成反抗的观念：只要君主超越某些界限，人们就有正当的理由反抗。在他的《论宗教宽容》中，我们看到了这种变化。

洛克现在关心的是良心上的绝对服从和绝对自由，他关于以下两方面孰先孰后的问题发生了转变：一个人应该在何种条件下拥有宗教自由，以及出于道德和谨慎的考虑,君主的权力应受到怎样的限制。《论宗教宽容》较好地说明了洛克在《政府论》中的论点倾向。

政府的职能是什么?政府的职能是为人民谋福利,保障人民的安全,以及维护和平。如果人们可以和平共处,那就不需要君主了,但是很明显,17世纪是一个战火纷飞的动荡时代,要想实现自然和平的无政府状态无异于天方夜谭,所以洛克立刻打消了这一念头。于是,他强烈地反对了那些主张以神权统治为基础建立君主政体的人,这预示着《政府论》将饱受訾议;他写道,神权的拥护者"已忘其生之于何国"。

与在牛津时期形成鲜明对比的是,洛克现在认为,在组建政府的过程中,"除了维护人民的利益之外,人民不应为了其他任何目的将权力赋予任何一个或更多的人,或者将他们的管辖范围扩大到今世范围之外"。这确实是一个转变,在此之前,洛克所支持的是柏拉图式的理想:由明智理性的船长掌舵,君主除了维护和平以外,不得干涉其他事务。(回想一下此时的苏格兰,那些长老会誓约拥护者因为拒绝统一而被镇压。)然而,这些还远远算不上是一个有限政府的自由主义理论,因为在概述洛克的宽容原则时,对谁可以加入这个宽容的俱乐部是有严格规定的——天主教徒和无神论者例外。然而,在一个极其多元的新教国家内,君主现在应该按照他们的认识论所确立的地位,在相关的范围内,对"无关紧要之事"实行宽容政策。

在思辨和神崇拜的问题上,洛克认为,一个人应该拥有绝对的自由,因为

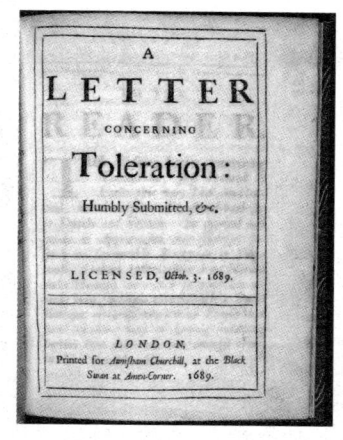

□《论宗教宽容》扉页

1689年,约翰·洛克的《论宗教宽容》以拉丁文的书信格式第一次出版,并很快被译成其他语言。这封信是洛克写给一位匿名"先生"的,据说这位先生其实就是洛克的亲密朋友菲利普·范·林堡。后来,菲利普·范·林堡在洛克不知情的情况下发表了这封信,令洛克差点与其绝交。图为《论宗教宽容》第一版扉页。

这是建立在他对宇宙和上帝本性的主观认识基础上的。在这些思想领域，任何人都不能把自己的观点强加于人——无神论者除外，因为他们就像"野兽"一样。在这样的争论中，洛克再次坚持了新教（清教）的良心理论，以及个人与上帝的关系。天主教强调牧师和神学等级在接近上帝方面所起的作用，而基督教的新教改革者则宣称个人有权走自己的道路去寻求上帝，而洛克则追随剑桥柏拉图主义者，强调理性在理解个人与上帝之间的关系方面所起的作用。

对他人的宗教和思辨思想实行宽容政策，从政治上来说也是谨慎的——试图将自己的意志强加于他人的国家或各种教派造成了如此多的苦难，但这些反抗者很少是受宗教的唆使，而是受到"堕落、野心勃勃的人性"的驱使。因此，对于"无关紧要之事"，洛克仍然坚持认为，政府必须考虑这些事是否有利于国家和平与安全，并禁止可能"扰乱政府"的出版物。宽容并不意味着言论自由。既然不可能强迫任何人改变自己的观点，那么公民就应该服从行政长官的指示，并接受国家的立法，只要他们的良心认为合适，那就"尽可能不使用暴力"。换句话说，如果国家强行采取某一教派特别反感的行为形式，那么，为了整个国家的和平与安全，该教派就应该接受法律（而不是以"偏执的追求或逃避"来破坏和平），让人们的良心自由地思考他们所认为合适的东西。换言之，他们必须让"上帝的归上帝，凯撒的归凯撒"。如果有些观点的自然倾向对社会是绝对有害的，那么就不能宽容这种观点，所以"异教徒可能会背弃信仰"。

行政长官可能牵涉的第三个领域涉及社会的一般道德——美德和恶德。有趣的是，尽管这些都与良心的行为无关，但国家不应干预，因为行政长官"与人灵魂的善良毫无关系"。这与洛克之前作为审查者的立场有了很大的不同，或许可以被解读为这是对查理宫廷骄奢淫逸的映射（他肯定是从阿什利勋爵那里得知的），同时反映出洛克接受了"宽容私人恶德"与"不容公众恶德"这两者之间的区别。然而，当人们的观点可能对他们所处的社会产生破坏性影响时，国家可能会干预他们的事务。因此，对洛克来说，天主教是不能宽容的。

换句话说,那些主张神权政治的人的言论应该受到限制。这样做的原因,即一个成熟的政治原因是:大多数人为了提升自己而使用权力,那些不宽容他人的人理当不应得到宽容——在任何可能使他们获得权力,并剥夺他人自由的道路上,都不应该相信这些群体。尤其是天主教徒,当他们获得权力时,往往倾向于"认为自己一定会否认这一点"。洛克建议,这类人应该受到"严厉"的处置。

同样,如果派系数目增长到威胁国家的地步,那就不应对它们宽容。然而,洛克坚持认为,任何企图使用武力迫使他人改变观点的行为都应该被完全杜绝,因为这种做法是"最糟糕的,也是最后迫不得已而为之的,并且要相当的谨慎"。诚然,在这一点上,谨慎和审慎应该是洛克思想中理想型政府的口号。对不同的新教派别宽容是"确保安全与和平、促进'公共'福利的最直接方式",对新教狂热分子也应给予宽容,使他们成为对政府有用的人,而不是通过迫害迫使他们成为团结的地下组织。洛克再次强调,"在任何观点中,几乎都找不到哪个教派是因受到迫害而被赶出世界的实例",可以将此看作是对现行政府迫害誓约拥护者和其他人的警告——要么接受和宽容这些形形色色的新教狂热分子,要么将他们全部消灭。但是洛克提醒读者,后者绝非基督教徒所为。

(三)《人类理解论》

1690年,洛克发表了30万字的《人类理解论》。他从1671年开始写作这本书,一直到1689年才完稿,前后花了将近20年。在这本书中,洛克把人出生时的大脑描述为一张白纸(白板),然后逐渐被经验填满。该书被誉为英国经验论哲学的经典,影响了许多启蒙哲学家,如大卫·休谟和乔治·伯克利等。

洛克在该书第一卷中,试图反驳"天赋观念论",并把它归为人类获得知识的最大障碍;第二卷阐述了洛克的思想理论,系统地探讨了知识的起源等问题,包括他对被动习得的简单思想和主动构建的复杂思想的区分;第三卷讨论了词语和思想的关系；第四卷则是关于知识的部分，包括直觉、数学、道德哲学、自然哲学（科学）、信仰和观点等。

首先，洛克致力于攻击本土主义或"先天思想"学说。落到实处，就是试图反驳一个流行的观点——先天观念，这是他那个时代的哲学家们激烈争论的话题。为此，洛克提出著名的"白纸论"来批判笛卡尔的天赋观念论[1]。他承认，有些知识很早就存在于人的头脑中，但他认为，这些知识是由人在母体子宫里便开始产生的感觉所提供的，例如颜色或味道之间的差异。如果我们对甜味有一个普遍的认知，那并不是因为这是一种天生的知识，而是因为我们在很小的时候就接触到了甜味。他花了些许时间去反驳理性主义者提出的一些被普遍接受的真理命题，比如同一性原则。他指出，至少儿童和白痴往往不知道这些命题。

其次，洛克系统地探讨了知识的起源等问题，主要论述了两种经验论、性质论和观念论。两种经验论：洛克认为，人们心中的观念和知识是从"经验"中得来的。人们通过感觉与反省这两条途径取得经验、获得观念。这两条途径彼此联系，不可分割。两种性质学说：洛克把物体的性质分为第一性质和第二性质。第一性质产生的观念称作第一性质观念；第二性质产生的观念称作第二性质观念。同时，他论述了这两种性质观点的区别。洛克的两种性质学说是唯物主义的，它为经验主义认识论奠定了自然科学和哲学方面的基础。他还提出了两种观念说，即简单观念与复杂观念。简单观念是对应、契合，不易犯错和虚妄，而复杂观念则与之相反。在这一卷中，洛克还详细阐述了作为知识的工

---

[1] 笛卡尔的"天赋观念论"认为，人的一些观念，如道德观念，是与生俱来的，属于"天生禀赋"。对此，他反对观念产生于"感觉"和"经验"，认为感觉与经验都是不可信的。他以蜡烛为喻，声称人们最初看到燃烧的蜡烛时，第一感觉就是蜡烛是白色和圆柱形的，但是在靠近火焰之后，人们眼中的蜡烛的颜色和形状却发生了变化，这就说明感觉与经验是虚幻的，不足为信。从某种意义上来说，他的"天赋观念论"为"上帝造人"的宗教论保留了思想空间，并未跳出唯心论的思想窠臼。

具或材料的观念的来源。

第三卷侧重于词语。洛克将词语与它们所表达的思想联系起来，声称人类是独一无二的，能够将声音组织成不同的词语，并通过这些词语来表达思想，然后将这些词语植入语言当中。他在第十章中讨论"滥用词语"时，批判形而上学者编造出没有明确意义的新词。他批评那些使用模糊概念的词语，以及改变了术语的含义的人。他抱怨说，那些晦涩的表达是哲学家们一手造成的。例如，他们混淆读者的认知，引用旧的术语并赋予它们意想不到的含义，或者在没有明确定义其意图的情况下构造新术语。作家们也可能会编造这样的模糊表述，让自己看起来更深刻，或者让自己的想法比实际更复杂、更微妙。

第四卷集中在一般性知识——它可以被认为是思想和知觉的总和。在这一卷中，洛克讨论了人类知识的极限，以及知识是否可以说是准确或真实的。最后，他介绍了科学的主要分类：物理学、实践科学、标记科学。

（四）《教育漫话》

洛克在他的《人类理解论》中，将人类出生时的大脑描述为一块"白板"，他认为人的观念和知识都来自后天，并由此得出结论，天赋的智力人人平等，"人类之所以千差万别，完全是因为所受教育不同"。借此，他主张取消封建等级教育，人人都可以接受教育。在他不为人所知的教育哲学成就方面，《教育漫话》绝对是最好的佐证。这本书出版后，很快成为启蒙运动时期最著名的教育专著，影响了本杰明·富兰克林、让-雅克·卢梭等人，以及无数焦虑的父母和茫然失措的教师。

洛克流亡荷兰期间（1683—1689年），他一生的朋友——富有的地主和政治家爱德华·克拉克向他请教如何抚养自己的孩子，由此使得二人之间有了多年的书信往来，全面交流彼此的教育心得。1693年，洛克将这些珍贵无比的真知灼见整理出版，命名为《教育漫话》（*Some Thoughts Concerning Education*）。

"近来时常有人向我大倒苦水，说不知道如何教养自己的子女；大家也时

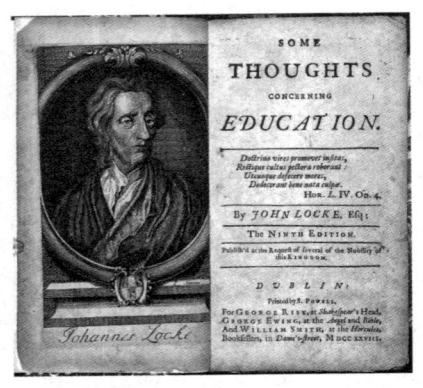

□ **《教育漫话》**

《教育漫话》是洛克与其友人爱德华·克拉克讨论教育问题的书信集。洛克曾先后担任沙夫茨伯里伯爵与爱德华·克拉克子孙的家庭教师,积累了十分丰富的教育和教学经验。从1688年开始,他将这些往来信件整理成集,并于1693年以《教育漫话》为书名公开出版。书中从体育、德育和智育三大部分作系统论述,分析了"绅士教育"的特点,对西方近代教育理论的发展有着深远的影响。

常慨叹,说年轻人的堕落成为当前普遍抱怨的话题;因此,有人不得不针对这样的问题发表一些意见……"

从书名"漫话"即可看出,这不是一本系统而流于形式的论文,而是如这开篇语一样轻松自在的朋友间的娓娓交谈。对于洛克而言,他并不想形成一套独特而完整的教育哲学,他写这些信的目的,只是想为克拉克对子女的教育"尽一份绵薄之力"。然而,就是这随意的交谈中,却闪烁着深邃思想的灼灼光华,展现出了儿童教育的一般性原则。

这本书旨在论述"绅士教育","绅士"指的是资产阶级化了的新贵族。洛克认为,绅士既要有贵族的风度,能在上流社会和政治舞台间游刃有余,又要有事业家的进取精神和发展资产阶级经济的实干精神;绅士应接受体育、德育和智育等方面的教育(这也是西方教育史上第一次将教育分成这三个方面),他强调环境与教育的重要作用,强调在体魄与品德方面进行刻苦锻炼的必要性。

值得关注的是,洛克在一个认为儿童是成年人的缩影的世界里,重新发现了儿童:

"孩子们对我们所熟悉的一切都是陌生的。他们必须玩,他们的思想在游荡,他们需要不停地动,他们喜欢变化和新奇,他们天生好奇。为了激励儿童,有经验的老师会简化课程,细心地回答幼稚的问题,捕捉到儿童配合、投入和响应的时刻……"

洛克建议父母和教师应小心地珍惜儿童的好奇心,认真对待他们的好奇心。"儿童的好奇心是一种追求知识的热望，因此应加以鼓励"；"无论儿童提出什么问题，切不可制止或羞辱，更不可使他受到嘲笑"。

他还若有所悟地说，对于所有进步的教育工作者来说，"我一直有一个想法，那就是让孩子们把学习当成一种游戏和娱乐。"为了平衡学校繁重的课业，他提倡设置同等数量的娱乐活动。

此外，洛克指出，每个儿童不仅思想不同，其性情也不同。由于缺乏当代遗传理论的优势，他依赖于密切的观察："有些人的体格是不变的，有些人是强壮的，有些人是胆怯的，有些人是自信的，有些人是谦虚的，有些人是容易改变的，有些人是固执的，有些人是好奇的，有些人是粗心的，有些人是迅捷的，有些人是缓慢的……"由此，他敦促父母和教师应注意儿童的个体差异，因材施教。

在暴力和残忍的氛围下，身为人道主义支持者的洛克，对上流社会对狩猎与击剑的痴迷产生了怀疑。他提倡仁慈教育，认为孩子们不应该被鞭打；同样地，在家里，孩子们不应该被允许折磨落入他们手中的可怜的"小鸟、蝴蝶等动物"；在学校里，他们不应该被教导"征服者是英雄，屠杀值得赞颂"。他说："我认为，人们应该从小就学会温柔地对待所有理性的生物，不溺爱也不虐待。"

在洛克的教育理念中，父母是必不可少的。"让他们爱上父母的陪伴。"他在谈到孩子时说。同样重要的是教师对孩子的影响。他建议，教师应该智慧、老练，对教学内容和教学方法有丰富的经验。教师不仅要了解学科本身，还要了解外部世界，把机智和判断力与性格结合起来。洛克说，如果你想要高素质的教师，就要仔细挑选，给他们高薪。

在《教育漫话》这本薄薄的册子里，虽然洛克并未尝试去探究"教育是什么""教育的目的是什么"之类宽泛的话题，也鲜有理念化的表述，但是，由于他的教育理念同样激起了广大妇女与下层社会追求与贵族同样德行的渴望，他在书中的建议最终产生了远比他写作此书的意图更为深远的影响。

（五）其他政治著作

1669年至1670年，洛克对塞缪尔·帕克的《教会党论》(*Discourse of Ecclesiastical Party*)（1669年）发表了评论，这本书抨击了那些不墨守成规或持不同政见的人。沙夫茨伯里伯爵寻求一种宽容的政策，来反抗英国国教企图以其新教宗派的名义统一王国的政策（英国国教或英格兰国教是在亨利八世的带领下，从罗马教廷脱离出来而创立的。亨利八世既是国家元首，又是教会领袖）。值得注意的是洛克的评论，它表明洛克从坚持国教组织的政治保守主义进一步转向激进主义，主张对国教组织进行遏制，以支持不可剥夺的个人权利。现在，他坚持认为，政府的职能是确保和平，而不应干预人们解读宗教的不同方式及其外在表现形式——他质疑统一政策是否有利于和平。洛克在这里提出了一个理论，在接下来的十年里，他不断地给这个理论润色，即否认国王是亚当的后裔。他在《政府论》中反驳了罗伯特·菲尔默爵士的理论：如果亚当是第一位国王，那么他的后裔并不会顺理成章地获得同样的权力，"所有的政府，无论是君主制还是其他形式，都必须顺民心、合民意"。

洛克重申政府的职能是确保共和体的和平与安宁，并强调政教分离，洛克有关最弱意义国家的理论便可从此处略窥一二。"公民社会的目标是公民的和平与繁荣……但是如果超越了今世（例如宗教），这个社会将无所作为。"既然宗教所关心的是来世，而国家所关心的是现世，那么就不得把这两种权力混为一谈。

洛克在《政府论》中转变了论调，但在此之前，洛克保守的权力主义道德哲学观见诸17世纪70年代至80年代的各种评论。例如，在《刑法义务》(*Obligation of Penal Laws*)中，洛克对政府滥用权力的怀疑有增无减，但他仍然坚持认为，国民的责任是维护社会和平，不扰乱或危害政府，只要一个人的良心不受政治干预，他就应该遵守国家的规则。顺便提一句，当影响到政治领域时，这就是典型的身心二元论，持该论的哲学家主张心灵实体的至上性，从而在接受肉体被征服的同时，心灵上获得自由。但洛克逐渐摆脱了这种二元论。

例如，到1676年，有迹象再次表明他对持异端学说的新教徒的观念发生了转变。同年，洛克在他另一篇论宗教宽容的论文中，更加强烈地批判了政教统一。他诘问道，如果所有持异端学说的人都犯了错误，应该采取什么样的政策？应该把他们处以绞刑吗？然而，如若对他们有所畏惧，是否是因为政府对待他们的方式；如若害怕他们会对其他人产生影响，那么为什么不让其他人按照自己的意愿来选择是否信奉他们的学说；如若担心异端学说的拥护者越来越多，那要么是持异端学说的人靠真理吸引了其他人，要么是正统学派在宣扬真理方面有所懈怠。既然基督教徒可能会因宗派分歧而斗争，"要在宗教意见不一致的地方实现和平，就必须完全区分宗教和政府……他们的职权也应该截然不同。"也就是说，教会和国家应该完全分开。

然而，洛克的政治理性主义观仍然很强烈，他倾向于将一种特殊的、理想的道德秩序强加于他的国家。他在他的《亚特兰蒂斯》（1676—1679年）的注释中提出，采用严厉的法律来处置流浪者，要求每人每周至少从事6个小时的手工劳作，对跨教区的移民加以限制，并要求控制十户长（一个十户长管理二十户人），确保他们管辖范围内的道德纯洁；十户长每月应拜访其管辖区内的住户，"看看他们过着怎样的生活"；应该为丧失劳动力的人修建公立救济院，否则"应据实将所有的乞丐送往公共济贫院，使他们在那里度过余生"。

在1677年至1678年，洛克写下了自己有关人类行为动机的想法。他指出，"幸福和不幸是行为的两大动机"，但不幸中的万幸是可以分解成快乐和痛苦。因此，洛克主张，道德是建立在享乐主义和功利主义的基础之上的，这与他早期在牛津大学发表的论文的论调截然不同，但他冲淡了享乐主义，指出声誉在一个人的生命中扮演着重要的角色，并把声誉称为"人产生行为的根本动机……"如果没有人类的法律，没有积极的立法，"仍会有诸如正义、节制和坚韧之类的行为……"因为道德法则源于上帝，也源于自然。

因此，我们发现，约翰·洛克在写《政府论》之前，越来越关注复辟时期宗教宽容方面的政策倾向，尽管他的道德观仍然非常保守，但一种新的理论观念显然正在发酵。他更加着力、更加响亮地宣称,政府不应干涉国家的宗教事务。现在在他的哲学中,政教分离才是最重要的,它所需要的只是一个结构,在这个结构中,一个不干涉宗教的、最弱意义的政府才是合理的。

（六）经济学思想

17世纪70年代,在沙夫茨伯里伯爵的帮助下,洛克阐述了重商主义的贸易哲学和硬通货政策。

洛克是个重商主义者,他认为,贸易的终点是"财富和力量"——贸易增加了一个国家的财富和人口,产生了经济增长的良性循环。然而,与大多数重商主义者一样,他谴责不利于经济增长的活动——这一理论已渗透到当今的税法和经济政策中,尽管目标对象往往会发生变化。对洛克来说,任何从事服务业的人都会阻碍贸易:如零售商（在一定程度上）、律师,"尤其是有薪士兵"。经济理论是值得怀疑的,正如洛克所主张的,一个人的利益是另一个人的损失。这是亚里士多德的贸易观,一直延续至今,从未动摇过,这也是重商主义所提倡的。

不过,洛克也赞同硬通货政策,因为它确保了一个国家的货币价值。如果为了与英格兰银行发行的纸币数量相匹配而使货币贬值,那将是错误的。

有人在洛克的著作中发现了一种"劳动价值论",即所有的经济价值都可以被分解成其所包含的劳动数量和劳动质量。例如,马克思主义者认为洛克提出了劳动价值论,而自由意志主义经济学家穆瑞·罗斯巴德则认为洛克提出的是劳动财产论,而非劳动价值论。仔细阅读洛克的著作就会发现,洛克强调劳动的以生产创造价值的能力,而不是以价格创造价值的能力。因为在其他地方,洛克注意到,公正的价格（这个词从亚里士多德时代就流传下来了）是在一个特定的场合由市场产生的,但它被基督教慈善的概念所冲淡,以避免获得过多的利润（正如洛克对殖民圈地所提出的建议那样,以为他人留下足够的财富）。劳动——以理性和生产力为基础的积极生产劳动——增加了国家的财富,但它没有产生一个公平的价格体系。

关于《政府论》

  17世纪中期，也就是从1640年英国革命开始，英国社会各阶级处于政治、经济、军事的斗争之中，几乎每一个阶级都有其政治思想上的代言人。政治制度应如何设计，政治生活当如何恢复正常，始终是这些英国政治思想家最为关心的事情，而代表各阶级和各阶层的政治派别，为了争取自己的权益产生了多种关于国家组织形式的要求与主张。这些政治思想家的主张与理论，引起了该时期十分激烈的争论，给人们的观念带来巨大冲击。其中，独立派思想家密尔顿代表着资产阶级的利益，他阐释自然法，宣扬人权与自由，呼吁建立资产阶级共和国；哈灵顿代表着中等贵族的利益，虽然他不讲自然法，却也反对封建君主制而主张共和制；平等派的领袖李尔本比较激进，他反对保持上院，提议通过普选来产生下院，以便小资产阶级能够进入议会；"掘地派"运动的领袖温斯坦莱更加激进，他不但主张土地公有，还要求废除私有制；菲尔默则是王权辩护者，他运用中世纪的神权理论来力证"君权神授"与"王位世袭"；霍布斯尽管也是自然法的阐释者，但他既赞成君主制，又极力为绝对主义辩护，从客观上来说，他的一系列学说是有利于当时的封建君主制的。17世纪下半叶，英国经历了内战、共和、克伦威尔军事独裁，最终在1688年的"光荣革命"之后，通过资产阶级和新贵族的妥协建立了君主立宪制。随着时局的不停转换，洛克的世界观也发生了深刻的变化。他的《政府论》就是在这样的背景下应运而生的，它旨在打击封建王权，为新建立起来的君主立宪制、议会制度辩护。

  关于《政府论》写于何时，学术界一直以来存在着争议。《政府论》首次出版于1690年，但其写作时间至关重要。《政府论》最初被认为是为"光荣革命"辩护的著作，但后世普遍认为，《政府论》并不是为了捍卫1688年的革命而写的，而是在洛克动身前往荷兰时就已经存在了。1689年肯定增加了一些段落，也有可能一些材料可以追溯到1675年以前的岁月，也就是说，这本书的很大一部分是在1679年至1683年期间写的。鉴于此，任何比这更精确的细节都能引起争论。人们倾向于认为，《政府论》上篇是洛克于1680年1月22日买下《先祖论》一书后不久开始着手撰写的。而争论的主要焦点在于，《政府论》下篇是写于《政府论》上篇之前还是之后，即洛克是在1679年秋或更早的时候开始撰写《政府论》下篇，还是在1681年3月牛津议会解散之后。专注于洛克作品研究的彼得·拉斯利特则认为，洛克是在《排斥法案》危机时期写下《政府论》下篇的。

《政府论》写作时间的不明朗，源于洛克本人生前在对待它的态度上的不明确，因为他一直隐瞒自己是这部书的作者。1703年，他在写给表弟彼得·金的信中，用一种与此书毫无关系的看客身份评价自己的作品道："对财产权最浅显易懂的阐释，就在于《政府论》一书。"他还指出，对于那些追求"自己国家的政府体制与真正利益的见识"的青年来说，阅读这本书对他们再合适不过了。他甚至将它与亚里士多德的《政治学》相提并论，极尽赞誉，积极推荐。与此同时，他却始终对自己的作者身份讳莫如深，极力撇清关系。1690年，《政府论》面世之后，有人猜测其作者正是约翰·洛克。即便坊间传闻渐盛，洛克本人却始终矢口否认。至于与出版商和印刷商的交涉，他也一直委托第三者代为处理。总之，与《政府论》相关的一切事宜，皆是匿名进行的。而该书的手稿，有一大部分已经丢失或被故意销毁，剩下的部分，怀疑也是洛克托人誊写后方才示人。据说，当洛克得知自己的一位密友可能向外走漏了风声时，怒不可遏，差点与此人绝交。

随着洛克的去世以及他留下的遗嘱（不仅将该书列入他的匿名作品书单，还要求在他去世后捐赠给牛津大学图书馆，同时特别指出了已经出版的《政府论》各个版本的错漏），人们逐渐确定他就是《政府论》的作者。当然，在当时的高压政治气氛下，洛克的做法也是情有可原的。因为在1683年，牛津大学就曾公开批判了霍布斯等人的政治作品，并将大量的相关书籍付之一炬。所以，为了避免遭到政治迫害，洛克不得不煞费苦心地隐藏自己是《政府论》作者的真相。

《政府论》评述

在《政府论》中，洛克围绕公民政府的真正起源、运行范围和目的等方面的内容进行了系统的阐述。

（一）论自然状态

在《政府论》下篇第二章开篇，洛克提出了关于探讨人类本源状态的问题："要正确地理解政治权力，并追溯其起源，我们就必须考虑到人类原来处于何种状态。"洛克给他的自然状态下了一个完整的定义（在政府出现之前，人们处于这样一种自然状态）："在自然法的范围内，人们处于一种完好无缺的自由状态。他们可以按照自己认为合适的方式，决定自己的行动和处理自己的财产与个人事务，从而无须征求任何人的许可，也无需遵从任何人的意志。""这也是一种平等的状态，其中的所有权力和管辖权都是相互的，没有人比另一个人拥有更多的权力和管辖权。"

显然，我们从洛克对自然状态的定义中可知，无论人们在这样一种自然状态下是何等地自由与平等，都必须遵循一个前提条件——自然法。洛克认为，自然法就是理性，它的作用就是为了约束所有的人不侵犯他人的权利，不互相伤害，以期维护和平，保卫全人类。洛克通过阅读霍布斯的《利维坦》以及普芬多夫对霍布斯的批判，对霍布斯的自然状态有了一定的了解。后者所设想的无政府状态，就是所有人反对所有人的战争，在这样的战争中，每个人都在寻找机会侵犯自己的同胞——在一个无政府的世界里，暴力和由此产生的恐惧无所不在。在《政府论》下篇第十九章中，洛克将自己的观点与霍布斯的观点进行了比较，他指出，霍布斯并没有区分自然状态和国家战争，而大多数人也并非如此倾向于暴力或欺诈，他们只是试图保护自己免于遭受少数人所带来的"不便"。

从整体上看，洛克的自然无政府状态是无政府个人主义的一种仁政状态，而不是霍布斯式的残暴和相互猜疑；在这种状态下，良心指导行动，理性（反映自然法则）强调了侵犯同胞的错误和反生产力。那些侵犯他人的人因此放弃了他们的人性，行为比野兽还要野蛮，可能会受到正义的严厉谴责。

那么，为什么要离开这种田园诗般的状态呢？洛克回到了他那个时代的恐惧——没有权力会带来"不便"，以及对公民骚乱的恐惧。其一，如果没有一套公认的、确定的法律作为人民的行为标准，那么自然法将由于具有不明确性而使其对社会生活的调整作用受到极大的限制。虽然人的理性（即自然法）有共同部分，但是每个人因其理性不同而行为有异。这种对自然法的理解与实践的不同，使人们极易陷入冲突，从而进入战争状态，造成社会秩序的混乱。所以这种自然状态下的社会并非理想社会，也必将遭到人们的抛弃。其二，自然状态中缺少权威公正的裁判者，如同英国谚语所说：人人不能成为自己的法官。在洛克看来，在自然状态中，为了保护自己的权利以及防止君主的专断与独裁，人民必须保留充当自己案件裁决者的权利。然而，这是十分不合理的。人的本性将使他们偏袒自己及其朋友，内心的邪恶又会使其过度报复，从而导致社会混乱，安全感尽失。因此，这就需要政府来裁决，而不是让人民成为自己的裁决者。为避免君主的专制裁判，权力应当分为立法、执法和司法，这些权利由不同的机关去行使。其三，自然状态中缺乏执行法律的权力——因为每个人既是自己案件的裁决者，又是案件判决的执行者——从而导致少数群体或个人容易受到人数更多的激进群体的侵犯。这样的社会必然是一个弱肉强食的社会，弱者的权利将无法得到保障。当执行者的力量不足以对抗罪犯时，罪犯便可以逍遥法外，对更多的弱者造成侵犯，从而使整个社会充满恐惧。虽然洛克认为，杀人者可以被人人杀害，但这并非其他强者的义务，他们没有必要去杀掉那个杀人者。而人的本性就是趋利避害，因此强者为了争取更多的利益，极有可能相互勾结。

鉴于以上原因，政府的保护是十分必要的。然而政府的统治也必须经过被统治者的同意，这样的统治也只能在一个全体的法律体制下才能表现出来。

（二）论财产权

洛克创制了一套逻辑结构严密的财产权学说。这一理论在他的政治思想中占据着极其重要的地位，是其自然权利学说的一个关键点，也是其政治契约论的理论基石。

洛克指出，私人财产是先于政府存在的，公民社会也是为了保护私人财产才形成的。而他所谓的财产，代表了一个人所拥有的东西，包括拥有他自己——一个人最初拥有自己，然后拥有与他的劳动相关的东西。由此，他的"财产权"包括拥有生命、自由与财产的权利。

洛克从自然理性出发，推导出财产权的起源。在《政府论》下篇第五章的开头，他首先指出，"人类生来就享有生存的权利，因此也就有权享有食物及自然所提供的维持其生存的其他一切物品"，"不论从哪方面来看，人类显然可以共同享用这些东西"。但是，"每个人对自己的人身享有所有权，除他本人以外任何人都没有这种权利"；"虽然自然物归人类共有，但人类是自己的主人，是自身和自身行动的所有者，本身就具备拥有财产的基础"。这样一来，洛克就把财产权、生命权与自由权联系在了一起，其中财产权作为基本权利，是与生俱来而不可侵犯的。

洛克还指出，"当各类发明和技术改善了人类生活的方方面面时，人类用来维持自身生存和享受生活的大部分东西都属于他自己，并不与他人共同享用。"也就是说，当上帝赋予人类理性，使人类可以保护和繁衍后代时，人类凭借自己的劳动使任何东西脱离了自然状态，那么它们就成为了他的财产，这

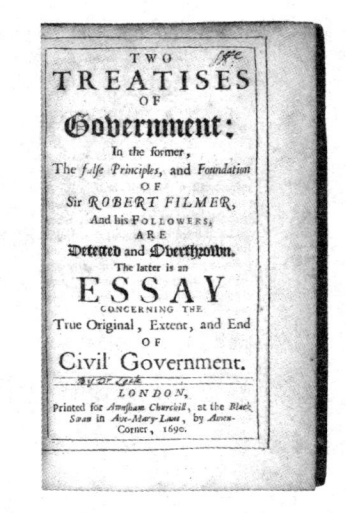

□《政府论》扉页

洛克的《政府论》于1690年出版。该书一经出版立即引起了轰动。其上篇批判了罗伯特·菲尔默爵士及其追随者的君权神授观点，下篇则是一篇关于公民政府的真正起源、范围和目的的文章。图为1690年《政府论》第一版扉页。

是自然公正的。一个人辛苦采摘到的水果或耕耘了的土地就是私人财产，它与一般财产的显著区别在于加入了人类的劳动。这时候，他不需要获得那些生活在自然状态下的人们的同意，他的劳动使它们脱离原来所处的共同状态，确定了他对于它们的财产权。例如，某个人从一条河取水，他装进水壶里的水必然是他的——因为他通过劳动把水从河中取出来；然而，河里的水仍然属于共同所有。任何野兽都归所有人共有，但是一旦野兔或鹿成为猎人的囊中之物，那么它们就成了他的财产。

但这还不足以解释为什么人们必须尊重其他人的财产。于是洛克假设，在自然状态下，资源是极为丰富的：只要其他人尚可取得等量、等质的资源，一个人便有权利拿走一部分自然资源，同时并不会侵犯其他人的资源；另一方面，一个人不可以拿走超出其所需数量的自然资源，以免资源因不被充分使用而造成浪费。此外，洛克指出，虽然人们可以通过劳动占有土地和资源，但是这样做并不会减少反而会增加人类的共同财富，因为劳动所创造的财富大于闲置所产生的价值。

从以上理论延伸，每个人必将在社会之外拥有一些财产，因此政府并非财产权利的唯一来源，也不能够随意挪用个人的财产。"人们联合起来建立国家并服从政府统治的最重要目的，就是保护他们的财产。"如果政府存在的目的是保护财产权利，那么财产必先于政府存在且完全独立。也就是说，政府作为人类理性创造出来的社会组织，如果不能很好地保护人们的利益，那么它就形同虚设。洛克还强调，任何政府组织与政治社会存在的前提和基础，就是必须为财产权这一天赋权利提供保护。

（三）洛克式国家理论

洛克是以社会契约思想作为指导来探讨国家的起源的。他所主张的自然状态，不同于霍布斯的"人人互相为敌"的自然状态，而是一种人人享有自然权利的自由、平等的状态。但是这种状态并非完备无缺，而是存在着种种缺陷，它使人们的生命、自由和财产权利无法得到保障,同时面临着被他人侵犯的危险。正是为了克服自然状态的这种种缺陷,人们才订立契约,让渡权利,国家由此而形成。因此,从某种意义上来说,洛克认为,国家是一种工具,其唯一的目的就是为人民的生命、财产和自由提供保障;它不具有神圣或超自然秩序的神秘性质,相比在自然的自由状态下的个人,它能够为人们的权利提供更有效的保护。

既然洛克式国家是受人民委托,为人民的利益服务,以保障人民和平生活权利的国家,那么,它的形成必定征得人民的同意,即以契约的形式来实现。"无论在什么地方,只要有人这样结合成一个社会,每个人都放弃了自己对自然法的执行权,把它交给公众,才能形成一个政治社会或公民社会。"在这个社会中,被构建起来的政府所享有的政治权力,是每一个立约者自愿放弃的在自然状态下所拥有的权利。这个政府的主要功能是保护人民的生命、自由和财产权。它创建了一套既定的、已知的法律,在争端中进行仲裁,并保护其社会成员的生命和财产。国家不能对公民的生命和财产拥有专断和绝对的权力,但它的任务必须是谋求公共利益和民主（多数决定原则）。

在洛克的契约论中,人们让渡给政治社会的权利只有两项,一是在自然法的许可范围内,为了保护自己和他人,可以做他认为适合的任何事情的权利;第二种是处罚违反自然法的罪犯的权利。也就是说,人们让渡给社会（非个人）的权利是有限的,是个人所享有的部分自然权利,而非全部自然权利,而且个人的生命、自由和财产权不能让渡。

在这一点上,霍布斯的观点与洛克相反。霍布斯提倡君主专制,他认为,人们应该让渡所有的权利,主权者不参与契约,因此不受契约的约束,其权力是至高无上的,人民的作用就是无条件地服从,对主权者的命令不得反抗。而洛克则认为,政府的主要职权就是保护人民的财产,否则,就是与人民为敌,人民便有权反抗。因此,尽管政府的权力是有限的,但仍不足以防止其专断行事,侵犯个人自由,因为人性中有"自私"在作祟。基于此,他提出了分权说，即把国家的权力分为三类：立法权、执行权和对外权。立法权指的是制定法律的权力，即如何运用国家的权力来保障社会及其成员的权利；执行权是指经常存在的负责执行被制定和继续有效的法律的权力；对外权则是指有关战争与和平、联合与联盟以及同国外的一切人士进行外交的权力。这三种权力必须相互制约，否则人们就会重返自然状态。其中立法权是国家的最高权力，其他权力由它派生并受它支配，但它也并非不受限制，立法者不能以立法权废除人民的财产权，也不能将立法权转让给他人。

（四）论理性与暴力

理性教导成熟的个人尊重他人自由的权利，并教导他们侵犯者应受惩罚的程度——在理性和良心所允许的限度内。正如我们在洛克的其他著作中所看到的那样，洛克秉持道德绝对主义，甚至《旧约》中的道德准则再次出现——谋杀者和小偷应该被处死，因为一个人有权摧毁威胁他生命的东西。

然而，根据洛克在《政府论》中对战争的定义，凡是用语言或行动宣战，而不是出于一时的意气用事，那就产生了战争。这表明，冲动犯罪是可以得到宽恕的，但也提出了一种可能性，即对侵略者来说，宣战可能是一种十分合理的选择；然而，洛克坚持认为，侵略者通过诉诸武力这一事实证明，尽管它有"确定不移的企图"，但他已经放弃了理性。这里存在着明显的矛盾，需要更深入的思考，因为侵略者不可能比受欲望驱使的野兽低级，同时还具备一种企图心理。从某种意义上说，一个人的理性是由两部分构成的，一部分产生合理性——引发暴力的借口；另一部分反映了自然法则，即人是自由的，在逻辑上必须尊重同胞的自由权和不受侵扰的生存权。

侵略者企图获得对个人的绝对控制——控制他的生命和财产，也就是说，他企图奴役他。洛克认为，没有任何理由可以为这样的动机辩护，因为这样做就会"剥夺自然状态下任何一个人的自由"。个人拥有对侵略者进行报复和防御的权利，而侵略者通过诉诸武力，引发战争、暴力和不平等，最终导致奴役。但是，如果一个人侵犯了别人的权利，他就失去了自己的权利吗？霍布斯认为，一个人拥有不可剥夺的自我保护权，这样，如果他被处死（假如因为谋杀），他仍然拥有逃跑的权利。而洛克对道德地位的不对称性产生了质疑，他首先就提出了终止"生命不可剥夺权"的主张。

这就引出了洛克对正义战争本质的阐述。

（五）论正义的战争

洛克的战争理论主要是根据侵略者和防卫者的客观区别来判断的：侵略者的行为是非正义的，防卫者的行为则是正义的。必须指出的是，一方受到攻击是洛克式正义战争的必要条件，但不是充分条件。因为，尽管诉诸武力提供了区分正义行为和非正义行为的客观标准，但它并不是这样一个充分条件：国家一旦衰败，就可以通过诉诸武力来继续长久地保卫它。洛克劝告在正义战争中战败的防卫方要锲而不舍，并心存希望。

但是，当暴力结束时，双方都可以接受"法律的公正裁决"，并同意适当的赔偿和惩罚条件，以及防止进一步侵略的威胁，但如果没有裁决机构存在，则战争状态将继续存在。侵略者在诉诸武力，建立武力规则，并以此为标准时，便丧失了自己的生命和权利。防卫者——正义战争的实行者——因此而获得了对正义战争中被俘的士兵的专断专制权。这种权力应该持续多久？根据洛克的有罪推定论，战争罪（单论参与非正义战争即可）可以持续士兵的一生，这就提出了宽恕和赦免的问题，以及它们在洛克体系中的适用性。如果站在非正义战争中获胜的侵略者的角度来看，洛克坚持认为，他们永远不会拥有控制被征服者的权力。这当然意味着有罪的人永远有罪。

进行侵略的无论是一个政府还是一个流氓都没有任何区别，为此洛克引用了哲学家阿奎那、奥古斯丁和西塞罗的话。以非正义的方式被击败的一方应该做些什么呢？洛克建议要坚持不懈。如果一个流氓或一个沉迷侵略的政府没有得到适当的纠正，公民就应该不屈不挠，因为正义始终与上帝同在，侵略者终将在那里受到审判。然而，与此同时，在一场非正义战争中，征服者没有权力强行统治被征服者，并使其服从。显然，洛克在这里又回到了霍布斯主义——保障和平比暴力、不确定性以及对战争的恐惧更重要。失败者有生存的权利——表面上对政权的服从必然伴随着良心的违抗。任何以武力向个人勒索或抢掠的东西，包括承诺并同意服从，都不意味着什么。摆脱一种非正义力量或反抗这些主宰者，"在上帝面前都不是犯罪"。

另一方面，在一场正义的战争中，征服者获得了绝对的权力，凌驾于那些首先举起武器反对他们的人之上。然而，洛克的体系不允许集体报复。那些没有参加战斗的人，即无辜者，或者用今天的话说，非战斗人员，不会失去对正义征服者的任何权利。因此，我们必须严格区分战斗人员和非战斗人员，这反映了正义战争的惯例。但是，正如洛克所承认的，在战争史上，很少有征服者"愿意让混乱的战争彻底消失"。侵略者可以被正当地处死或被奴役，但这一权利并不包括他们的财产，因为这种财产也必须维持着那些手无寸铁的人的生命。被征服者有权要求"赔偿战争给他造成的损害"，但不能超出侵略者的财产范围，因为对防卫方来说，索取超过战争费用的财产，或强占非参战人员的财产，如他的妻子和孩子，那就是抢劫。

国家能在多大程度上扩大其管辖范围呢？虽然它的职权范围表面上是最弱意义的或自由主义的，但洛克思想中的其他元素表明，可能存在一些被视为功利主义的漏洞。

《政府论》各章主要内容

《政府论》分为上、下两篇。上篇致力于驳斥保王派思想家罗伯特·菲尔默在《先祖论》（1680年）一书中宣扬的"君权神授"和"王位世袭"——君主制是一种神授的制度，君主充当上帝在世间的摄政者进行统治——的极端保王主义论调。正如洛克所声明的那样，上篇是为下篇替符合民意的政府作辩护所做的铺垫。下篇在批判君权神授的基础上，系统地提出了君主立宪制下的议会主权理论。在这份总结中，我们并非从学术上来评判洛克对菲尔默作品的驳斥（抑或他对《圣经》的选择性解读）是否正确，而仅仅是对他所提出的要点进行总结。

（一）上篇

第一章

"奴隶制是一种丑陋又残酷的人类制度"，这句话拉开了洛克批判菲尔默体系的序幕。在本章中，洛克总结了菲尔默的理论，即所有的政府都是（或应该是）一个绝对的君主政体。其次，菲尔默认为，既然没有人生来就是自由的，那么人们不能（或不应该）自由地选择他们的统治者，因此，根据认识论，即大众不具备选举统治者的智慧，所以政府的建立应符合民意这一概念应予以否定。但是，描述君主专制政体下的公共事务，其本身并不能为建立符合民意的政府提供正当的理由，而假设人类将生活在悲惨的状态下，也不能反驳主张专制主义的观点。因此，洛克仔细审查了菲尔默的假设，以及他自己反驳神权统治论的论据是否合乎逻辑，是否连贯，继而在《政府论》下篇中，他概述了为符合民意的政府辩护的正当理由。洛克根据菲尔默提出的基本假设，对他的理论进行了分析。

第二章

洛克指出，菲尔默首先声称，"人类不是生而自由的"，因为"人生来就是隶属于他们的父母的"。那么，人类为什么要拥护王权（父权）呢？菲尔默引用了《十诫》中的文字"上帝说：'尊敬你的父亲'"。对此，洛克反驳道：第一，菲尔默以"父权"作为君主权力的来源及正当性依据，却没有解释清楚什么是"父权"，这就等于菲尔默什么也没有说，他的理论没有立足点；第二，菲尔默将《十诫》中的"尊敬你的父亲和母亲"断章取义为"尊敬你的父亲"，而根据《十诫》原文，并非只能拥护由父权而产生的王权，拥护母亲权亦可（自亚当的时代起）。

第三章

在这一章里，菲尔默接着提出，主张人的自由就等于否定了《圣经》中关于人民要求立王的故事，洛克很快就通过分析菲尔默文章里含混不清的名词来证明其文章的逻辑错误，即亚当的创生与他的统治权力之间没有必然的联系。洛克认为，首先，菲尔默没有对原文中的"基于上帝的委任"和"世界的君主"这两个概念进行诠释。洛克诘问：亚当创生，难道就应该赋予他统治一切（确定的而非假定的）生物的权力吗？然后追问：亚当从哪里获得了对他人的权力？通过成为一个父亲？同时提醒读者，菲尔默忽略了母亲在生育孩子方面所扮演的角色，因为他在引用《圣经》时没有提到母亲，而是把"尊敬你的父亲和母亲"变成了"尊敬你的父亲"。最后，洛克总结道，如果亚当的力量来自生孩子和成为父亲，那么如果没有孩子，他必定就是无权无势了。

第四章

也许正如菲尔默所理解的那样，亚当的权力是统治万物。那么，也就是说，亚当对万物拥有所有权而不是统治权，所以并不是"全世界的君主"。洛克还通过引用《圣经》中的"上帝把地球赐给了'他们'"指出，上帝是把地球赐给了整个人类，而不是赐给某个特定的个体。最后，洛克总结道，即使亚当被赋予了对万物的所有权，这种权力也不能使他拥有主权。

第五章

菲尔默引用《创世记》第三章第十六节"你必恋慕你的丈夫，你的丈夫必须管辖你"的经文，再次为先祖论辩护，声称夏娃是为服从她的丈夫亚当而被创造的，这就是政府的最初授权，亚当因此而享有对女人的主权。而洛克反驳说，必须把夏娃作为妻子的角色与她被亚当统治万物时所扮演的角色，或任何其他角色区分开来。洛克指出，首先，既然亚当与夏娃在伊甸园中犯了罪，这很难赋予他统治其他人的道德地位；其次，夏娃之于亚当的从属地位，如何使他有权领导一个君主政府？洛克认为，二者之间没有必然联系。而菲尔默经常在他的措辞中使用含糊的语言来维护自己的理论，而实际上并没有证明它的合理性。最后，洛克总结道，如果丈夫通过拥有妻子而获得君主权力，那么根据菲尔默的观点，世界上有多少个丈夫就应该有多少位君主。

第六章

本章中，菲尔默再次极力主张，亚当的王权是建立在他的孩子们的臣服之上的，这种权力应该是至高无上的。菲尔默认为，绝对君主制的另一项合法性依据在于"父亲的身份"，既然父亲生育了子女，他就拥有对子女的绝对权力。对此，洛克反驳道：首先，父亲只是基于生理欲望而生育了子女，生育不能等同于创造，生命是上帝赋予我们所有人的，上帝才是我们一切人的创造者；其次，如果承认父母创造了他们的子女，赋予他们生命，由此便有了绝对权力，那么任何人也不能否认，母亲也应具有与父亲共同支配子女的权力，因为母亲在生养孩子方面所起的作用更加明显；第三，父母可能会放弃对子女的权力，但子女不能放弃对父母的尊敬，而菲尔默忽略了这一点。洛克还指出，如果一个父亲对他的子女拥有绝对的权力，便同时赋予了他在政治上的统治权，那么，按照菲尔默的理论，君主的数量将会同父亲的数量一样多，这无疑与第五章的论点相呼应。所有这些抗辩的论点都削弱了菲尔默强调男性统治的观点。

第七章

这一章主要探讨财产权在菲尔默理论中的作用。洛克指出，如果我们允许亚当拥有地球万物，并且他愿意把万物留给他的长子，那也并不意味着亚当的权力也要一并留给他的长子。洛克辩论道，长子并没有生育他的兄弟，因此不能说他继承了父亲统治其兄弟的权力。因此，主宰万物的权力与政治权力是有区别的，不应将二者一概而论。

第八章

洛克发现，菲尔默先是提出了政府权力可以通过继承、授予、篡夺和选举等方式来获得的观点,后面又指出"国王以何种方式获得权力并不重要";洛克认为他的理论明显是自相矛盾的,甚至令人惊愕万分。虽然洛克仅凭这一点就可以推翻菲尔默的理论,但他还是继续对先祖论的逻辑性进行了批判。

第九章

在这一章中,菲尔默声称,亚当的权力并没有在他身上终结,而是代代相传,而且现在的君主皆是这种权力的直系后裔。洛克则指出,必须证明亚当的权力是如何传递的,否则,我们必然认为他的权力随同他的死去一并消亡,并归还给上帝。接下来,他通过一系列的辩论,总结出父权是不能被继承的,并且现世的权力也不是亚当的。洛克同时认为,子女有权共享父母的财产,这种权利是平等的。此外,在本章中,为了使菲尔默竭力为先祖论和长子继承制辩护的意图昭然若揭,洛克还概述了他自己的理论:上帝赋予人类自我保护的本能,把地球万物赐予人类,并指导人类通过自己的感觉和理性来利用地球上那些赖以生存的东西造福人类;政府的建立是为了保护人类的财产不受他人的侵犯。

第十章

菲尔默说,在一群人当中,必定有一个人继承亚当的君主权力。洛克反驳道,这就意味着,"他们当中必定有一个人,由于是亚当的嫡传继承人而天生有权做其他所有人的君主,但这种权力并不是确立一个合法的君主所必需的",也就是说,有权成为亚当的继承人并不代表有权拥有统治者当前的权力,或者说他们都不是合法的君主,因此,民众没有必要忠心耿耿地服从其政府。

第十一章

菲尔默坚持声称,统治权是通过亚当的血统传承的。洛克反问道,那谁不属于亚当的血统呢?菲尔默列举了几个拥有权力的《圣经》人物来佐证自己的观点,但都被洛克一一否定了。第一,菲尔默说先祖论的证据是统治者拥有操控人们生死的权力。洛克对此回应说,任何人都可能拥有这种权力。第二,菲尔默说统治者拥有召集军队和发动战争的权力。洛克对此回应说，任何一个联邦，或者任何个人实际上都可以拥有这种权力，这意味着发动战争的权力是独立于统治权的，只是依附于召集军队的能力。如果权力可以通过攻击和征服他人而获得，那么菲尔默试图通过亚当的血统来获得主权的论证就不成立了。纵观那些被提拔而获得权力的人，洛克认为他们是经过人民同意而被任命的，在他们当中，他发现了没有子女的男性，还发现了一名女性——这进一步证明了菲尔默关于权力是通过亚当的后代世袭传递的论断是错误的。

洛克在这一章完成了对君权神授论和专制主义的否定，转而概述和证明自己的政府观和公民权利观。

（二）下篇

第一章

洛克在这一章首先否定了君权理论，然后提出了他自己的政治权力理论。在这一理论中，他把长官对臣民的权力，看作是不同于父亲对子女、主人对奴仆、丈夫对妻子以及贵族对奴隶的权力。他把政治权力定义为为了规定和保护财产而制定和执行法律的权力，以及运用社会力量来执行法律，并保卫共和体不受外来攻击的权力。他强调，权力只能用于公众福利。

第二章

洛克阐述了他对自然状态的理论建构。在上帝将地球万物赐给全人类的前提下，洛克将自然状态设想为一种完全平等的状态，在这种状态下，每个人都有自由去做他认为合适的事情，而不需要征得任何人的许可，或依赖于任何人的意志。理性，即自然法，教导人类不要互相伤害，不要损害他人的自由、破坏他人的财产，但也教导人类有权惩罚那些侵犯自己的人。"管理自然状态的是自然法则，它使每个人都要履行义务"，"我们之间不应该有任何从属关系，这种关系可能使我们自相残杀"。

第三章

"战争状态是一种敌对的、毁灭的状态。因此，如果有人通过语言或行动表现出伤害他人生命的企图，而且这种企图不是出于一时冲动，而是一种有条不紊的计划，那么他就使自己和他企图伤害的人处于战争状态。这样一来，他就把自己置于对方及支持或协助对方进行战争的权力之下。"

自然状态和战争状态是不同的。自然状态是由和平、善意、保护和互助所支配的，而战争状态则是一种敌意、恶意、暴力和相互毁灭的状态。洛克批判托马斯·霍布斯的追随者没有对此加以区分。

为了避免自然状态的弊端，即没有共同的权力来确保法治和秩序，人们往往会加入一个社会。

第四章

洛克提出反对奴役。人的天赋自由是指不受世间任何上级权力的约束，不受他人的意志和立法权威的左右，只以自然法为法则。处在社会中的人的自由，就是只受经人们同意在国家内部建立起来的立法权的约束，只遵循立法机关根据人民对它的委托所制定的法律，而不受任何其他意志或法律的约束。

奴役被定义为受绝对的、专断的、专制的权力支配。整个奴役状态，就是合法征服者和被征服者之间的战争状态的延续。如果他们双方订立了契约，使一方拥有一定的权力，另一方必须服从，那么在这一契约的有效期内，他们之间的战争和奴役状态便结束了。洛克还顺带指出，自由并不是像罗伯特·菲尔默爵士（以及此后的许多人）那样为了抵制自由，而将其描述成"一个人想干什么就干什么"。

第五章

关于财产，洛克引用他早期的论点，即地球最初是属于所有人的，但对于洛克的政治理论而言，最重要的是，他认为"每个人都有自己的个人财产"。因此，只要他使任何东西脱离了其自然状态，那么，与他的劳动相关的这些东西都变成了他的财产，但有一个附加条件："至少在还有足够的、同样好的东西给其他人共享的情况下。"

虽然上帝将地球赐予人类共同享有，但他并不想让它一直处于共有和不加以开垦的状态，因为他把地球赐给了勤劳和理性的人使用。

当一个人把他的劳动与任何东西关联起来，并把它纳入自己的个人财产中时，他就使它变得更有价值。所有权赋予一个人随心所欲地使用其个人资源的权利，但不要忘记，每个人都对他人负有责任，因为那些被浪费的资源原本可以为社会创造更多的利益；除此之外，一个人可以正当地获得财富。

第六章

洛克主张，子女应处于父母的统治下，不过这只是暂时的。子女生下来时都是孱弱的婴儿，为了弥补这种身心不健全的缺陷，所有父母根据自然法，都有保护、养育和教育其子女的责任。伴随着他们的成长，年龄和理性将使他们逐渐解脱这些限制，直到他们可以独立处理自己的一切事情为止。在子女的理性还没有发展到足够成熟之前就把他们赶出家门，无异于把他们扔进野兽群当中，使他们陷入悲惨的境地；子女一旦足够成熟，就有能力也有权利选择他们想要加入的社会。因此，洛克强调，父母统治子女的权力，不应与政治权力混为一谈。

第七章

凡是结合为一个整体的人们，只要拥有共同制定的法律，以及可以向其申诉、有权裁断他们之间的纠纷，并能对罪犯做出惩罚的司法机关，他们就都处在公民社会中。而那些没有这种共同申诉机构的人，则还是处于自然状态中，因为既然没有其他的仲裁者，所以每个人都是自己的仲裁者和执行者。当他们的财产不安全时，人们就不能认为自己身处一个公民社会之中。而真正的政治社会，就是每个成员都放弃了自然权利，把可以诉诸法律来保护的一切事情都交给社会处理。

第八章

本章继续讨论政治社会的起源。洛克指出，社会始于人们的协商同意，当某些人同意组成一个共同体或政府时，他们就立刻结合起来并组成一个政治实体，其中的大多数人拥有采取行动和限制其他人的权力。这时候，他们就使自己对社会全体成员负有一种服从大多数人的决定的义务，否则他们为组成一个社会而订立的那个原始契约便彻底失去了意义。在经多数人同意而组成的共同体中，议事规则遵循的是少数服从多数，即大多数人享有替其他人做出行动与决定的权力。因为这样组成的共同体必须根据单一个人的同意而行动，与此同时，该共同体作为一个整体又必须行动一致，因此就有必要根据大多数人的同意来行动。否则，该共同体就不可能作为整体而行动，其结果也只能是解体。

第九章

一个人为什么可以放弃他在自然状态下享受的自由而加入一个社会呢？因为自然状态充满了不确定性，也容易受到侵略。自然状态缺乏明确的法律、公正无私的法官，以及强有力的执行者。在自然状态下，人有两种权力——根据自然法则保护自己的权力与惩罚罪犯的权力。在这样一个自由的状态下，所有人都同属于一个群体，组成了一个不同于动物的社会。在加入一个社会的过程中，人民放弃了保护自己不受社会法律约束的权力，也放弃了惩罚侵略者的权力；而他们这样做，只是为了更好地保护自己的自由和财产，以及公共福利，因为没有人会想要加入一个会使自身环境变得更加糟糕的社会。

第十章

政府形式由最高权力，即立法权的归属而定，不可能出现下级权力规定上级权力的现象，而且除了最高权力，谁也不能制定法律。因此，制定法律权力的归属决定了国家的形式。

第十一章

确立立法权是所有国家最初的、最根本的明文法，它的目的是保护社会及其成员。这种立法权不仅是国家的最高权力,而且一旦共同体把它交给某个人后,它就变得神圣而不可改变。

立法权是至高无上的,但不应是绝对的或专断的。它所行使的权力应限于人在自然状态中所拥有的权力,而这种权力也应限于为公共利益服务。它永远没有权力摧毁、奴役或故意剥削人民。

第十二章

立法权没有必要一直存在(在接下来的章节中,洛克指出,如果立法机关频繁地开会,它可能会变得危险,或者至少是繁重的),但是执行权应该永久地存在,以确保法律得到执行。

对外权就是包括战争与和平、联合与结盟以及同国外所有个人和社会进行事务往来的权力。

第十三章

立法权只是一种受委托的权力,是为了实现某种目的而行使的,如果民众发现立法机关的行为违背了他们的委托,便仍然有权撤销或重新组织立法机关。但是,不论在什么情况下,只要政府存在,立法权就是最高权力。同样地,如果执行机关阻止立法机关开会,它实际上是在向人民宣战。执行权完全建立在信任的基础上。对外权和执行权都从属于立法权,是一种辅助权力。

第十四章

没有法律依据甚至违背法律,但为了公众福利可以自行处理的权力,被称为特权。当这种权力被用于谋求社会福利,并符合政府所受的委托及创建的目的时,就是真正的特权。执行机关可以使用特权确保立法的顺利进行,但绝不能越界。如果执行权和人民对于被称作特权的权力产生分歧,只要看一看这种特权的行使是否有利于人民,就能很容易地解决这一问题。

第十五章

父权或亲权,是自然赋予父母的第一种权力,即让父母在子女未成年时扶助他们,以弥补他们在处置自己的财产方面的各种不足。统治者们通过自愿签订协议获得第二种权力,即政治权力,并用这一权力为其臣民谋利益,保障他们拥有和使用自己的财产。放弃权利赋予了主人第三种权力,即专制权力,他们利用这一权力为自己谋利益,并统治那些被剥夺了所有财产的人。其中,父权远不如统治者的权力,统治者的权力又不及专制权力,而绝对统治权与公民社会毫不相容。

第十六章

许多人错将武力当作人民的同意,认为征服也是政府的一种起源。但是,征服并不意味着建立新政府,就像拆除房屋并不意味着在原处建造一座新房屋一样。当然,摧毁旧的国家往往会为建立新的国家结构铺平道路,但若不事先征得人民的同意,新的国家永远无法建立起来。在非正义的战争中,征服者使自己同另一个人处于战争状态,不正当地侵犯了他的权利,因此征服者决不能通过这种非正义的战争获得支配被征服者的权利。另一方面,在一场正义的战争中,权利只能被公正地掌握在那些参战的人身上,而不能被掌握在没有参战的无辜者身上。

第十七章

征服是外来的篡夺,篡夺则是一种国内的征服。篡夺者永远不会是正义的一方,因为只有当一个人将另外一个人所拥有的权利据为己有的时候,这种行为才被称为篡夺。如果篡夺者对权力的扩张超出了合法君主或国家统治者的权力范畴,那么他的行为就不仅仅是篡夺,而是篡夺加暴政。在人民对某个人所篡夺而来的权力表示同意之前,无论他的权力是篡夺来的,还是继承来的,他都没有行使权力的依据。

第十八章

当一个人利用自己的权力为所欲为,而不是为了权力之下的人民谋取福利时,这就能够被称为暴政。因此,暴政就是行使超出正常权利的权力;任何人都无权拥有这种权力。面对暴政,人民只能反抗,除此别无选择。如果法律不能保护我,我有权保护自己。

第十九章

因此,如果一个政府落入一个外来政权之手,或发生内战,当政府非法行事或拒绝立法,抑或做出违反人民对它的信任的行为时,政府即被解散。谁来裁判君主或立法机关的行为是否辜负人民对它们的委托呢?洛克指出,人民就是裁判者。因为受托人或代表的行为是否适当或符合对他的委托,只有委托人才能充当裁判者。

目 录 CONTENTS

译者序 / 1
自序 / 3
导读 / 5

上篇 / 1

第一章	导论	（2）
第二章	论父权和王权	（6）
第三章	论亚当由于被神所创造而享有主权	（14）
第四章	论亚当由于神的赐予而享有主权	（20）
第五章	论亚当因夏娃对他的从属而享有主权	（38）
第六章	论亚当因父亲的身份而享有王权	（44）
第七章	论父权和财产权共同作为主权的根源	（63）
第八章	论亚当的最高君主权力的转移	（69）
第九章	论从亚当那里继承来的君主制	（72）
第十章	论亚当君权的继承人	（88）
第十一章	谁是亚当的继承人	（91）

下篇 / 141

第一章　导论 …………………………………………（142）

第二章　论自然状态 …………………………………（144）

第三章　论战争状态 …………………………………（152）

第四章　论奴役 ………………………………………（156）

第五章　论财产权 ……………………………………（158）

第六章　论父权 ………………………………………（175）

第七章　论政治社会或公民社会 ……………………（191）

第八章　论政治社会的起源 …………………………（203）

第九章　论政治社会和政府的目的 …………………（221）

第十章　论国家的形式 ………………………………（226）

第十一章　论立法权的范围 …………………………（228）

第十二章　论国家的立法权、执行权和对外权 ……（235）

第十三章　论国家权力的统属 ………………………（238）

第十四章　论特权 ……………………………………（245）

第十五章　论父权、政治权力和专制权力 …………（251）

第十六章　论征服 ……………………………………（255）

第十七章　论篡夺 ……………………………………（269）

第十八章　论暴政 ……………………………………（271）

第十九章　论政府的解体 ……………………………（279）

附录 / 303

洛克生平大事年表 ……………………………………（304）

上 篇

《政府论》上篇，洛克从几个方面集中驳斥了当时占统治地位的君权神授说和王位世袭论。这种理论以保王党思想家罗伯特·菲尔默的著作《先祖论》为代表，后者认为，国王的权力直接来自上帝，其王位是世袭的。洛克通过对罗伯特·菲尔默观点的逐一反驳，证明了：

一、亚当并不是基于父亲身份的自然权利或上帝的明确赐予，享有对于其子女的支配权及对整个世界的统治权。

二、即使亚当享有这种统治权，他的继承人也无权世袭这种权力。

三、即使亚当的继承人可以世袭这种统治权，但是由于上帝没有明确指出谁是合法继承人，因此也无法确定应该由谁来掌握这种权力。

四、即使上述皆成立，但是对于谁是亚当的长房后嗣，早已无法考证。这就使全人类没有哪一个人比别人更有理由自称是最正宗的长房后嗣，从而享有世袭的统治权。

第一章　导论

1

奴隶制是一种丑陋又残酷的人类制度，同我们这样一个豁达而英勇的民族格格不入。很难想象，一个英国人，尤其是一位绅士，竟会为它辩护。罗伯特·菲尔默爵士的《先祖论》一书，书名和内容措辞严肃，封面绘图无比庄重，出版后各方赞誉如潮，使我不得不相信作者和出版者的态度是相当认真的。若非如此，我肯定会认为这又是一篇企图使人们相信自己是且应该是奴隶的文章，是尼禄[1]的歌颂者又在卖弄才情，断然不会将其看作一部严肃认真的论著。鉴于该书引起的轰动，一拿到手，我就迫不及待地从头到尾认真阅读了一遍。不得不承认，我看完后确实震惊不已，因为在一本企图要为全人类套上锁链的书中，我发现的只不过是一根用沙粒做成的绳子。对那些擅长散布流言、蛊惑人心之流来说，这或许有用，可以用来蒙蔽人们的眼睛，轻而易举地将其引入歧途。但对于那些心开目明、见多识广者而言，这没有什么束缚力，因为他们知道，不论怎样精心打磨，锁链仍只不过是一种劣质饰物。

---

[1] 尼禄·克劳狄乌斯·恺撒·奥古斯都·日耳曼尼库斯，罗马帝国第五位皇帝，公元54年10月13日—68年6月9日在位。其在位时期，奢侈荒淫，行事残暴，杀死了自己的母亲及几任妻子，处死了诸多元老院议员，被人们称为"嗜血的尼禄"。

2

这样肆意评论一个绝对权力的伟大拥护者,一个被绝对权力的崇拜者们视为偶像的人物,有人可能会觉得我过于放肆,那么我恳求他暂且对我稍加宽宥。因为即便读完了罗伯特·菲尔默爵士的书,我仍然将自己看作一个法律所承认的自由人。而且我认为这样做并无不妥之处,除非有人比我更能看穿这本书的未来,并能表明:这部酝酿良久的著作甫一问世,便能凭其凿凿论据,夺走人类的一切自由;我们这位作者所创造的简单模式,日后便会如同耶稣在西奈山顶颁布的戒律,成为未来政治制度的完美标准。作者的体系局限于极小的范围内,其核心不过就是:一切政府都是绝对的君主政体。他的依据是:没有人是生而自由的。

□ **罗伯特·菲尔默爵士**

罗伯特·菲尔默(1588—1653年),生于英格兰肯特郡,英国王党分子,作家,曾被英国国王查理一世授予爵位。其代表作《先祖论》成为斯图亚特王朝复辟的理论依据。该书主张,国王的权力直接来自于上帝,其王位是世袭的。图为《先祖论》扉页。

3

我们这个时代出现了这样一群人,为了谄媚君主,他们坚称君主们享有神权赋予的绝对权力,全然不顾其取得政权并进行统治的法律依据,不顾当时的社会情势,也不顾他们曾立下庄重的誓言——严格遵守这些法律。为了维护这一信条,他们否认人类的天赋自由权,从而将臣民推向遭受暴政和压迫的深渊,同时还质疑君主们的称号,动摇他们的宝座(因为根据这些人的学说,君主们生来同样是奴隶，只有一位例外；而且根据神权，他们也都是亚当的嫡嗣的臣民），他们好像决意要对一切政府宣战，企图颠覆整个人类社会的根基。

4

然而，当他们对我们说"我们天生都是奴隶，除了继续做奴隶别无出路"时，我们只有相信他们说的都是些鬼话，诸如："我们一降生便获得了生命和奴隶地位，生命未逝，奴隶地位不能动摇。"我在《圣经》或生活常理中都没有找到这样的说法，但这些人却不厌其烦地告诫我们，"神的权威已将我们置于他人的绝对意志之下。"多么奇妙的一种人类状态，而这些人也是近年来才豁然开朗，发现这种状态的。虽然罗伯特·菲尔默爵士曾别出心裁地对那些与此相左的意见大加指责过，但我依然相信，除了这个时代、这个国家之外，他很难发现其他任何时代或国家曾宣称君主制出于神权。而且他也承认，"诸如海华德、布莱克伍德、巴克莱等人，虽然都曾勇敢地为君权进行辩护，但他们从未产生过此种想法，而是一致承认人类的天赋自由和平等。"

5

这种学说究竟由谁最先提出，并使其在我们中间风行开来，它究竟带来了怎样的负面影响？这些问题还是留给历史家去解答，或是让那些与西托普和曼惠灵同时代的人去回忆好了。我现在的任务只是对罗伯特·菲尔默爵士该方面的观点进行考查（人们认为他把这种论点发挥到了极致，近于完美），因为，每一个追求法国宫廷人士般时髦的人都曾向他学习，并四处宣扬他这种并不完善的政治理论体系：人不是生而自由的，因此绝不能自由地选择他们的统治者或政府形式；君主享有神授的绝对权力，而奴隶绝不能拥有立约或表示同意的权利。亚当是一个专制君主，其后的所有君主也都如此。

第二章　论父权和王权

6

罗伯特·菲尔默爵士的一个重要论点是：人类不是生而自由的。这是他的绝对君主制的立足之基，在此基础上，绝对君主制被抬得高高在上，以至其权力凌驾于一切权力之上，简直是"高出天际"。它超越人世间的一切，就连约束众神的誓约也束缚不了它，这远远超出了人类的想象力。但是，如果这个基础崩塌了，其整个结构便会随之倒塌，政府就只能由那些理性者按照他们原先构建社会的方式，通过谋划和协商进行重组。为了证明这个重要论点，菲尔默告诉我们，"人生来就是隶属于他们的父母的"，因此，人们不可能自由。他把父母的这种威权称为"王权"、"父权"或"父亲身份的权力"。读者们大概认为，在这样一部决定君主的威权和臣民的服从的著作中，他首先会明确地告诉我们什么是父权；或是给它下一个定义，即便他曾在其他论文中告诉我们，"它是无限制的，也是不可能被限制的。"或者，至少他应该作一些说明，以便我们在他的著作中再碰到"父亲身份"或"父权"这类字词时，心中有一个完整的概念。我原本以为在其《先祖论》的第一章中就能看到这种说明。可令人失望的是，他在这里只是首先顺便对帝王的神圣表达了敬意；接着，又对那些他计划立马就要取消和摧毁的"本国或任何其他国家所享有的权利和自由"表示了赞美；最后，向那些看待这个问题不如他深刻的学者表达过敬意之后，他便开始向贝拉明发动攻击。因为战胜了对方，他所谓的"父权"才会顺理成章地树立起来。既然贝拉明自己也承认被打垮，大势已去，那就不会再有什么争端了。因为，此后我再也没有见他对这一问题作过任何说明，也未见他搜集过任何论据来证明他的看法，而只是天马行空地向我们讲述所谓"父亲身份"这种奇怪而专横的"幽灵"的故事,谁能捉到这个"幽灵",就会即刻拥有整个帝国和无限的绝对权力。他一再告诉我们,这种父权始于亚当,并且一直延续下去,直到大洪水时代[1],它使整个先祖时期的世界和谐安宁;后来,它跟随诺亚和他的儿子们走出方舟,确立并支持了世间的所有君王,直到以色列人在埃及遭受奴役为止。当时,可怜的父权遭到压制,直至"上帝赐给以色列人诸王,这一古老而重要的、一脉相承的权利才得以在父权政治中重新确立"。他在他书中的第十五页到十九页讲述了这些内容。然后,"为了确定王权的自然权利",他仅凭一个并不充分的理由否定了一种反对观点,扫除了一两个障碍,便匆匆结束了第一章。我把他那种断章取义的引证称为不充分的理由,但愿算不上蓄意中伤,因为上帝说的是,"要尊重你的父亲和母亲",而我们的作者却只引用了一半,将"母亲"完全省掉了,因为这点对他达到目的的用处不大。更详细的内容,我将在其他地方再进行讨论。

□ 贝拉明主教

圣罗伯特·贝拉明(1542—1621年),意大利耶稣会士和天主教会的红衣主教,欧洲反宗教改革运动的重要人物。贝拉明是一位神学教授,后来成为罗马学院的院长,并于1602年成为卡普阿大主教。他支持特伦特议会的改革法令。他还因在佐丹奴·布鲁诺事件、伽利略事件以及对弗尔根齐奥·曼弗雷迪神父的审判中所扮演的角色而被人们广泛铭记。

---

[1]大洪水:《旧约·创世记》中记载,由于人类在地上作恶,上帝决心毁灭这个世界的文明。在毁灭人类之前,他命令义者诺亚建造一只巨型的方舟,把地上每一种生物都留下至少一对,放入方舟里。这只方舟长130米、宽22米、高13米,分上、中、下三层,每一层都有一间独立的小舱房。天上降下暴雨,使水位不断上升。大水涌来,把地上的所有生物全部消灭掉,唯有诺亚方舟得以幸免。后来,诺亚一家成为中东地区各个民族的祖先。

7

我认为，我们的作者对于创作这类性质的论著并不外行，对于所讨论的问题也并不是那么粗心大意。因为，他在所著的《混合君主制的无政府状态》一书中，就曾明确反对这种马虎的错误，他针对罕敦先生指出，"我对作者的第一个不满是，他没有对君主制作任何一般的定义或说明。因为按照方法论原则，他应该首先下个定义。"那么，按照方法论的原则，罗伯特·菲尔默爵士也同样应该先告诉我们，他口中的"父亲身份"或"父亲的权威"究竟是什么；而不是先告诉我们谁拥有这种身份或权威，甚至一上来就对此夸夸其谈。但是，如果他把自己想象的整套理论的蓝图全都呈现给我们，也许他会发现，这个"父亲的权威"（父亲和君王的权力）显得怪异而可怕，与儿童们心目中的父母或臣民们心目中的君王的形象截然不同。因此，他便如同医生一样，在让病人服下那些苦涩或具有腐蚀性的药水之前，他先小心谨慎地将那些苦涩或具有腐蚀性的药水进行稀释，以免他们出现不适或恶心。

8

在他的著作中，关于"父亲的权威"的论述随处可见，现在我们就来仔细探究一番，看看他究竟对此做了哪些说明。他首次提到亚当享有父权时，声称："不只是亚当，就连后世的先祖们，凭其作为父亲的权利，对他们的子孙也享有王权。""亚当根据神谕获得了这种支配全世界的权力，并将其传给后世的先祖们；他们享有的这种权力，与创世以来所有君主享有的绝对统治权一样广泛和充分。""生杀予夺和宣战媾和之权。""亚当和先祖们握有生杀予夺的绝对权力。""君王们依据至亲权继承最高权力的行使权。""王权既是依据上帝的法律而来，因此不受任何低级法律的限制，亚当是众人之主。""在一个家庭中，父亲仅凭自己的意志进行统治，不需要其他任何法律。""君主的地位高于法律。""在《撒母耳书》中，君王的无限管辖权已得到充分说明。""君王居于一切法律之上。"为了达到上述目的，我们的作者还借波丹之口表达了更多相似的观点："毫无疑问，对于君主享有的一切法律、特权和授予，若其后继者没有明确表示同意，也没有以默认的方式予以批准，那它们就只在原来的君主在世时具有效力，尤其是特权。""君王制定法律往往基于：君王平日公务繁忙，有时还为战争所累，所以鲜有机会召见臣民，当面聆听他们的雄心壮志。鉴于此，创立法律就势在必行，以便所有臣民都能通过法律了解他们君王的想法。""在一个君主制国家，君王必须凌驾于法律之上。""一个完美无缺的王国，就是君王按其个人意志进行统治的王国。""不论是风俗习惯还是成文法令，都不能也不可能削减君王凭其父权统治人民的一般权力。""亚当是他家族中的父亲、君王和主人；在这个家族中，不论是作为他的儿子还是臣民，作为他的仆人还是奴隶，都是一样的。父亲有权处理或出售他的子女或奴仆，因此我们可以在《圣经》上看到，男仆和女仆同其他货物一样，最初都是作为所有者的财物和资产计算的。""上帝还赋予父亲另一项权力和自由，即转让子女支配权的自由。因此我们发现，人类历史初期，出售和赠予子女的现象极为盛行。那时，奴仆跟其他货物一样，被人们当作一种私有物品和继承品；同时我们看到，古代还流行着一种阉割和使人成为阉宦的权力。""法律只不过是拥有至高无上的父权者的意志。""上帝规定，亚当的最高权力是无限的，基于其意志的行为有多广泛，其权力的范围就有多广大；亚当如此，其他一切拥有最高权力的人也都如此。"

9

在这里，我之所以大量引用作者自己的话，是因为他对其所谓的"父亲的权威"的解释基本上都散见于这些引文中。他认为,这种权威最初被授予亚当,其后的一切君主也理应享有。而且,我们的作者还认为,这种"父亲的权威"或"作为父亲而享有的权力",是一种神圣的、不可改变的主权。因此,父亲或君主对于他的子女或臣民的生命、自由和财产享有无限的、不受约束的绝对权力,他可以随意占有或转让他们的财产,随意出卖、阉割或使用他们的身体。因为,他们原本就都是他的奴隶,他是一切事物的主人和所有者,他那无限的意志就是他们的法律。

□ 神圣的王权

罗伯特·菲尔默竭力鼓吹君权神圣、"王大于法",他声称因上帝"神法"造就了至尊的王权,"因此没有任何低一级的法律可以限制它"。亚当为上帝创造的第一个人,被上帝授予了统治妻子、儿女以及世间万物的权力,因此,亚当不仅是第一个家长,而且是第一个国王。

10

既然我们的作者赋予亚当如此巨大的权力,并在这个假设的基础上建立起君主的一切统治和权力,那他理应针对所论述的问题,以清晰、明确的论据来证明自己的说法。奴隶除了其身份本身,其他的一切既然都被剥夺,那么统治者就应该用确凿的证据向他们证明奴隶制存在的必要性,以使他们心甘情愿地臣服于统治者的绝对权力之下。否则,除了迎合人们与生俱来的虚荣心和野心,我们的作者建立这样一种无限权力,还能有什么目的,或找出什么其他借口?况且,这种虚荣心和野心还会随着对权力的掌握而不断膨胀。特别是,当一些人在族人的支持下获得了一定程度的权力,若他们因此而相信自己由此便有权得到其他一切,便可以仗着这些权力恣意妄为,这就很可能诱使他们去做一些既无益于自身,也无益于其管辖民众的事，最后只会带来更大的灾难。

11

　　我们的作者既然将亚当的主权作为建立其绝对君主制的牢固基础，我想他在《先祖论》一书中，肯定会举出一切必需的论据来证明和确立他的这一假设。此外，鉴于作者对自己的这一假设信心十足，我以为他在书中也一定会列出充足的理由来支撑这种自信。可令人失望的是，在他的通篇文章中我没有找到任何这样的内容。我简直不敢相信，他居然不作任何证明，就理所当然地以这样一个简单的假设为基础，建立起一个如此庞大的结构。他认为人类的"天赋自由"完全是一种"谬误"，而他那篇论文的宗旨就是驳倒这一"谬误"，可他在文中只以"亚当的权威"这一假设来立论，却没有提出关于这个"权威"的任何证据，这就令人有些匪夷所思了。他总是信心满满地说，"亚当享有王权"，"绝对的统治权和生杀予夺之权"，"一个普遍的君主制"，"生杀的绝对权力"等等。他说得如此肯定，可奇怪的是，在他的《先祖论》一书中，我找不到任何一处他自称能阐明其架构基础的地方，也找不到任何像是论证的内容，文中散落的全是这类话，如"为确立王权的这种自然权力，我们在《十诫》中发现，在教人服从君主的法规时是这样表达的：'尊敬你的父亲'，就好像一切权力原本就属于父亲'"。那么，为什么我不能补充说，在《十诫》中，教人服从王后的法规时是用"尊敬你的母亲"这样的话语来表达的，就像一切权力原本就属于母亲呢？可见，罗伯特·菲尔默爵士所用的论证既适用于父亲，也适用于母亲，但是关于这一点，我们还是到适当之处再详述吧。

12

到这里我发现，我们的作者在其论著的第一章或其余章节中，对其"亚当的绝对权力"这一重要原则就只作了以上这些论证而已。但是，他却像已经通过确凿的证据做出了证明一样，旋即用"根据从《圣经》中所得到的证据和理由"这句话开始了他的第二章。至于能用来证明亚当主权的"证据和理由"究竟在什么地方，不得不承认，除了上面提到的"尊敬你的父亲"之外，我确实找不出来了。除非把他所说的那句"从这些话中，我们发现贝拉明终于坦承，神创造了人，并使他成为其后裔的君主"当作是从《圣经》中获得的一种证据和理由，或当作别的证据来看待，而全然不顾他接着又用一种新的推论法得出结论："亚当的王权"就完全归属于他了。

13

在第一章或全文的任何地方，除了一再重复"亚当的王权"（有些人把这种表达当作论证），如果作者还提出过其他任何证据的话，我希望有人能代他告诉我具体在哪里，以使我认识到自己的错误和疏忽。如果找不到这类论证的话，那么我恳求那些对该书大加推崇的人考虑一下，你们的这种做法是否会让世人有理由怀疑：你们之所以拥护绝对君主制，之所以大力吹捧并著书拥护这一学说的任何一个作者，不是出于理性和论证的力量，而是出于某种利害关系的考虑。不过，我希望你们不要期待那些理性而又公正无私的人会因为这位大学者专门著书来确立"亚当的绝对君权"，反对人类的"天赋自由"，并用寥寥几句话作为论证，就转而投向你们；相反，我们倒是可以自然而然地得出一个结论：他根本没有什么东西可说。

14

但是，为了彻底理解我们的这位作者的意思，我废寝忘食地阅读了他的《对亚里士多德、霍布斯的评论》等著作，想看看他与别人进行辩论时，是否提出过任何证据来支持他的"亚当的主权"这一宝贵教义，因为在其论《君主的自然权力》一文中，他对此讳莫如深。不过，我认为在其《对霍布斯先生的〈利维坦〉的评论》一文中，他倒是把自己在各种著作中曾经用过的所有论证都搬出来了，概括而言，即"如果上帝只创造了亚当一人，并从他身上取出一块骨肉创造出女人，如果整个人类都是作为他们的一部分而被他们繁衍下来的，如果上帝不仅赋予亚当对这个女人和他们两人所育子女的统治权，而且还让他去征服整个世界和世界上的一切生物，那么，只要亚当还活着，在没有得到他的赐予、分封或许可的前提下，谁都不可以要求或享有任何东西……"这就是我们能看到的罗伯特·菲尔默爵士确立"亚当的主权"和反对"天赋自由"的全部论证了。这些论证还散见于他的下列论文中：《上帝创造亚当》《上帝赋予亚当对夏娃的统治权》以及《亚当作为父亲对其子女的统治权》。对此，我将专门加以论述。

第三章　论亚当由于被神所创造而享有主权

15

在《对亚里士多德〈政治论〉的评论》一书的序言中，罗伯特·菲尔默爵士说："如果不否认神创造了亚当，人类的天赋自由是不可想象的"。但是，不能因为万能的神和上帝创造了亚当并赋予其生命，就认为他同时被赋予高于一切的权力。我不明白这一点，也不明白为什么"承认天赋自由就是否认亚当为神所创造"。若谁能替他讲清楚这个问题，我将拭目以待。因为，我虽然一直相信"亚当为神所创造"，但我同时也认为承认"人类的天赋自由"并非难事。亚当是由上帝的直接权力所创造，或者说是凭此权力才存在的，不需要父母的参与，也不需要先于他存在的任何同类将他孕育出来，只要上帝愿意，他便被创造了出来。在他之前，作为百兽之王的狮子，也同样诞生于上帝的创造力。如果仅仅因为孕育自这种创造力，就可以轻而易举地获得统治权的话，那么，我们的作者也可以将与亚当同等的权力赋予狮子，而且显然比他更加久远。然而，我们的作者又在其他地方说，"亚当是由于被上帝委任而获得其称号的"。由此看见，仅凭神的创造这一点并不能赋予他统治权。既然亚当之所以成为君主是上帝"委任"的结果，那么我们便可以在"不否认亚当为神所创造"的前提下，假定人类是生而自由的了。

16

但是，让我们看看罗伯特·菲尔默爵士是怎样把他的"神创说"和这种"委任说"联在一起的。他说："亚当一被创造出来，就凭上帝的委任而成为世界的君主，尽管他当时还没有一个臣民。在没有臣民以前，虽然说实际上不可能有政府，但是基于自然的权利，亚当理应是其后裔的统治者；尽管事实并非如此，但从表面来看，亚当自被创造出来就是一个君主。"我多么希望他在这里能告诉我们，"基于上帝的委任"究竟是什么意思。因为凡是神谕、自然法的指示或明确的启示，都可以说成是"基于上帝的委任"。但是，我认为作者在这里所指的并非第一个意思——神谕，因为这就相当于说"亚当一被创造出来"就是事实上的君主，这是"基于自然的权利，亚当理应是其后裔的统治者"。但是，在实际上还不存在政府且不存在被统治的臣民的时候，亚当不可能凭借神意而成为事实上的世界统治者，对于这一点，我们的作者也是承认的。此外，对于"世界的君主"这个词语，我们的作者似乎也有不同的理解。有时，他指的是除了人类之外的整个世界的所有者，在上文引述的他的序言的同一页中，他指的就是这个意思，他说："亚当受命孕育人类，使其遍于四野，并征服世界，取得统治一切生物的权力，因此成为全世界的君主；除非得到他的赐予、许可，或通过继承，他的后裔无权占有任何东西。"那么，我们暂且把"君主"理解为世界的所有者，把"委任"理解为上帝对亚当的真实赐予和通过明确启示的授予（《创世记》第一章第二十八节），罗伯特·菲尔默爵

□ 原罪

伊甸园里，上帝似乎在向亚当和夏娃警告着什么，但二人谦卑地面对着上帝，皆做出羞耻的手势，暗示着已经犯下"原罪"。如果上帝真的授予亚当统治权，那也只能是"原罪"发生之后的事，而不是伴随着亚当被创造出来之时。

士在同样的地方也作过这种论述。这样的话,他的论证就会变成:"亚当自从被创造出来,就凭着上帝的授权,成为世界的所有者,因为基于自然的权利,亚当理应是其后裔的统治者。"但我们作者的这种论证方法存在两个明显的谬误:首先,说亚当自被创造出来就获得了上帝的赐予是错误的。因为在《圣经》中,这句话虽然紧接在亚当被创造出来之后,但是在夏娃还未被创造出来并交给他之前,它显然是不可能对亚当说的。那么,他怎么能"自被创造出来就凭上帝的委任而成为君主"呢?尤其是,如果我没记错的话,作者把上帝对夏娃说的话(《创世记》第三章第十六节)当作"统治权的最初授予"这件事,只有到了'原罪'的时候才会发生,而那时,从条件上来说,或至少从时间上来看,距离亚当被创造出来已经非常遥远了。因此,我难以理解,我们的作者怎么可以据此说:"凭着上帝的委任,亚当自被创造出来就是世界的君主"呢?其次,即使亚当一被创造出来,上帝就"委任他为世界的君主"一事是真实的,作者在这里提供的理由却并不充足。上帝通过明确的赐予"委任亚当为世界的君主,因为基于自然的权利,亚当理应是其后裔的统治者",不论怎么看,这一说法都是一种错误的推理。因为,既然亚当已经享有自然的统治权,那么就不需要什么明确的赐予了;至少,绝不能把这个说法当作一种赐予的证据。

17

另一方面,即使我们把"上帝的委任"理解为自然法则(尽管该说法在此显得过于笼统),把"世界的君主"看作人类至高无上的统治者,也不见得有多大用处。因为如此一来,我们所讨论的问题就要表达为:"基于自然法,亚当一被创造出来,就是人类的统治者,因为根据自然的权利,亚当理应是其后裔的统治者。"也就是说,他之所以是基于自然权利的统治者,是因为他是基于自然权利的统治者。但是,即使我们承认一个人是其子女"天生的统治者",也不能就因此认为亚当"一被创造出来就成为君主"。因为这种自然权利的拥有是以其父亲身份为前提的,既然只有父亲才享有这种权利,那么在成为父亲之前亚当怎么会有担任"统治者"的"自然权利"呢?这真的很难想象。除非,我们的作者要使亚当在没有做父亲之前就成为父亲,在没有取得称号之前就拥有称号。

18

对于上述反驳,我们的作者给出了逻辑性很强的答复:他是表面上的而不是事实上的统治者。作为一个统治者却没有政府,作为一个父亲却没有子女,作为一个君主却没有臣民,这种提法真是太有趣了!这样的话,我们也可以说,罗伯特·菲尔默爵士在没有撰写本书之前就已经是它的作者了,当然不是"事实上的"作者,而只是"表面上的"作者。因为,他的书一经出版,"基于自然的权利",他理应就是该书的作者,正如一旦生育了子女,"亚当就理应是其子女的统治者"一样。如果做一个"表面上的而非事实上的"绝对君主也有什么意义的话,那么,罗伯特·菲尔默爵士可以把这个头衔慷慨地赠予他的任何一位朋友,对此,我觉得没什么好羡慕的。不过,这个所谓的"事实"和"表面"倒能表明,我们的作者具有极强的分辨词语的能力,除此之外,即使还能说明别的什么,对他实现自己的目的也没有多大裨益。因为问题的关键不在于亚当是否在实际上行使统治权,而在于他是否真正具有统治者的资格。我们的作者说:统治权"基于自然的权利理应属于亚当",那么,这个"自然的权利"是什么呢?是父亲们因生育子女而享有的一种权利。对此,我们的作者引用了格劳秀斯[1]的一句

---

[1] 胡果·格劳秀斯(Hugo Grotius,1583—1645年),近代西方思想的先驱,国际法学创始人,被人们尊称为"国际法之父""自然法之父",亨利四世赞其为"荷兰的奇迹"。

话：父母由于生育而获得对子女的权利。也就是说，权利是伴随着生育子女的行为而产生的。因此，按照我们作者的此种推理或辨别方法，亚当一被创造出来，只享有一种"表面上的而非事实上的"权力；简而言之，他实际上根本没有什么权力。

19

用学术性较弱或者比较容易理解的话来说，亚当"只要有生育子女的可能，就有成为统治者的可能，因此就能获得统治其子女的自然权利，不管这种权利的实际意义是什么"。可是，这与"亚当被创造出来"又有什么关系呢，为何会使我们的作者说"他一被创造出来就是世界的君主"呢？因为我们同样可以说，诺亚一出生就是世界的君主。原因在于，除了他自己的后裔以外，诺亚是整个人类中最有可能独自活下来的（照我们的作者来看，这就足以造就一个君主，"一个表面上的君主"）。亚当被创造出来与他的统治权之间到底有什么必然联系，从而使我们的作者认为"如果不否认亚当为神所创造，人类的天赋自由就无从谈起"呢？不得不承认，我完全看不出这两者之间有什么必然联系，也不明白"基于委任……"等词句是如何被拼凑成一句意义通顺的话，用以支持他们的论点的，即"亚当一被创造出来就是一个君主"。我们的作者说，这是一个"表面上的而非事实上的"君主，也就是说，实际上根本不是君主。

20

我在此处的讨论有些烦琐了，其中似乎也没有任何一个论点有必要花费如此冗长的论述，读者们怕是已经看得不耐烦了。但是，我们作者的这种写作方法，让我别无选择。他将几个假设混淆在一起，又使用了大量模糊而笼统的名词，使得意义表述不清，让人摸不着头脑。如果不认真分析他用词中可能蕴含的各种意义，不仔细考虑如何才能使这些意义连贯起来并使其真实可信，就无法指出他的错误来。因为在我们前面所作的讨论中，如果我们不认真分析"从他一被创造出来"等字眼，是应该理解为他开始统治的时间（这种解释倒说得通，因为前面说过"他一被创造出来就是君主"），还是他成为君主的原因（因为他说"神的创造使亚当成为他的后裔的君主"），我们怎么能对他的"亚当一被创造出来就是一个君主"这一观点进行反驳呢？此外，如果不认真分析"君主"一词，看看它到底是像该段开头企图使人相信的那样，是建立在其"个人统治权"的基础上（这种权力基于上帝的明确授予、他是"被委任为世界的君主"的），还是建立在他对其后裔享有的"父权"的基础上（这种权力源于"自然"，基于自然的权利，他应当享有父权）；如果不认真分析"君主"一词到底指的是上述两种意思，还是仅指其中的一种，或者说两种都不是，而仅表示神通过另一种方法使他成为君主；那么，我们如何判断，亚当这样成为君主是否具有真实性呢？因为，虽然"亚当一被创造出来就是君主"的结论没有任何真实性，却是从前面的话中明确引导出来的。而事实上，这只不过是一种和其他类似结论组合在一起的简单论断，这些论断被作者用一些意义含糊的字词拼凑在一起，从表面来看像是一种论证，实际上却没有任何联系。这种手法是我们的作者惯常使用的，经过我的上述分析，各位读者想必都已了然于胸。以后，只要不是论证中必需的，我将不再涉及这一话题。其实，我在这里指出这一问题，完全是为了让世人看清楚：一些毫不相干、毫无证据的事情和假设，只要用漂亮的文字和精美的文体巧妙地编织起来，就能轻而易举地成为强有力的证据和完美的论断。

第四章　论亚当由于神的赐予而享有主权

21

在前面一段话中，我们之所以作了那么长的讨论，并非由于其论证反驳的有力，而是因为作者用词的模糊和意义的含混不清；好在现在我们终于分析完了，就让我们开始考察他对亚当的统治权的第二个论证吧。我们的作者引用了塞尔登先生的话："亚当基于上帝的赐予（《创世记》第一章第二十八节）而成为万物的共同主人，他原本没有这种个人统治权，就像如果没有他的授予，他的子女也不能享有这种权利一样。" 我们的作者说，塞尔登先生的这种断言"是与《圣经》的历史及自然理性相一致的"。在其《对亚里士多德的评论》一书的序言中，他又说："亚当受命孕育人类，使其遍于四野，并征服世界，取得统治一切生物的权力，因此成为全世界的君主；除非得到他的赐予、许可，或通过继承，他的后裔无权占有任何东西。《诗篇》的作者曾说，'他把世界赐予人类的子女'，这表明君主的称号来自父亲的身份。"

22

在具体分析这个论点及其所依据的《圣经》原文之前，我必须先提醒一下读者，我们的作者惯常使用的方法是：在开头讲一个意义，在结尾讲另一个意义。他在这里一开始就说，"亚当基于神的赐予享有所有权或个人统治权"，可他最后得出的结论却是,"这表明君主的称号来自父亲的身份"。

23

我们还是先来看看他的论证吧。《圣经》中的原话是这样的:"神就赐福给他们,并对他们说,'要生养众多,遍满地面,治理大地;也要管理海里的鱼、空中的鸟和地上所有走动的活物。'"(《创世记》第一章第二十八节)我们的作者便由此得出结论:"亚当既然取得了对一切生物的统治权,便成为全世界的君主。"这句话显然是指,因为上帝赐予了亚当对大地和一切低级的或无理性的生物的所有权,或我们的作者所说的"个人统治权",他便成为了君主;或者是指,因为授予了他对包括其子女在内的地上一切生物的支配和统治的权力,所以他就是君主。而塞尔登先生的原话是,"亚当成为万物的共同主人",他指的是亚当对万物享有所有权,只字未提亚当的"君权"。可我们的作者却说,"因此亚当就成为全世界的君主",意即全世界人类的至高无上的统治者;因此,基于上帝的这一赐予,亚当必然被树立为这样一个统治者。如果我们的作者想表达的不是这种意思,他完全可以明确地说"因此亚当就成为全世界的所有者"。但是对于这一点,我们的作者就要请求读

□ 上帝创造鱼和鸟

据《圣经》记载,创世之前,大地一片混沌,地球处于黑暗和沉寂无声之中,没有陆地,只有无边无涯的海水。上帝耶和华用六天时间创造了世界。图为第五天,上帝创造了鱼、鸟等各种动物。

者的谅解了，因为在每个地方都使用过于清楚明晰的说法，就不利于实现他的目的。因此，读者也就不要期待他会像塞尔登先生或其他作者那样，把文章写得清楚明白。

24

因此，为了反驳我们的作者提出的"亚当是全世界的君主"这一论断，我想指出以下两点：

第一，根据这个赐予（《创世记》第一章第二十八节），上帝并没有授予亚当对人类、对他的子女及其同类的任何直接的权力，因此，亚当并未基于这种赐予而成为统治者或"君主"。

第二，基于这个赐予，上帝授予亚当的不是他对低级生物的"个人统治权"，而是与全世界人类相同的权利。因此，他也不能基于这种所有权而成为"君主"。

25

首先，如果我们仔细翻阅《圣经》原文，就会发现，这种赐予（《创世记》第一章第二十八节）并未授予亚当统治全人类的权力。因为，一切有明文规定的授予，都不能超出其文字所表达的意思。那么，我们现在就来看看原文中哪些字词可以理解为人类或亚当的后裔。我想，如果真有的话，也只能用"各种走动的活物"来表达。希伯来文中"各种走动的活物"，即拉丁文的bestiam reptantem，对此，《圣经》作了最好的解释。上帝在第五日创造了鱼和鸟；从第六日开始，上帝创造了陆地上没有理性的生物。《圣经》的详细记载是这样的："地要生出活物来，各从其类；地上的牲畜、爬虫、野兽，各从其类；"又说："上帝创造出地上的野兽，各从其类；牲畜，各从其类；一切爬行于地上之物，各从其类。"讲到地上兽类的创生时，这里说的是，上帝先用一个概括性的名词"活物"来表示它们全体，然后将其分为三个等级：（一）牲畜，即被驯服的或可以驯养的动物，能成为某些特定人群的私有物品；（二）《圣经》里被我们译为"兽"的，在希腊文《旧约·圣经》七十人译本中则译为"野兽"，这与记载亚当被授予这个特许时所使用的"活物"一词是同一个词；当诺亚获得这种赐予时，使用的也是这个词（《创世记》第九章第二节），也同样被译为"兽"；（三）希伯来文中的"爬行动物"一词，在这段原文中被译为"走动"，但在前面的章节中则译为"爬行"，而希腊文《旧约·圣经》七十人译本都将其译为"爬行动物"。由此可见，我们在谈到上帝的赐予时所译的"走动的活物"一词，就是《创世记》中所指的两种陆栖生物——野兽和爬虫，希腊文《旧约·亚经》七十人译本同样作此理解。

26

上帝创造出了世上的非理性动物后，按照它们的栖息地的不同将其分为三类，分别是海中的鱼、空中的鸟和陆地上的生物，然后又把陆地上的生物分为牲畜、野兽和爬虫。后来，上帝又开始考虑创造人类，并打算赋予其对陆上世界的统治权。最后，他对这三类生物进行了一番统计，可是在统计陆地上的生物时，上帝却去掉了第二级动物（或者说野兽）。不过，在谈到上帝开始真正施行他的计划并赋予人类这种统治权时，《圣经》原文只提到"海中的鱼、空中的鸟"以及"走动的生物"（用以表示野兽和爬虫），并省去了牲畜。在这两个地方，虽然一处略去了表示"野兽"的字眼，另一处略去了表示"牲畜"的字眼，但是，既然后面讲的是上帝实施他在前面已经设计好的计划，那么，我们自然就理解为这两个地方指的是同样的东西。在所引的这段话中，我们只看到已被创造出来，且在创造过程中已被区分为"牲畜""野兽"和"爬虫"三个不同等级的陆上非理性动物，究竟是怎样按照最初的设计，置于人类的统治权之下的。从这些话中，我们实在找不出丝毫线索来说明上帝赋予一个人统治别人的权力，即亚当统治其后裔的权力。

27

《创世记》第九章第二节记叙了上帝将这种特许重新授予诺亚及其儿子的故事，在这里，我们又看到了上面那样的话：上帝授予他们对"空中的鸟""海中的鱼"和"陆地上的生物"的统治权，其中"陆地上的生物"是用"野兽和爬虫"这两个词来表示的，和前面（《创世记》第一章第二十八节）所译的"各种走动的活物"的表达是一样的。但这里所说的各种活物并不包括人类，因为这种特许是赐予当时活下来的整个人类的，即诺亚和他的儿子们的，而不是只赐予一部分人，让他们去统治另一部分人的。这一点，从后面的句子来看，会更加清楚。此处讲，上帝将"各种走动的活物"（即第一章第二十八节用过的词句）赐予他们作为食物。由此，我们可以确定，上帝对亚当的赐予（第一章第二十八节）和委任，以及他后来对诺亚及其儿子们的赐予，恰恰就是他在第五日和第六日一开始所创造的生物，即《创世记》第一章第二十至二十六节里所讲的，地球上栖居于水中和陆地上的所有种类的非理性动物。尽管在有关他们的创造史中，用来表示这些生物的所有名词，在后来的任何一次赐予中都没有全部提及。因此，我认为，人类显然不在这个赐予范围之内，亚当也并没有被授予统治其同族的任何权力。在创造陆地上一切非理性的生物时，上帝把它们都逐一列举了出来，即"地上的兽"、"牲畜和爬虫"（第二十五节），而那时，人类还没有被创造出来，显然不包括在内。所以，不论我们对希伯来文字眼的理解是否正确，在《创世记》

以及其后的诸节经文中，这些字眼都不能被理解为包括人类在内；特别是，如果认为希伯来文中"各种走动的活物"包括人类在内，也就是相当于说，上帝对亚当的赐予中包括人类，这显然和《创世记》第六章第二十节，第七章第十四节、二十一节、二十三节，第八章第十七节和第十九节中关于人的说法互相矛盾了。如果按照我们作者的思路，上帝通过授予亚当对地上"各种走动的活物"的统治权，使全人类成为亚当及其后嗣的奴隶（第一章第二十八节），那么，我认为罗伯特·菲尔默爵士完全可以再扩大一下他的君主权力，以使世人相信，君主也可以吃掉他们的臣民；因为上帝曾赐予诺亚及其后嗣（第九章第二节）取食"各种走动的活物"的权力，就像他授予亚当统治他们的权力一样。在这两个地方，所用的希伯来文词语完全相同。

28

在我们看来，大卫对这一段文字中上帝的赐予和君主的权力的理解，丝毫不逊于我们的作者。大卫在《诗篇》第八篇中并未找到对君主权力的这种特许。他是这样写的："你把他（人类及其子孙）创造得比天使低一等级，你派他管理你亲手创造的一切，使万物，即所有的牛羊，田野的兽，空中的鸟，海里的鱼，凡经行海道的，都臣服于他的脚下。"若有人能从这些话中发现，除了指全人类对低级生物的统治权外，还包含着一个人对于其他人的君主权力的话，我觉得他完全可以凭此成为罗伯特·菲尔默爵士所说的"表面上的君主"了。到这里，我想这个问题已经非常清楚了，即上帝授予亚当对"各种走动的活物"的统治权，并不意味着授予他统治其同族的君主权力。关于这一点，我将在的下面的第二点中详细论述。

29

　　第二，在这番赐予的话中（《创世记》第一章第二十八节），不管上帝所给予的是什么，他都不是单独许给亚当的。因此，无论亚当由此获得了什么样的统治权，也不是他一个人的，而是与其他人共同享有的。这一点，我们可以从原文的字句中很轻易地看出来，因为这个赐予是用复数来表达的，上帝是祝福"他们"，并赐予"他们"统治权。上帝对亚当和夏娃说，"你们享有统治权"，可我们的作者却据此说亚当是世界的君主，那夏娃呢？这个赐予显然是许给他们的，夏娃也理应享有统治权，或者说也应该是世界的女王。很多注释者都认为，上帝这句话是在亚当有了妻子以后说的，这种看法完全合理。虽然有人会说，夏娃也是从属于亚当的，但我们认为这并不妨碍她享有对万物的统治权或所有权。否则，难道我们要说，上帝赐予两个人共同的东西，却只让其中一人独享吗？

30

　　也许有人会说，夏娃是到后来才被创造的。但即使如此，我们的作者由此又能得到什么好处呢？《圣经》原文的说法与他的看法更是大相径庭，因为原文中说，上帝是把世界赐予全人类，而不是赐予亚当一个人的。在《创世记》第二十六节中，上帝说明了他要授予这个统治权的目的——创造出另一种生物，让这种生物来统治其他生物。原文是这样记载的："上帝说，让我们照着自己的样子来造人吧，让他们统治海里的鱼……"可见，享有统治权的是"他们"。那"他们"具体是指谁呢？就是那些外貌像上帝的，将要被上帝创造出来的每一个人。因为如果"他们"这个词仅指亚当一人，而不包括同他一起生活在地球上的其他人，那就完全违背了《圣经》和一切理性。而且，如果这一节前面所说的

"人"与后面的"他们"所指不同的话，这句话根本就说不通。因此，我们只能像往常一样，把前面的"人"理解为全人类，把"他们"理解为人类中的每一个人。单从这段原文中，我们就能找出根据来；因为，上帝是"照着自己的样子"创造"他（人类）"的，并赋予他理性，使他有能力行使统治权。不论上帝的形象表现在什么地方，理性肯定是它的一部分，且为全人类所有，因此人类才有能力管理那些低级动物。所以，大卫在前面所引的《诗篇》第八篇中说："你把他创造得比天使低一等级，你使他享有支配权。"大卫在这里所指的显然不是亚当个人，而是指人、人的子孙、人的族类。

31

从我们的作者所引用的《诗篇》的证据中，还可以清楚地看到，这个对亚当所说的赐予，其实是对亚当和全人类的赐予。"《诗篇》的作者说，'上帝把地上的世界赐予人类的子孙'，这句话表明这个权利来自父亲的身份。"这是上面所引的序言中罗伯特·菲尔默爵士的一句话。他在这里作出了一种奇怪的推论，即上帝把地上的世界赐予人类的子孙，说明这权利来自父亲的身份。不过在希伯来文中，恰当的用法是，用"人类的子孙"而不是"人类的父亲"这个词来表示人类。我们的作者认为这种权利来自父亲的身份，很有可能是从该词的发音上受到了启发。但由"上帝把地上的世界赐予人类的子孙"，就推论出"父亲的身份获得了统治这个世界的权力"，这是我们的作者惯用的一种特殊论证方法。有谁若想真正弄清他的意思，必须要足够聪明，从他所用的字词的发音和意义的反面去理解才行。但是它的意义会更加艰深晦涩，离我们作者的目的也更加遥远。因为，他序言中的话其实只是为了证明亚当是君主这一论点。他是这样进行推理的：上帝把地上的世界赐予人类的子孙，因此，亚当便是世界的君主。我敢保证，没有谁会做出比这个更滑稽、更荒谬的结论来，除非他能证明"人类的子孙"指的就是那个没有父亲的亚当。但是，不管我们的作者作出什么推论，《圣经》是不会制造这种无稽之谈的。

32

为了维护亚当所谓的所有权和个人统治权，在下一页中，我们的作者千方百计地要推翻在另一处类似的地方（《创世记》第九章第一、二、三节）上帝对诺亚及其儿子们的共同赐予。他是从以下两个方面来达到这种目的的。

罗伯特·菲尔默爵士试图让我们相信，《圣经》的记载是错误的，其实上帝授予诺亚的东西，并没有同时授予他的儿子们。他的原话是这样的："认为诺亚和他的儿子们共同享有这种赐予（《创世记》第九章第二节），完全是塞尔登先生个人的臆想，在《圣经》原文中根本找不到依据。"如果《圣经》中这些简单明确的文字，都不能使我们这位自称完全以《圣经》为依据的人满意，那么，很难想象，我们的作者究竟想要什么样的依据。《圣经》原文说，"上帝祝福诺亚和他的儿子们，并对他们说"，按照我们作者的意思来看，应该是"对他说"，因为"即使在祝福时，他的儿子们和诺亚也一同被提及，但最好还是把它理解为含有从属的意思，或理解为对继承的祝福"。对我们的作者而言，最有助于实现他的目的的解释，才是最好的解释。但在其他人看来，与原文句子的结构最为一致、意义也最为相近的解释才是最好的解释。那么，上帝在他的赐予中并没有明确表达或提及这种意思，而作者却将其解释为含有从属的意思或对继承的祝福，显然不能算最好的解释。不过，对于为什么"最好这样来理解"，我们的作者还有其他理由。他的原话是，"如果儿子们在他们的父亲之下或在其身后，享有一种个人统治权的话，这个祝福的确可以实现。"也就是说，尽管明文记载了上帝所赐予的是一种共同权利（因为原文说"把它们都交付到你们手中"），但最好还是理解为含有从属或继承的意思，因为只有在从属或继承的情况下才可以享有这种权利。这就等于说，对现在拥有的任何东西的赐予，最好都解释为是对继承权的赐予；因为，只要人活着，就有可能在将来享有它。如果上帝真是赐予一个父亲和他的儿子们一种共同的权利，而父亲又是那样仁慈，允许儿子们立即和他共同享有，那么，对此我们的确可以说，两种情况没有什么区别。但是，如果认为最好将有明文规定的、共同享有的占有权解释为将来的继承权的话，那绝对是错误的。他所有推理的结论其实就是：上帝并未将世界赐予诺亚的儿子们，让其和他们的父亲共同享有，因为他们在父亲之下或身后是有可能享有它的。好一个违背《圣经》原文的精彩论证！但是，如果上帝说他要做的事情不符合罗伯特·菲尔默爵士的假说，那么，即使是上帝的话也一定是不可信的。

□ 诺亚为上帝献燔祭

继亚当夏娃犯罪以后，地上的人屡次冒犯上帝，使上帝一怒之下决定毁灭人类，除了诺亚和他的儿子们，因为诺亚是唯一在上帝眼中蒙恩的人。上帝命诺亚造方舟，保全其一家以及世上各样动物的样品，发洪水毁灭了其他活物。诺亚为神的保全献燔祭，上帝与诺亚立约，今后不再发洪水毁灭活物，要令诺亚及其裔繁荣兴盛。

33

显然，无论我们的作者怎样想方设法地把他们排除在外，但在这段祝福中，他坚持要解释为继承的那部分，必须是赐予诺亚的儿子们，而不是只赐予诺亚自己的。上帝在这次祝福时说，"你们要生育众多，布满大地"，从上下文来看，这段祝福词与诺亚本人并没有任何关系。因为，在《圣经》中我们从来没有读到关于他在洪水之后生过孩子的事,而且在下一章中计算他的后裔时,也没有提及此事,那么,要想看到这种继承的祝福就必须要等到350年以后了。就算为了我们作者想象中的君主制,同时人类的繁衍也不得不延迟350年,这段祝福词仍不能理解为含有从属之意,除非我们的作者认为,诺亚的儿子们只有得到其父亲的许可,才能和他们的妻子同居。但是,对于这一问题,我们作者的看法在他的所有论著中都一成未变,他只关心世界上有没有君主,对于人民的存在毫不在乎。如果按照他的这种方法进行统治,人类是绝不可能在世界上繁衍下去的。对于上帝这个重要祝福("你们要生育众多,布满大地")的实现——也包括艺术、科学和生活设施等方面的改进——绝对君主制到底能起多大作用,我们只要看看土耳其政府统治之下的那些广大富饶的国家的情况,就能完全清楚。如果读者把那些地方现在的人口数量与古代的对比一下,就会发现,现在那里的人口还不及古代的三分之一,很多地方甚至不及三十分之一,更甚是不到百分之一。后面,我还会再谈到这点。

34

这个祝福或赐予的其他部分表达得更为明确,必须理解为属于诺亚和他的儿子们,没有任何从属或继承的意思,而且他们得到的和诺亚的一样多。上帝说,"我要让所有兽类都惧怕你们……",除了我们的作者,还有没有人认为,如果得不到诺亚的许可或只要诺亚还活着,兽类就只畏惧诺亚一个人,而不畏惧他的子孙呢?上帝接着说,"我把它们都交付到你们手里",我们是不是要像我们的作者所说的那样,把这理解为,只有你们的父亲高兴或要等到以后才把它们交付给你们呢?如果这就是根据《圣经》进行论证的话,我实在想不出还有什么不能用《圣经》来论证的。而且,我几乎看不出这种论证与虚构和幻想有什么区别,也很难看出,与我们的作者在其序言中严厉斥责的哲学家和诗人们的观点相比,它的根据到底能有多可靠。

35

但是我们的作者又继续论证道,"最好理解为含有从属的意思,或理解为继承的祝福。因为上帝赐予亚当,并通过亚当的赠予、指定或转让而给予他的儿子们的个人统治权是不可能被取消的。把所有东西赐予诺亚和他的儿子们,让他们共同享有,也是不太可能的。诺亚是生存下来的人类的唯一继承人,为什么会有人认为上帝会剥夺他生来就有的继承权,并使他成为全人类中唯一一个与他的儿孙们共享权力的统治者呢?"

36

不论怎样辩称它们是可能的,只要我们自己的依据还不充分,我们就没有资格违背《圣经》原文的明确意思。不得不承认,在这里取消亚当的个人统治权是不太可能的,因为我们首先就无法证明亚当曾经享有这种个人统治权。《圣经》的记载中虽然有一些与此相似的地方,但我们只要将洪水之后上帝给诺亚及其儿子们的祝福词,同创世后他给亚当的祝福词(《创世记》第一章第二十八节)仔细对比一下,就会发现,上帝并没有赋予亚当这种个人统治权。我承认,在洪水之后,诺亚很可能享有亚当曾享有过的称号、所有权和统治权,但由于个人统治权与上帝给予诺亚及其儿子们的共同祝福并不一样,特别是,他的祝福中并没有表示或赞成这种意思的话,所以我们有充分的理由相信,亚当并没有这种个人统治权。那么,既然在《圣经》中的一个地方,没有任何文字对此表示肯定,而且,上文已经证明,原文本身的证明和它相反;更不用说,在另一个地方,还有完全与之相反的文字和意义。在这种情况下,究竟哪种理解方式最合理,还是留给读者自己去判断好了。

37

但是,我们的作者说:"诺亚是人类的唯一继承人,为什么会有人认为上帝会剥夺他生来就有的继承权呢?"纵然,在英国,继承人是指根据英国的法律应该享有其父亲的全部地产的长子,但是,上帝在什么地方曾经指定过任何这样的"世界的继承人",并"剥夺了他生来就有的继承权"的呢?或者说,如果上帝赐予诺亚的儿子们一种使用部分土地的权利,以供养他们自己和家庭,这对诺亚会有什么损害呢?因为,整个世界不仅足以供诺亚自己使用,而且还会有剩余,即使他的儿子们一起使用也仍有余裕。可见,一方的占有完全不会妨碍另一方的占有或使用。对于以上这些问题,我们的作者应该多向我们做一些说明才对。

38

我们的作者也许预料到,他这种试图迷惑别人的把戏不会太奏效。因为无论他怎么说,人们总是更愿意相信《圣经》上那些通俗易懂的话和按照他们自己的所见所感,认为上帝的赐予是针对诺亚和他的儿子们的。于是,他又暗示道,上帝对诺亚的赐予好像并不包括所有权和统治权,因为征服地上的世界和统治一切生物在那里都被省略了,而且,"地上世界"一词根本没有被提到过。他说,"这两处原文的区别还是很大的。第一次祝福时,上帝赋予亚当一种统治世界和一切生物的权力;第二次祝福时,上帝则赐予诺亚一种以一切生物为食物的自由。在这里,上帝没有变更或缩小他对万物的所有权,只是把他的食物的范围扩大了。"那么，按照我们作者的这种理解，上帝在这里祝福诺亚及其儿子们时，并没有赐予他们统治权或所有权，而只是扩大了食物范围。准确地说应该是"他们的"食物范围，因为上帝说"这一切我都赐给你们"，而我们的作者却把"他们的"说成"他的"；那么，按照罗伯特·菲尔默爵士的规定，只要诺亚还在世，他的儿子们就得过禁食的生活。

39

在上帝给诺亚和他儿子们的祝福词中，肯定有人像我们的作者一样，除了食物范围的扩大，别的什么也看不见。估计这些人都会被怀疑为是受到了偏见的迷惑。对于我们的作者认为被省略了的统治权，我认为，上帝说的"我要让一切兽类都畏惧你们"一句就涉及了统治权，或者说，确立了人类对其他生物的极大优越地位。因为，亚当高于低级动物的权力，似乎就主要体现在这种畏惧之中。无论亚当拥有什么样的绝对权力，他都不会为了充饥而去跟一只云雀或兔子争食，只会像兽类一样以草本植物为食。这一点在《创世记》第一章第二节、第九节和第三十节中记载得非常清楚。其次，在上帝对诺亚及其儿子们的祝福中，所有权不但有明文规定，而且范围比赐予亚当的还大。上帝对诺亚和他的儿子们说，"我把它们都交付到你们手中"，如果说这句话都不能表明赐予所有权（准确地说是占有权），那就很难再找出别的话来表示了。因为，在表示一个人占有一件东西时，用"交付到他们手中"来表达，显得更自然、更明确。上帝说，"凡活着的动物，都可以作为你们的食物。"这说明，他们已被赋予人类所能享有的最大限度的所有权，即对任何东西都有因使用它而消耗它的权利，而这是对亚当的祝福中所没有的。我们的作者把它称为："利用它们作为食物的自由，只是食物范围的扩大，而不是所有权的变更。"实在难以想象，除了"使用它们的自由"以外，人类在动物身上还有什么别的所有权。因此，正如我们的作者所言，如果第一次祝福是"授予亚当对生物的统治权",而对诺亚及其儿子们的祝福是,赋予他们亚当所没有的"使用它们的自由"的权利。那么,上帝赋予他们的肯定是拥有全部主权的亚当所缺乏的某种东西,人们很可能会把这种东西当作一种更大的所有权。因为,亚当就连统治野兽的绝对权力都没有,而且对于它们的所有权也很有限,不能像上帝许可别人的那样使用它们。如果某个国家的君主,命令我们的作者去"征服这片土地上的世界",并授予他对世界上一切生物的统治权,但却不允许他从羊群中取一只小山羊或小绵羊来充饥,那么,我想他大概不会把自己当作那个地方、那里的畜群的主人或所有者。不过,他倒会看清一个牧羊人可能享有的支配权和一个所有者享有的完全所有权之间的区别。因此,如果这是罗伯特·菲尔默爵士自己的事情,我想他肯定会认为这里存在一种变更,准确地说,是一种所有权的扩大;而且还会认为,诺亚和他的儿子们不仅得到了一般的所有权,还得到了对生物的所有权,而这恰恰是亚当不曾拥有的。作为天地的创造者和全世界唯一的主人和所有者,上帝允许人类对生物的某些部分享有所有权,但这种所有权只能是"利用它们的自由"。因此,正如我们在这里所看到的,洪水以后,人类的所有权很可能发生了变更或扩大,以前被禁止的用途现在也得到了许可。综上所述,我认为,亚当和诺亚显然都不享有任何"个人统治权",而且在享有对生物的所有权时,也不能将需要生物并能利用它们的后裔排除在外。

40

现在已经很清楚,我们的作者提出亚当享有君权的依据主要就是上帝所宣布的祝福词(《创世记》第一章第二十八节)。我想,从这个祝福中,任何一个头脑清醒的读者,除了看到人类在地球上的地位被置于其他生物之上以外,不可能有别的发现。而这只不过是给予人类对地球上其他生物的统治权而已,因为人是上帝按照自己的形象创造的。在《圣经》原文中，这种意思表达得非常清楚，除了我们的作者之外。我认为，不会有人想通过这些意思看起来完全相反的字眼，去证明亚当被授予对其他人类的绝对君权，或对一切生物的唯一的所有权。既然他将这一问题作为他整个下文的基础，我想，除了简单地引用一些与他的观点意思相反的文字外，他还应该做更多的工作。从这些文字中，我确实找不出能表明"亚当的君权或个人统治权"的东西，而是恰好相反。我不认为是自己对这一问题的理解太迟钝，因为我发现使徒也和我一样，根本没有看出亚当享有任何这样的个人统治权。他说："上帝赐予我们丰富的一切，供我们享用。"如果一切东西都被赐给了君主亚当、其他君主，以及他们的后裔和继承者，使徒就不会这样说了。总之，《圣经》中的这段文字根本不能证明亚当是唯一的所有者，相反，它恰恰证明了一切东西最初都是人类所共有的，这一点，在上帝的这个赐予以及《圣经》的其他地方都表现得很明显。既然找不到任何令人信服的证据，那么，建立在个人统治权之上的亚当的主权，必然是无稽之谈。

41

但是，如果有人坚持认为，上帝的这次赐予使亚当成为全世界唯一的所有者，那么，这与他的主权有什么关系呢？难道说，一个人只要享有对土地的所有权，哪怕是对全世界土地的所有权，就是拥有对他人人身的绝对支配权吗？更为荒谬的说法是，对于那些不承认其主权、不服从其意志的人，作为全世界所有者的那个人，可以拒绝提供给他们食物，而任由他们饿死。若真如此，这反倒是一个很好的论据，可以用来证明从来没有过这样的所有权，上帝也从来没有赐予过任何人这样的个人统治权。相反，下面这种想法似乎更为合理：既然上帝命令人类生育繁衍，他就应该赋予人类一种利用食物、衣服和其他生活必需品的权利（上帝已经提供了丰富的原料），而不应该使他们的生存受制于一个人的意志。这个人拥有随意毁灭他们的权力,而且因为他并不比别人好些,日后可能会由于物资匮乏或产业难以为继而陷入困境,从而强迫他们从事苦役,却不会向他们提供生活必需品来推动上帝让人类"生育众多"的宏愿。有谁若对这一点表示怀疑,就请他好好考察一下世界上的绝对君主国,看看那里的人民大众过着怎样的生活。

42

但是我们知道,上帝从未让一个人受制于别人,以至于只要别人高兴,就可以随意将他饿死。上帝作为全人类的"主人"和"父亲",并没有赋予他的子女们对世界上某类东西的所有权,倒是赋予他的贫困的兄弟享受他的剩余财物的权利,以便他的兄弟有不时之需时,不会遭到无理的拒绝。一个人不能凭借其对土地的所有权或财产权,而获得支配别人生命的正当权力;因为,任何拥有财产的人,如果不肯拿出自己的部分财物来救济他的兄弟,而任其饿死,这将永远是一种罪恶。一个人只要"正义",就可以享受他的正直勤劳带来的成果,可以拥有他的祖先传给他的正当财产;同样,一个人只要"仁爱",就可以获得在陷入困境时分享他人财富的权利。一个人如果乘人之危,通过拒绝救助贫困兄弟的办法,强迫其臣服于自己,实属不义之举。这种行为丝毫不亚于一个强者去进攻一个弱者,逼他服从,拿着匕首威胁他做自己的奴隶,否则就置他于死地。

43

即使真有人那样滥用上帝慷慨赐予他的祝福,即使真有人那样残酷不仁,也不能证明,土地的所有权能给人支配他人人身的权力。这种权力只有通过契约才能获得。因为,富裕者的威权和穷困者的从属地位,并非来自主人的所有权,而

文化伟人代表作图释书系

是由于穷人为了不挨饿宁愿做主人的奴仆。那个他表示服从的人，对他只能拥有契约中所商定的权力，其依据是：在物资匮乏时期，一个人拥有丰厚的积蓄、口袋里有钱、能坐船出海、能够游泳等等，都可以成为支配和统治权的基础，就像拥有全世界的一切土地一样。因为，凭借其中的任何一个条件我都能拯救另一个人的生命，但是如果我不肯救助他，他就会死亡。这样看来，只要任何东西，能因满足某人为了保全自身性命或珍贵之物，愿意用其自由进行交换，都可以成为主权和所有权的基础。通过上面的论述，我们很容易看出，即使上帝曾授予亚当个人统治权，这种权力也不能使他拥有主权。更何况，我们已经充分证明，上帝并没有授予他这种个人统治权。

第五章 论亚当因夏娃对他的从属而享有主权

44

在《圣经》的另一个地方，即《创世记》第三章第十六节，我们的作者又为他的亚当君权说找了一个证据："你必恋慕你的丈夫，你的丈夫必管辖你。"我们的作者说，"这就是政府的最初授予"，并在这一页的后面作出结论："最高的权力付诸父亲身上，而且只限于一种形式的政府，即君主制。"不管前提是什么，我们的作者总会作出这样的结论。只要《圣经》中有一处提到"统治"，他马上就会以神权为基础建立起"绝对君主制"。只要仔细看看我们的作者根据这句话所作的推理，并分析一下他所加进去的"亚当的家系和后裔"这些话，你就会发现要弄清楚他的意思实在太难了。不过，我们还是把他特别的写作方法暂且放到一边，先来分析一下上面那句经文的确切含义吧。这些话是上帝对女人的诅咒，因为她是第一个胆敢违背他旨意的人。我们只要想想上帝在这里对我们的始祖说这番话的背景，考虑到他其实是在对他们违反旨意的行为进行宣判和表示愤怒，我们就不会认为上帝这时是在授予亚当特权和尊严，授予他统治权和君主权。夏娃作为诱惑者和共同犯规者，被置于亚当之下，受到比亚当更严厉的惩罚，因此亚当才取得了比她优越的地位。但是在原罪中他也有一份责任，从下面的记载中我们可以看出他也是被贬低了的。因此，很难想象上帝在使他成为全人类君主的同时，又让他做终生的劳动者；在把他赶出乐园去"耕种土地"的同时，又赐予他王位和绝对权威，以享受一切特权与舒适的生活。

45

所以，这个时候亚当不可能指望从被他激怒了的上帝那里获得任何恩宠和特权。纵然如我们的作者所说，这就是"政府的最初授予"，亚当也如罗伯特·菲尔默爵士所希望的那样成了君主，上帝也只不过是让他成为一个可怜的君主，可怜到连我们的作者也不会认

□ 咒诅

亚当和夏娃偷尝禁果，犯了原罪以后，招致上帝的四个咒诅，其中，女人夏娃受到的咒诅是："耶和华神又对女人说：'我必多多加增你怀胎的苦楚，你生产儿女必多受苦楚，你必恋慕你丈夫，你丈夫必管辖你。'"

为这样的君主有多么了不起。上帝命令他去"耕种土地"养活自己，好像只是交给了他一把锄头，让他去征服土地，而不是交给他一个权杖让他去治理地上的居民。上帝对他说："你只有汗流满面才能糊口。"（《创世记》第三章第十九节）也许有人会反驳说，这是难免的，因为那时他还没有臣民，还没有人为他劳作。可等他活到九百多岁后，应该有不少人听他差遣，替他劳作了吧。然而，上帝却说："不然，除了你的妻子以外没有别人帮你，而且只要你活在世上一天，你就要靠自己的劳动生存一天。""你只有汗流满面才能糊口，直到你归入尘土，因为你是从土而来的，你本是尘土，仍要归于尘土。"（《创世记》第三章第十九节）也许还会有人来替我们的作者辩驳说，这些话不是对亚当一个人说的，而是对以他为代表的整个人类说的，这是上帝对人类堕落的诅咒。

46

我承认，上帝讲话跟人类有所不同，他讲得更富于理性，更为确切。但是，

当他对人类讲话的时候，我认为他不会违反人类惯用的语言规则，用一种不同于人类的方法讲话。当他屈尊对人类讲话时，他并不会降低自己的身份，因为如果他不用人类的方式，人们就无法理解他所说的话，也就达不到他讲话的目的。但是，如果我们的作者为了支持自己的观点而对《圣经》所做的解释，一定要被当作正确的解释来接受的话，我们只能认为上帝是用一种与人类不同的方式在讲话。如果他在这儿对亚当说的话用的是单数，一定要理解成对全人类说的；他用的是复数（《创世记》第一章第二十六和第二十八节），一定要理解成是对亚当一个人说的；而他对诺亚及其儿子们说的话，又一定要理解成是对诺亚一个人说的（《创世记》第九章），那么，按照惯常的语言规则，实在很难理解上帝的话。

47

此外，我们还要注意，这里所引用的《创世记》第三章第十六节中的话，即被我们的作者称之为"政府的最初的授予"这类的话，并不是对亚当说的，而且上帝在说这话时并未授予亚当任何东西，只不过是对夏娃的一种惩罚。如果我们愿意把这些话理解为专门对夏娃说的，或者说，是对以她为代表的所有女人说的话，那么，这些话最多也只和女性有关，其表达的意思也无非是女人们一般应服从自己的丈夫。不过，若是由于她自己的条件，或是她和丈夫所订立的契约，她可以免去这种服从，那么，就不能说这里存在什么强制妇女接受这种服从地位的法律。就如——如果有办法使女人避免生儿育女的痛苦，同时也没有什么法律规定她必须接受这种痛苦，那么这种痛苦也是上帝对她的那个诅咒中的一部分。这段话的原文是："又对女人说，我必多多加增你怀胎的苦楚，你生产子女必多受苦楚，你必恋慕你丈夫，你丈夫必管辖你。"除了我们的作者外，我想，任何人都很难从这些话中看出授予"亚当君主制政府"的意思。因为这句话根本不是对亚当说的，也和他没有什么关系。我想，应该没有人会因为这些话而认为，女性就像受到一项法律的约束应当遭受那样的诅咒，或认为她们不应该努力避免痛苦。如果夏娃或任何妇女在分娩时没有感受到上帝在这里所诅咒的那种痛苦，会不会有人说这就是犯罪呢？假如我们的玛丽女王或伊丽莎白女王与她们的任何一个臣民结婚，又会不会有人说，根据《圣经》中的这段话，她们在政治上就应该服从他，或者说，他因此就对她享有"君主的统治权"呢？我认为，在这段话中上帝并没有授予亚当统治夏娃的权力，也没有赋予男人统治妻子的权力，而只是预言了女人可能遭受的命运，即她必须服从她的丈夫。人类的法律和各国的习惯一般都是这么规定的，我认为这是有一定自然基础的。

48

　　正如上帝每次提及雅各和以扫[1]时说"将来大的要为小的服务"（《创世记》第二十五章第二十三节），没有人会认为，上帝这句话的意思是让雅各成为以扫的统治者，而只是预言了将来要发生的事情而已。

　　但是，如果一定要把上帝在这里对夏娃所讲的话，理解为一条约束她和所有其他女人，使其处于从属地位的法律的话，这种从属也只是每个妻子对其丈夫应有的从属。如果要把这当作"政府的最初的授予"和"君权的基础"，那么，世界上有多少个丈夫就应该有多少位君主了。因此，如果说这段话确实授予了亚当某种权力的话，也只不过是一种婚姻上的权力，而不可能是政治权力。这种婚姻上的权力，是丈夫作为财物和土地的所有者而具有的处理家庭内部事务的权力，以及在所有与他们有关的共同事务上，丈夫的意志高于其妻子意志的权力。但这不是对妻子有生杀大权的政治权力，更不要说对其他人的这些权力了。

---

　　[1]据《圣经·创世记》记载，以扫是以撒和利百加所生的双生子。以扫为长子，雅各为幼子。后来以扫把长子的身份卖给了雅各，使雅各成为了君主。

49

　　以上是我确信无疑的看法。如果我们的作者要把这段话理解为一种"授予",或"政府的最初授予",而且是一种政治上的政府的话,他就应该提出一些更强有力的证据来证明这一点,而不是只武断地认定"你必恋慕你的丈夫"这句话就是一条法律,且这条法律规定,夏娃和她所生育的所有后代都应当服从于亚当和他的继承人的绝对君权。"你必恋慕你的丈夫"这句话的意思非常含混,《圣经》注释者们对它的解释也各不相同,因此,不能将其当作可信的证据,尤其是在一个如此重要且事关全局的问题上。但是,按照我们作者自己的写作方法,只要一提到《圣经》原文,他就立马断定原文的含义与他所认为的一样。不管是在正文中还是旁注里,只要"统治"或"臣民"这些词一出现,马上就变成了表示臣民与其君主关系的词。尽管上帝说的是"丈夫",罗伯特·菲尔默爵士却硬要把它说成是"君主"。虽然《圣经》里只字未提,我们的作者也没有拿出任何证据来证明,但是亚当却立刻对夏娃有了"绝对的君权",而且,他的这种权力不仅仅是针对夏娃一人的,甚至还包括"她生育的所有后代"。不管怎样,亚当都必须是一个绝对君主,从第一章到该章末尾他都是这样说的。《圣经》原文中既未出现"君主",也未出现"人民",除了夏娃作为妻子对其丈夫的服从外,也没有提到任何"绝对的君主权力"。因此,虽然我没有举出任何证据来证明我的简单看法(这段原文并未授予亚当我们的作者所假设的那种"绝对君主权"),但我还是想让读者们自己去思考,我的这种简单说法是否已经足以拆穿他所断言的那种权力。肯定有人想简单回应一下我们的作者所提出的绝大部分依据,那么,他完全可以学习作者本人的方法,只用单纯的否认将他驳倒。对于一个没有证据的结论,不举出理由加以否定,就已是充分的答复了。因此,如果我也不说什么,只是否认根据《圣经》原文,上帝把"最高权力"的授予建立在父亲的身份上,规定这种权力为君权,并将其授予亚当和他的继承人,这样就算是做出充分的答复了。只要任何一个头脑清醒的读者读一下那段原文,并认真思考一下,这番话是在什么场合,对谁说的,就一定会纳闷,我们的作者是从哪里找出绝对君权来的,难道他具有超凡的能力?这样,我们就把他用来证明"亚当的主权"的两段原文全部考察完了,他说这种权力"是上帝的旨意,应当由亚当无限制地行使,其范围任由他的意志决定"(见《创世记》第一章第二十八节,第三章第十六节)。这两处原文,一处其实只是指低级动物对人类的服从,另一处则指妻子对丈夫应有的服从;二者与政治社会中臣民对于统治者的服从相比,都大相径庭。

第六章　论亚当因父亲的身份而享有王权

50

现在还有一个论点需要说明，然后，我想我就已经把我们的作者用来证明亚当主权的一切证据都提供给你们了。这个论点就是，假如一个人成为父亲，就自然拥有对其子女的统治权。我们的作者非常喜欢"父亲身份"这一权利，他在书中的每一页几乎都会提到它，而且还特别指出："除了亚当，之后的先祖们，也凭借其父亲的身份享有统治其子女的王权。"在同一页上，他又提到"这种子女的服从是一切君主权力的源泉"等等。既然他反复提到这一点，我们不得不认为这就是他获得名望的主要原因。我们很期待他会提出明确的理由来证明它，毕竟他将这看作实现自己目的的必要论点。而他的目的就是试图证明，"人一出生就是不自由的，一出生便成为他的父亲的属下"。那么，既然亚当是唯一由神所创造的人，他之后的所有人都是生育出来的，所以没有一个人是生而自由的。我们若问，亚当是如何获得对其子女的统治权的，他就会在这里对我们说，这是因为他生养了他们。他还说，"亚当的这个自然统治权"可以用格劳秀斯本人的话来证明；后者曾说："生育使父母获得对子女的权力。"确实如此，生育行为既然使一个人成为父亲，他作为父亲而享有的对子女的权利，自然不可能来自父亲的身份以外。

51

在这里，格劳秀斯并没有告诉我们，父母对于其子女的权力到底有多大。但我们的作者对此却一直说得很明确，他断定这是一种"最高权力"，就像绝对君主对其奴隶所享有的权力那样，是生杀予夺的绝对权力。如果有人问，生育孩子，为什么或怎样给予一个父亲统治其孩子的绝对权力，他就缄口不言了。我们只能相信他在这里以及其他几个地方说的话，而且，自然法则和政府宪法的设立与废止都必须以他的话为依据。假如他自己是一个绝对君主，这种说法倒是很合适，因为"根据意志的理由"对他来说完全有效。但这种方法太过拙劣，罗伯特·菲尔默爵士仅凭这些空谈是不可能建立起绝对君主制的。一个奴隶毫无根据的观点不足以剥夺整个人类的自由和幸福。虽然并非所有人都如我想的那样是生而平等的，但我确信，所有奴隶都是生而平等的。于是，我完全可以用我个人的意见来反对他的意见，而且一点也不会显得妄自尊大。另外，就像我们的作者始终认为的那样——生育子女使全人类成为奴隶，我也坚信这种行为并不会使子女们成为父亲的奴隶，而会使全人类获得自由。不过，这一论点既然是主张君权神授者的全部学说的理论基础，而且我们的作者也没有提出任何证据，那么为了公平起见，我们还是先来听听其他人的看法吧。

52

我曾听到的他人用来证明父亲因生育子女而获得对他们的绝对权力的论据："子女的生命和存在来自父亲，所以父亲享有支配其子女生命的权利。"这是可能做出的唯一论证。因为，对于某种未曾属于过他，也不是他所给予的，而是别人慷慨赐予的东西（因而权利属于他人），他自然没有理由提出对它的权力要求。

对此，我的看法是：首先，给予别人东西的人不一定因此就总有收回这个东西的权利；第二，那些说父亲是给予其子女生命的人，完全是让君权思想冲昏了头脑，以至于忘记了一个他们应该牢记的事实，即"上帝是生命的创造者和授予者，我们只有依靠上帝才能生活、行动和生存"。一个连自己的生命来自何处都不清楚的人，怎么能被认为会给予别人以生命呢？哲学家们尽管一直孜孜不倦地进行研究，但仍对此感到迷惑不解；解剖学家虽然毕生从事解剖和研究人类身体的工作，也不得不承认，他们对于人类身体的许多构造与用途，以及整个生命的运行，仍旧一无所知。那么，粗鲁的庄稼人或无知的纨绔子弟倒能制造出像人这样奇妙的机器，并赋予它生命和意识吗？是否会有人说，他构造了他的孩子的生命所必需的各个部分呢？或者，他能否自知虽然给予了孩子生命，却不知道适于接受生命的主体是什么，也不知道哪些动作或器官对于接受或保持生命是必不可少的？

53

把生命赋予不存在的东西，就是指先制造出一个有生命的物体的各个部分，然后将其装配起来，使它们发挥各自的功能，最后再将一个活的灵魂放入其中。有这种手艺的人，倒是可能有借口来毁灭他自己的作品。但是，有没有人狂妄自大到，敢说自己可以胜任万能的上帝的工作呢？因为只有万能的上帝在最先创造出活的灵魂后一直继续着这项工作，也只有上帝才能吹出生命的气息。如果有人认为自己就是这样一个能工巧匠，那么，请他数一数他所创造的孩子身上的各个部分，并告诉我们它们各自的用途和功能是什么，富有生命和理性的灵魂是什么时候进入这个奇妙的构造之中的，感觉是什么时候产生的，以及他所制造的这部机器是如何进行思考和推理的。如果真是他所制造的，那么当它坏了的时候，就请他去修理，或者他至少要告诉我们是哪里出了毛病。《诗篇》的作者说：

"造眼睛的难道自己看不见吗？"（《诗篇》第九十四章第九节）看看这些人有多虚荣吧！单凭某一部分的构造已经足以使我们相信，上帝是一个智慧无穷的创造者，因此，他完全配得上《圣经》中对他的一种称呼，即"我们的创造者上帝，我们的创造主"。因此，尽管我们的作者为了强调他的"父亲的身份"，总是喜欢说"就连上帝自己对人类行使的权力也是基于父亲身份的权利"，但是这种父亲的身份与人世间父母的一切权利是截然不同的。因为上帝之所以为主，在于他确实是我们所有人类的创造者，但任何父母都不能声称他们是其子女的创造者。

□ 拉班与雅各立约

在《圣经》中，父亲对于女儿有绝对的支配权，而且女性对父权的服从胜于夫权。例如，雅各为了娶拉班的女儿拉结为妻，答应服侍拉班七年。可是七年期满以后，拉班却利用父权自作主张地将拉结的妹妹利亚许给雅各入洞房为妻，借此让雅各多服侍自己七年以娶到拉结。在与雅各立约时，拉班说："这女儿是我的女儿，这些孩子是我的孩子，这些羊群也是我的羊群，凡在你眼前的都是我的。"这正是父权十足的体现。

即使人类真有创造自己子女的技巧和力量，那也不是一件容易的事，因为，如果未经设计，他们是不可能被简单创造出来的。在一千个父亲中，有哪一个在生育子女时除了满足自己当时的欲望外，还会有更长远的打算呢？上帝以他无穷的智慧，将强烈的交媾欲望置入人类体内，以此让人类繁衍后代。而人类在做这件事的时候却基本上没有这种目的，而且生育子女往往都是违背他们意愿的。那些愿意并计划生育子女的人只是子女存在的偶然因素，他们在创造子女方面所做的事情,并不比希腊神话中丢卡利翁[1]和他的妻子向后抛掷石子来创造人类费力。

55

但要承认父母创造了孩子并赋予他们生命和存在,因此就拥有了"绝对权力",也只能说是赋予父亲和母亲共同支配子女的权力。因为谁也不能否认,母亲长时间地用自己的血肉来养育身体内的孩子,纵使她不能获得更大的权利,至少也应该享有与父亲同样的权利。孩子在母亲体内慢慢成形,并从她身上获取身体生长所需要的物质和生命根源。真的难以想象,在一个父亲完成他在生育行为中的任务后,理性的灵魂会立即进入那个尚未成形的胚胎之中。如果我们一定要假设子女的某些东西来自父母,那么,可以肯定的是,这些东西大多来自母亲。对于子女的生育,我们绝对不能否认,母亲与父亲有同样的功劳。因此,父亲的"绝对权力"不可能来自生育子女本身。我们的作者还明确表达过另外一种想法。他说:"我们知道,上帝在创造人类时就给了男人对女人的统治权,因为男人在生育过程中是更高贵、更重要的参与者。"我不记得我在《圣经》上看到过这样的话。如果有人能把这句话的出处指给我看,我将认真思考并给予答复。可是,我们作者的惯常做法就是,把自己的幻想当作确凿的、神圣的真理告诉人们。他所说的话和上帝的启示常常天差地别,因为上帝在《圣经》中说,"生他的是他的父亲和他的母亲"。

---

〔1〕丢卡利翁,西方神话中的人物,传说为普罗米修斯和普罗诺亚之子,皮拉的丈夫。古希腊人对丢卡利翁崇敬、赞美至极,认为他是最纯粹、最应该尊敬的人,他是第一个建立城市与神庙的人,同时也是古希腊的第一位国王。

56

有些人认为，人类"遗弃或售卖"自己子女的行为，恰恰证明了他们对子女的支配权。这些人和罗伯特·菲尔默爵士一样，都是高超的辩论家，他们只是把人性中最可耻、最残酷的一面拿来作为他们观点的依据。狮子洞里或豺狼窝中都不可能发生这么残忍的事。这些栖居于荒野的野兽遵从上帝和自然的旨意，对自己的后代关心爱护。为了保护幼崽，它们会去狩猎、警戒、争斗，甚至忍受饥饿；在幼崽能自立之前，绝不离开或抛弃它们。比起这些桀骜不驯的野兽，难道人类就有特权违背自然吗？上帝为了禁止我们伤害任何一个人的生命（即使在被欺侮时；即使面对一个陌生人），不是制定了死刑这样严厉的刑罚吗？对上帝交给我们照料，并要求我们按照"自然"和理性的命令以及上帝的训诫予以保护的人，上帝会同意我们毁灭他们吗？上帝在创造世界的过程中，特别强调某些生物的繁衍，并让它们为了这个目的而竭尽全力。为此，它们有时竟完全不顾自己的利益，好像全然忘记了"自然"教导万物的普遍原则——自我保存的原则，而把保存它们的幼儿当成它们最强有力的原则。所以我们看到，当幼儿需要保护的时候，怯懦者变得勇敢起来，野蛮残暴者变得仁慈起来，贪婪者也变得慷慨起来。

57

如果但凡历史事件都可以成为理所应当的根据，那么，历史将会为我们的作者提供一些有关这种"绝对父权"的典范。他完全可以把秘鲁人为了食用人肉而养育孩子的故事讲给我们听。这个故事如此罕见，我必须用原作者的话来讲述。他说："在某些地方，他们（秘鲁的印卡人）酷嗜人肉，不等死者完全断气，就吮吸从他们伤口中流出的血。他们有公开的人肉屠宰场,他们如此疯狂,以至于连他们自己同俘虏来的女人所生的子女也不放过。他们把战争中俘获来的女人变成自己的妾,精心养育跟她们所生的孩子,等孩子长到十三岁左右,就把他们杀死吃掉。当女人们过了生育年龄,不能再为他们生产肉食的时候,他们也用同样的方法来对待她们。"(见加西拉索·德·拉·维加著《秘鲁印卡族历史》卷一第十二页)

58

理性会使一个人变得像天使,而当他抛开理性后,他杂乱的思绪可以使他堕落到比野兽还要残暴的地步。人类的想法比恒河的沙还要多,比海洋还要宽阔,假如没有理性这个航行中唯一能指示方向的星辰和罗盘来引导,幻想和情感定会将他引入歧途。想象时刻运转着,不断产生出各种想法,当理性被弃置一旁时,人类便随时会做出各种不可思议的事情来。在这种情况下,谁最爱走极端,谁就会被视为最合适的领导者,而且一定会拥有最多的追随者。始于愚昧或狡诈的事情一旦成为风尚,习惯就会将其神圣化,谁违背或怀疑它,谁就会被人视为轻率或疯狂。一个以公平无私的态度来考察世界各国情况的人,将会发现,世界上某些国家的众多宗教、政府和习俗就是以这种方式形成并延续下来的。因此他对人类正在使用和推崇的风俗习惯几乎不怎么重视,反而有理由认为,那些因遵循自然规律而生存得很好的非理性的、没接受教育的栖居者所在的山林,比起那些自称文明、理性却又违反法度的人所居住的都市,更适合我们的行为和生活。如果判例足以在本案中确立一条规则,我们的作者可能会在《圣经》中发现被父母牺牲的孩子。《诗篇》告诉我们,他们用无辜者的鲜血为迦南的偶像献祭,而这些流着血的无辜者,就是他们的子女。但是上帝不是按照我们作者的典章来审判人的,也决不允许按照我们作者的法律来纵容为人父者的恣意妄为。"看到土地被血液染红,耶和华愤怒地向他的百姓发作,指控他们犯了谋杀罪。"

59

那么，即使像罗伯特·菲尔默爵士所说的那样，"在古代，人们时常出售和阉割自己的孩子"，甚至遗弃孩子；如果你愿意的话，还可以进一步说成：他们生育子女就是为了把他们养肥之后当作食物。如果这些例子就能证明有这样做的权利的话，那么，我们同样可以利用这种论证方法来证明奸淫、乱伦和鸡奸都是合理的，因为古往今来都有这样的事例。我认为，犯罪者最主要的危害性在于他们违背了"自然"的重要意图；"自然"要求在高度完美的情况下使人类繁衍生息，而确立保障婚姻关系的家庭界限则是达到这一目的的必要条件。

60

为证明父亲的这种自然权威，我们的作者从《圣经》里上帝的训诫中勉强找出来一条证据。他说："为证实王权是自然权利，我们看到，《十诫》中劝诫人们服从君主的条令是用'孝敬你的父亲'来表达的。尽管很多人认为，只有抽象意义上的政府才是上帝的命令，但除了父权之外，他们无法证明《圣经》有任何这种命令。因此，我们看到在《十诫》中上帝用'孝敬你的父亲'来教人服从长者，这样，不仅仅是政府的权威和权利，而且连统治权的形式和拥有这种权力的人，都是上帝规定了的。最初的父亲拥有的不只是一般权力，而且是君主的权力，因为他是直接由上帝创造的父亲。"出于同样的目的，我们的作者在其他几个地方也引用了这条律令，而且用的还是同样的方法，即把"和母亲"三个字直接删去，完全不当回事。这真是我们的作者别具一格的"伟大论证"。若有谁支持他的观点，就必须具有高度的热忱，因为只有这样，才足以歪曲上帝训诫中的神圣规则，以满足他现在的需要。那些人对这种论证方法早已习以为常，因为他们不是出于理性而接受真理，而是为了有悖于真理的目的，去支持某些教义和派别。其后，他们就不顾一切地为它们辩护，随意歪曲作家们的原话和意义，以实现他们的目的。就像普罗克拉斯特对待他的客人一样，为了使他们最符合自己心目中的尺寸，就拉长或砍掉他们身体的一部分，最后，这些论证便像那些被处理过的人一样，变得畸形，毫无用处。

61

原因在于，如果我们的作者原封不动地引用这条戒律，把"母亲"和父亲放在一起，读者们便都会发现，这句话与他的观点是截然相反的。它不但不能确立"父亲的君主权力"，还使母亲被置于与父亲相同的地位，它所训诫的是子女对父亲和母亲双方应尽的责任。因为《圣经》中有很多这样的话，如"当孝敬父母"（《出埃及记》第二十章）；"打父母的，必须治死"（同上第二十一章第十五节）；"凡咒骂父母的，必须治死"，《利未记》第二十章第九节和我们的救世主都重复了这句话（《马太福音》第十五章第四节）；"你们各人都当敬畏父母"（《利未记》第十九章第三节）；"人若有顽梗悖逆的儿子，不听从父母的话，他们虽惩治他，他仍不听从。父母就必须抓住他……对长老说：'我们这儿子顽梗悖逆不听从我们的话'"（《申命记》第二十一章第十八至二十一节）；"轻慢父母的，必受咒诅"（同上第二十八章第十六节）。"我儿，要谨守你父亲的训诫，不可离弃你母亲的法则"，这是所罗门说的话，他不是不清楚自己作为一个父亲或君主拥有什么权力，但是在他所写的《箴言》中，从头到尾都是对子女的训诫，而且，在这些训诫中他总是把父亲和母亲相提并论。"凡是对其父亲说，'你生出什么'或对其母亲说'你养出什么'者，都受灾殃"（《以赛亚书》第四十五章第十节）；"他们在主中轻慢父母"（《以西结书》第二十二章第七节）；"若再有人说预言，父母生他时必说，你不得存活，因为你假借耶和华之名说预言，在他说预言的时候,生他的父母要将他刺透"(《撒迦利亚书》第十三章第三节)。在这里,不只父亲一人拥有权力,而是母亲和父亲共同享有权力,而且是生杀之权。《旧约》中的律条是这样的,《新约》中讲到他们的子女对他们的服从时,父亲和母亲也是放在一起的,即"你们作子女的要听从你们的父母"(《以弗所人书》第六章第一节)。我好像曾经在哪里读到过"你们做子女的要听从你们的父亲",没有提母亲。《圣经》中讲到子女的孝顺时,"母亲"和父亲也是被放在一起的。如果原文中有哪个地方说子女只要孝敬或服从"父亲"一人的话,自称一切都以《圣经》为依据的罗伯特·菲尔默爵士是不可能把它漏掉的。而且,《圣经》不仅使"父亲和母亲"对其所生的子女享有同等权力,在某些地方甚至还忽略了一般认为应属于父亲的优先地位,而把"母亲"提到前面,如《利未记》第十九章第三节。《圣经》原文既然常把父亲和母亲连在一起,因此,我们可以确信,他们平等地享有子女对他们的孝敬,这种权力属于他们两个人,既不能由一人完全独占,也不能把另一个人排除在外。

62

那么,我们的作者是怎样从第五条戒律中推导出,"一切权力最初都属于父亲"这个结论的呢,读者们必定迷惑不解。他又怎么发现,政府的君主权是以"孝敬你的父亲和你的母亲"这一戒律为基础的呢?如果《十诫》所规定的子女应尽的孝敬,不论其内容是什么,都只是"父亲"独有的权利,那么,上帝后来为什么总是把"母亲"与他连在一起,让她分享这种孝敬呢?父亲能否凭借他的这种主权取消他的孩子对"母亲"的"孝敬"呢?《圣经》并没有赋予犹太人这种特权。但是夫妻之间常会出现矛盾,严重时会导致离婚或分居。即使这样,我想,也没有人会说一个孩子可以不再孝敬他的母亲,或者像《圣经》中说的那样"轻慢她",纵使他的父亲命令他这样做;同样,母亲也不能要求她的孩子不孝敬父亲。因此，很显然，上帝这条戒律并未赋予父亲主权和最高地位。

63

但我同意我们作者的这种说法，即父母享受子女"孝敬"的权利是自然赋予的，是以他们生育子女的行为作为前提的；上帝曾多次明确宣告，他们享有这种权利。我也同意我们作者的下面这条规则，"像父亲（我想加上'和母亲'三个字，因为上帝总是把父亲和母亲连在一起，不让人把他们分开）的权力这样一种来自于上帝或自然的赏赐，人类较低级的权力不能限制它们，也不能制定同它们相抵触的任何法律"。那么，根据上帝的这条律令，母亲既然享有受其子女孝敬的权利，也不受她丈夫意志的约束，我们便可以断定，"父亲的绝对君权"既不能以此为根据，也不能与此相容。如果还有其他人也享有与父亲相同的权力，并具有同样的资格，那么他所享有的权力就不可能是"君主的"，也绝不可能是我们的作者所主张的那种绝对权力。所以，就连我们作者本人也不得不承认，"他不知道什么人的子女可以不服从他们的双亲"。所谓"双亲"，我认为就是通常所说的"母亲"和"父亲"，如果"双亲"一词在这里仅指父亲，那就是我孤陋寡闻了。若大家都这样用词，人们就可以随心所欲地表达自己的看法了。

64

按照我们作者的学说，父亲既然对他的子女享有绝对管辖权，那么，对其子女所生的孩子，也享有同样的权力。如果父亲享有绝对权力属实的话，这个推论应该没有错。但是我想问问我们的作者，凭借其享有的主权，祖父能否根据第五诫的规定免除他的孙子对其父亲应尽的孝敬。如果祖父"基于父亲身份"享有唯一的最高权力,而"孝敬你的父亲"规定的是对君主的服从,那么,祖父确实能够免除孙子对于其父亲的孝敬。然而,根据常识,他显然不能这样做。所以"孝敬你的父亲和母亲",显然不是指对于一种最高权力的绝对服从,而是另有其意。因此,源于自然且为第五诫确认归父母享有的权利,不可能是我们的作者想由此推导出来的那种政治统治权。因为政治统治权在一切公民社会中都属于最高权力,它可以免除任何一个臣民对其他臣民在一切政治上的服从。但是,有哪一个统治者的法律能赋予一个孩子"不孝敬他的父亲和母亲"的权利呢?这是一条永恒的戒律,专门用于约束父母和子女间的关系,其中绝对没有统治者的权力,也不从属于它。

65

我们的作者说,"上帝赋予父亲转让子女支配权的权利或自由。"我怀疑一个父亲能否将受子女"孝敬"的权力全部"转让"给他人。但毋庸置疑的是,对于同一种权力,他不可能既"转让"又保留。因此,如果统治者的主权真如我们的作者所言,"只是作为一个至高无上的父亲所享有的权威",而统治者完全享有这种父权(如果"父亲的身份"是一切权力的源泉的话,统治者必然享有这种权力),那么,就不可避免地会出现这种情况,即他的臣民即使是父亲,也不能享有对其子女的支配权,不能享受他们孝敬。因为,当一切东西都归别人所有后,自己仍要留下一部分是不可能的。按照我们作者自己的观点,"当孝敬你的父母"这句话绝对不可能理解为政治上的隶属或服从,因为不论《旧约》还是《新约》,都告诫子女们"孝敬和服从他们的双亲"。这条戒律是针对子女的,他们的父母和他们一样,都生活在政治社会中,都受政府统治。照我们作者的意思,命令他们"孝敬和服从他们的双亲",就等于让他们成为那些没有这种权利的人的臣民,因为这种享受臣民服从的权利已经被全部赋予别人了。因此,这种说法不但不是叫人服从，反而还会引起骚乱、导致分裂，因为它建立了一种根本不存在的权力。所以，如果"当孝敬你的父母"这一戒律是指政治上的统治，它便会直接推翻我们作者口中的君权。因为既然这是每个子女对其父亲应尽的义务，即使在政治社会中也是如此，那么，每一个父亲显然都享有政治统治权。如此一来，有多少位父亲，就会有多少位统治者。此外，母亲也有这种权力，这样一来，最高君主的统治权就受到挑战了。但是，如果"当孝敬你的父母"这句话的意思与政治权力毫不相关——事实就是如此——那么，它就不是我们的作者需要讨论的问题了，因为这对达到他的目的毫无帮助。

□ 摩西十诫

"孝敬父母"一词在《圣经》中出现十余次。如在《旧约》中说："你们各人都当孝敬父母，也要守我的安息日。我是耶和华你们的神。"在《新约》中说："要孝敬父母，使你们得福，在世长寿。"在《摩西十诫》中说："当孝敬父母，使你的日子在耶和华——你上帝所赐你的土地上得以长久。"等等。

66

我们的作者说："教人服从君主的律令是用'孝敬你的父亲'这句话来表达的，就像一切权力本来都属于父亲一样。"但我认为，这条律令也可以用"孝敬你的母亲"来表达，就像一切权力本来都属于母亲一样。我想请读者认真思考一下，我的这种论证是否同我们作者的一样有道理，因为在《新约》和《旧约》中，凡是训导子女孝敬服从的地方，"父亲"和"母亲"都是放在一起的。此外，我们的作者还说，"'孝敬你的父亲'这一训令赋予人们统治之权，并使君主政体成为政府的形式。"对此，我的看法是，如果"孝敬你的父亲"一句是指要服从君主的统治权，那它与我们对自己父亲应尽的责任就毫不相干了。因为，按照我们作者的观点，我们生父的权力已经全部归君主所有了。他们和自己的子女一样，都是臣民和奴隶，即使作为我们的生父，也不可能再享有那种含有政治从属意味的"孝敬和服从"的权利了。如果按照上帝的解释（见《马太福音》第十五章第四节及上述其他各处），"当孝敬你的父母"是指我们对自己的父母应尽的责任，那么，它便与政治服从无关，而只是对那些既没有资格享受统治权，又不享有官员对臣民那种支配权的人应尽的一种义务。因为，父亲的身份与最高长官享有的支配权是截然不同的两种概念。因此，这一训令显然是指我们对自己父亲应尽的责任，不同于我们对长官的服从，这份责任是极端专制的君主权也不能免除的。至于这份责任到底是什么，我们后面再详细分析。

67

我们的作者假设，亚当享有"绝对无限的统治权"，因此，人类一降生就是"奴隶"，没有任何自由的权利。他为证明这一假设所提出的所有论证，我们都逐一考察完了。但是，如果上帝的创造只是赋予人类一种存在，并没有让亚当成为"他的后裔的君主"；如果亚当（《创世记》第一章第二十八节）没有被确立为人类的主人，也没有被授予一种除了对其子女外的"个人支配权"，而只是被赋予人类后裔共同享有的支配土地和低级动物的权力；如果上帝（《创世记》第三章第十六节）也没有授予亚当支配他的妻子和子女的政治权力，而只是让夏娃服从亚当，以此作为一种惩罚，或者只是要求女性在处理家庭共同事务时要处于从属地位，而并未因此赋予作为丈夫的亚当以长官才应享有的生杀予夺之权；如果父亲们不能因生育子女而取得对他们的支配权；如果"当孝敬你的父母"这条训诫也没有授予这种权力，而只是规定子女应对父母尽同样的责任，不论他们是不是臣民；那么，不论我们的作者如何反对，人类确实享有一种"天赋的自由"。这是因为，一切具有相同的天性、能力和力量的人从本质上说都是平等的，都应该享有共同的权利，除非谁能够指出，永受祝福的万物之主上帝曾明确指定某个人享有特权，或者能说明一个人承诺自愿服从上级。这一点如此明显，就连我们的作者也不得不承认，"王权的坚定拥护者约翰·海华德爵士、布莱克伍德和巴克莱三人都一致认为，人类享有天赋的自由和平等"是毋庸置疑的真理。我们的作者一直坚称"亚当是绝对的君主"，"人类不是生而自由的"，但他所举的一切论据都无法证明他的伟大主张，甚至同他的主张自相矛盾。所以，用他自己的论证方法来说，"最初的错误原则一旦失败，这个绝对权力和专制制度的庞大机器也就彻底瘫痪了"。那么，对于建立在如此荒谬和脆弱的基础上的一切理论，也就没必要作更多的答复了。

68

但是，为免去他人的麻烦，在必要的时候，罗伯特·菲尔默爵士又不惜用自相矛盾的说法来暴露自己观点的缺陷。亚当的绝对且唯一的支配权是他随时都会提到，并一直用来做依据的论点，可是他又对我们说，"就像亚当是其儿子的君主，他的儿子们对他们自己的儿子也享有支配权。"按照我们作者的这种推论方法，父亲身份给亚当带来的这种无限且不可分割的统治权，维持的时间非常短暂，只存在于第一代；一旦他有了孙辈，罗伯特·菲尔默爵士便无法自圆其说了。他说，亚当作为一位父亲，对他的子女们"拥有绝对无限的王权，他们所生的后代也都享有支配权"，可是他的儿子们——该隐和塞特[1]，对于他们的子女也同时享有父权，因此，他们既是"绝对的主"，又是"臣民"和"奴隶"。亚

---

[1] 该隐是亚当与夏娃的长子，因为憎恶弟弟亚伯的行为而将其杀害，最后受到上帝的惩罚。上帝为了补偿亚当与夏娃，将塞特赐给他们作为第三个儿子，替代亚伯而出生。

当作为"他这一族的祖父",拥有一切权力,但是他的儿子们作为父亲也拥有一份权力。因为生育了他们,亚当对他们及其后代拥有绝对权力,但根据同样的资格,其子女对自己的后代也享有绝对权力。我们的作者说,"不对,亚当的子女们有权支配他们自己的后代,但仍要服从他们最初的父母。"这种区分听起来不错,但毫无意义,与作者自己的话相冲突。我其实完全可以这样想,如果亚当对其后代拥有"绝对权力",他的所有子女都能从他那里得到一种委托,以享受统治其他所有人或部分人的权力,因而这也是"从属的"权力。然而,这绝不可能是我们的作者所指的那种权力。他所说的权力并非来自授予或委托,而是他所认为的一个父亲对子女们应有的自然的父权。因为,首先他说:"既然亚当是他子女们的统治者,那么,他的子女们对其后代也享有支配权。"那么,他们按照同样的方式,凭借生育子女的资格和父亲的身份,也可以成为他们子女的统治者。第二,我们的作者所指的,显然是父亲们的自然权力,因为他说这种权力只针对"他们自己的子女";而委托的权力是没有这种限定的,除了对自己的子女以外,还可以是其他人。第三,如果它真的是一种委托的权力,《圣经》中就一定会有记载,但我们在经文里并未发现相关证据,无法证明亚当的子女们除了自然享有的父权外,对他们自己的子女还拥有任何其他权力。

69

但是,他在这里指的是父权,而不是其他权力,在他随后的推论中,这一点显而易见。他说:"那么,我不知道亚当或其他任何人的子女们,如何摆脱对其父母的从属地位。"可见,我们的作者在这里所说的"权力"和"从属",只是父子间那种"自然的权力"和"从属",因为任何人的子女都应当服从的权力,不可能是别的权力,而且我们的作者也坚持认为,这种权力是绝对的、无限的。我们的作者说,亚当对他的后代享有父母对其子女们应有的自然"权力";

紧接着又说，他还在世时，他的子女们对自己的子女也享有父亲支配子女的这种"权力"。因此，凭借父亲的自然权利，亚当对他的所有后裔都拥有绝对无限的权力；与此同时，根据同样的权利，他的子女对自己的后裔也拥有绝对无限的权力。如此一来，这里就同时存在两个绝对无限的权力，若有人能把它们统一起来，或能使它合乎常理，就再好不过了。至于他所插入的"从属"一词，只会使他的话变得更荒谬。让一种"绝对的、无限的"，甚至是"不可限制的权力"，从属于另一个权力，简直荒唐透顶。"亚当是绝对的君主，具有来自父亲身份的无限权力，支配他的所有后裔。"那么，他的所有后裔，都完全是他的臣民，或"他的奴隶"（我们的作者就是这样说的）。"儿子们和孙子们都同样处于这种从属和奴役的状态之中"，可我们的作者又说，"亚当的子女们对他们自己的子女享有父权"（即绝对的、无限的权力），换句话说就是，在同一政府中，他们既是奴隶，又是绝对的君主，一部分臣民凭借父亲身份的自然权利拥有对另一部分人的绝对、无限的权力。

70

如果有人认为，作者在这里所说的意思是，那些受自己父母的绝对权力支配的人，对于他们自己的子女仍然拥有部分权力，我觉得这样的说法可能更接近于真理。但是，这对我们的作者没有任何帮助。因为一提到父权，我们的作者总是强调绝对无限的权力，如果他不是对这种权力做出明确的限定，我们根本想不出他还会有什么其他的理解。他在这儿指的是范围极广的父权，这一点从后面的话中就可以清楚地看出，他说，"子女们的从属是一切王权的根源。"他在前面说，"每一个人对他的父亲的从属"，以及亚当的孙子们对自己父亲的"从属"，都是一切"王权"（绝对的，不可限制的权力）的根源。这样，亚当的子女们对他们自己的子女就享有"王权"，而他们同时又是父亲亚当的臣民，与自己的子女们都是一样的臣民。他想怎么理解，就怎么理解吧！但是，显然他确信"同其他所有父亲对自己的子女享有父权一样，亚当的儿子们对其子女也享有父权"。这样一来，就必然会出现下面某种情况，一种是：亚当在世时，他的子女们就像其他父亲一样拥有父权，用他的理论来说就是，"根据父亲的身份对子女们享有王权"。还有一种情况是"亚当根据父亲的身份并不享有王权"，因为对于那些具有父权的人来说，父权要么赋予他们王权，要么不赋予。如果不赋予的话，那么，亚当就不能根据父亲的身份成为统治者，其他人也是如此。如此一来，我们作者的全部政治学便彻底崩塌了。如果它赋予王权的话，那么，凡是拥有"父权"的人便都享有"王权"。这样的话，按照我们作者的先祖论政府论，世界上有多少个父亲，就有多少个君主了。

71

至于我们的作者究竟建立了什么样的君主制，还是让他和他的拥护者们自己去思考吧。对于他的这种新政治学，君主们肯定感激万分，因为按照这种政治学，一个国家有多少父亲就可以有多少君主。总之，如果按照我们作者的理论来推导，必然会出现这样的结果，谁会因此斥责我们的作者呢？因为，既然"父亲们凭借生育权"获得了一种"绝对权力"，那么，他就很难判断，一个儿子对他自己的子女们享有的这种权力应当多大；最后，他把一切权力都授予了亚当。而亚当还在世，他的儿子们也成为父亲的时候，又要让他们享有我们的作者无法否认的一部分权力，就成了一件让人头疼的事。这使得他的语言含糊不清，他也不知道该把自己所说的父权这种绝对自然权安置在何处。

有时，只有亚当一个人享有这种权力。

有时，"父母"都享有这种权力，而"父母"一词很少单指父亲。

有时，父亲还在世时，"儿子们"享有这种权力。

有时，指"家族的父亲们"。

有时，泛指"父亲们"。（《评论》，p.155，[231]）

有时，指"亚当的继承人"。（《评论》，p.253，[289]）

有时，指"亚当的后裔"。（《评论》，p.244，[283]，p.246，[284]）

有时，指"先祖们，诺亚的儿子和孙子们"。（《评论》，p.244，[283]）

有时，指"最年长的父母"。（《先祖论》，p.12，[57]）

有时，指所有君王。（《先祖论》，p.19，[60]）

有时，指一切拥有最高权力的人。（《评论》，p.245，[281]）

有时，指"最早的祖先——全人类最初的亲生父母——的继承人"。（《先祖论》，p.19，[61]）

有时，指一个挑选出来的君王。（《先祖论》，p.23，[62]）

有时，指治理"国家"的人，无论是几个人，还是一群人。（《先祖论》，p.23，[62]）

有时，指能够攫取这种权力的人，即"篡位者"。（《先祖论》，p.23，[62]，《评论》，p.155，[232]）

72

就这样，我们的作者创造了一个具有一切权力、权威和统治权的"新的乌有先生"。按照他的观点，这种用以指定和确立人民必须服从的君主和王权的"父亲的身份"，可以通过任何方式，为任何人所有。因此，按照他的政治学，王权可以被赋予民主制度，使篡夺者成为合法的君王。如果作者的政治学果真如此神奇，那么，他和他的拥护者们便是凭借他们万能的"父亲的身份"，立了一个大大的功劳。因为，这个"父亲的身份"除了会摧毁世界上一切合法的政府，使社会陷入动乱、专制和篡夺的恶劣局面外，没有任何其他用处。

第七章　论父权和财产权共同作为主权的根源

73

从前面几章中，我们已经了解到，我们作者所设想的亚当的君主政治是什么样的，是以什么权利为依据的。他主要强调了两个理论基础，即"父权"和"财产权"，他认为这两个基础足够为将来的君主们引申出君主专制的基础。因此，他提出，可以通过"维持亚当的自然的和个人的支配权"来"消除天赋自由学说的各种谬误与障碍"。由此，他告诉我们，"统治的根据和原则必然取决于财产权的起源"；"子女对他们的父亲的服从是一切王权的根源"；"世界上的一切权力不是来自父权，就是来自对父权的篡夺，除此以外，不可能有任何其他权力的起源。"他起初说，"统治的根据和原则必然取决于财产权的起源"，后来又说"除父权之外没有任何其他权力的根源"，这样的说法无疑让他陷入自相矛盾，我暂且不予讨论。既然说除了"父权"之外就"没有其他起源"，怎么又说"统治的根据和原则取决于财产权的起源"呢？真是让人匪夷所思。因为，"财产权"与"父权"是完全不同的两个东西，就像农场的主人并不等于是孩子们的父亲一样。而且，这两个论点与我们作者所说的关于上帝责罚夏娃的话，即"那就是统治权的最初授予"（《创世记》第三章第十六节），完全不一致。如果那就是统治权的起源的话，那么，按照我们作者的观点，统治权既不是源自"财产权"，也不是源自"父权"。因此，他用来证明亚当对夏娃有支配权的这句经文，与他所说的"一切权力的唯一源泉"的"父权"，必然相悖。因为，如果亚当的确对夏娃享有我们作者所说的那种王权，那它所凭借的肯定是别的什么资格，而不是生育子女的资格。

□ 亚当之死

圣经把死亡视作分离：肉体死亡是灵魂与肉体的分离，而灵魂死亡是灵魂与神的分离。 死是罪的结果。在《创世记》中，上帝警告亚当，不听话的惩罚是死亡——"你必定死"。当亚当偷尝了禁果之后，他即刻经历了灵魂的死亡，致使他"隐藏在园里的树木中，躲避耶和华神的面"。之后，亚当经历了肉体的死亡。

74

这些以及其他许多自相矛盾的地方，还是留给作者自己去解决吧。任何人在阅读其著作时，只要稍加留意，就会发现很多这样的矛盾。现在，还是让我们进一步分析一下，"亚当的自然的和个人的支配权"这两种统治权的起源将怎样取得一致，以及如何用它们来解释和确立后世君主的资格。按照我们作者的说法，这些君主只能从这些源泉中获得他们的权力。那么，我们先来假定，亚当因"上帝的祝福"而成为整个世界的主人和唯一的所有者，其权限范围无比广大，就像罗伯特·菲尔默爵士所期望的那样；我们再来假定，亚当凭借父亲的身份成为其子女们的绝对统治者，拥有无限的最高权力。那么，我想知道，亚当死后，他的"自然的"和"个人的"支配权会怎样呢？我敢肯定，我们作者的答复会是：它们要传给第二代后嗣。他在自己的著作中曾多次这样说。但是，通过这种方法是不可能把他的"自然的"和"个人的"支配权传给同一个人的。因为，如果我们承认父亲的一切所有权，以及一切财产都应该传给长子（这一点仍需证明），那么，长子就可以由此获得父亲的一切"个人的支配权"；不过，父亲的"自然的支配权"（父权）却不能通过继承传给他，因为这种权利只能凭借"生育"才能获得。只要不是自己所生育的后代，其他任何人都不能享有这种自然支配权，除非我们允许一个人可以在不具备获得某种权利所必需的唯一条件的情况下，就能对任何东西享有权力。因为，如果一个父亲只是因为"生育子女"，而非其他原因，对他的儿子们享有"自然的支配权"，那么，没有生育这些孩子的人，当然不能拥有对他们的这种"自然的支配权"。所以我们的作者说："凡被生育的人，因为他的出生而从属于生育他的人。"这句话不论正确与否，都必然指向如下结论：根据自己的出生，一个人不能成为其兄长的属下，因为他并非其兄长所生。除非我们能够假定，一个人可以凭借同一条件而同时处于两个不同的人的"自然的和绝对的支配"之下；或者假定，一个人因为被父亲生养，所以应受其父亲的"自然的支配"，同时也要受他的兄长的"自然的支配"，尽管他并非其兄长所生。

75

如果亚当死后，他的"个人的支配权"，即对万物的所有权，是完全传给他的长子即他的继承人的（若非如此，罗伯特·菲尔默爵士所设想的君主制和"自然支配权"就会立即崩塌），那么，父亲因生育子女而获得的对子女的支配权，就会由他已生育子女中所有儿子们平分，因为他们也具备了取得这种权利的资格。这样，以"财产权"为基础的统治权与以"父权"为基础的统治权便分离开来。因为该隐作为继承人，独自获得了基于"财产权"的统治权，而塞特和其他的儿子则与他共同享有基于"父权"的统治权。除此之外，实在想不出还能如何解释我们作者的观点，在他赋予亚当的两重统治权中，要么是其中一种毫无意义，要么是两种权利必须同时成立。若是后者，它们只会混淆君主权利，并使其后代的政府一团混乱。因为，他的理论以两种统治权为根基，这两种权利不能同时传袭，他也承认它们是可以分离的，因为他曾允许"亚当的儿子们根据个人的支配权，各占有不同的领土"。他总让人对他的原则产生疑惑，搞不清统治权究竟在什么地方，或者我们究竟应服从谁。既然"父权"和"财产权"是两种不同的权力，亚当死后，便马上归属不同的人，那么，这两种权力中究竟哪一种应当让路呢？

76

关于这点，我们还是来回顾一下他本人所作的说明吧。他引用格劳秀斯的话告诉我们："亚当还在世时，他的儿子们通过他的赏赐、指定或某种让渡，凭借个人的支配权，已经拥有各自的权力领域；亚伯拥有他的羊群和牧地，该隐拥有他种谷物的田地和搬迁的土地，并在那儿建了一座城。"在此，我们肯定会很好奇：亚当死后，他的这两个儿子谁会成为统治者呢。作者的回答是该隐。那他凭借的是什么条件呢？我们的作者说："他是先祖们的众多继承人之一。这些先祖是同族人的自然的父母，他们不仅是自己后代的君主，也是他们的兄弟们的君主。"那么，该隐继承的是什么呢？他没有继承全部财产，也没有继承亚当的全部"个人支配权"。因为作者承认，亚伯凭借的是来自父亲的权利，"凭借个人的支配权，获得作为牧场的土地"。那么，亚伯凭借"个人的支配权"而获得的东西，就不该受该隐支配了。因为对于已经属于别人的东西，该隐不能再享有"个人的支配权"了，所以该隐对于其兄弟的支配权，便随着这个"个人的支配权"一同消失了。这样一来，就要诞生两个统治者，而我们的作者所设想的"父权"资格便无用武之地了。该隐也不是他的兄弟的君主，否则，如果在亚伯拥有"个人的支配权"的情况下，该隐仍保有对他的统治权。其结果将是，无论我们的作者如何反驳，"统治权的首要依据和原理"与财产权便没有任何关系了。尽管亚伯在他的父亲亚当去世之前就死了，但这与论点没有什么关系。因为无论是亚伯，还是塞特，或换作任何一个不是该隐所生的亚当的后代，都可以用这一论点来反驳作者。

77

我们的作者在诺亚的三个儿子身上遇到了相同的麻烦。正如他所说的,"由他们的父亲把全世界分配给他们"。我不禁要问,诺亚去世后,我们在他的哪个儿子身上看到了"王权的建立"?我们的作者可能会说,三个儿子都有王权,若真如此,那么王权是建立在土地的所有权和"个人的支配权"之上,而非"父权"或"自然的支配权"之上。这样一来,王权源于父权的说法就要瓦解了,被过度夸张的"父亲身份"也就彻底消失了。如果把"王权"传给诺亚的长子和继承人闪,那么,我们的作者所说的"诺亚通过抽签将世界分配给三个儿子"这件事,或"他在地中海周游十年,逐一指定每个儿子应得的土地"一事,也就没有任何意义了。而且,他把世界分配给三个儿子,没有任何意义,也达不到什么目的。因为,不管诺亚活着时许下过什么诺言,他一旦去世,闪就会成为其兄弟们的君主,那么,诺亚赐给含和雅弗土地的诺言便毫无意义了。反之,如果授予他们土地"个人支配权"的诺言是有效的,那么就建立起了两种互不从属的权力,从而带来很多困难,他们就是以此来反对"人民权力"的。对于这一点,用他自己的话来说,只是把"人民"二字改为"财产"而已。"世界上的一切权力,或是来自父权,或是来自对父权的篡夺,除此之外,找不出任何其他的权力来源;因为,如果承认有两种互不从属的权力,那么,对于哪种是最高的权力,将永远争执不下,两种最高的权力是无法协调的。如果父权是最高的权力,那么源自个人支配权的权力便只得从属和依附于它;反之,如果源自财产权的权力是最高的,那么父权便只能从属于它,没有财产所有者的许可就无法行使,但这必然会破坏自然的安排和进程。"对于存在两种不同的独立权力的观点,我们的作者就是这样予以反驳的,用他的话来说,只是用源于财产权的权力代替了"人民的权力"而已。从他的答复中,我们可以更清楚地看到,他是怎样在任何可以接受的意义上,从"亚当的自然的和个人的支配权",从并非总集中于同一个人身上的"父权"和"财产权"中,追溯一切王权的根源的。我们作者的这番自白让我们清楚地看到，当继承问题随着亚当和诺亚两人的生命走向终结的时候，这两种权力马上就分开了。但是，我们的作者在其著作中往往把它们混在一起，只要觉得它们有助于达到自己的目的，哪个合适他就立刻抓哪个来用。这种荒谬的理论，在下一章中将暴露得更加彻底。我们拟在下一章重点考察亚当传授统治权给后世君主的方式。

第八章 论亚当的最高君主权力的转移

78

罗伯特·菲尔默爵士对亚当统治权所作的论证很不高明,他的关于将统治权转移给后世君主的学说也漏洞百出。如果他的政治学说没错,那么这些未来的君主都必须从亚当那儿取得他们的权利。他所设想的转移权利的方法,散见于他的著作中,在此我将主要引用他自己的话。他在序言中说:"亚当既是全世界的君主,他的后代除非得到他的授予、许可,或通过继承,否则任何人都没有取得任何东西的权利。"在这里,亚当对自己所拥有的一切东西的转移,提出了"授予"和"继承"这两种方式。"所有君主都被视作或将被视作最初的祖先的最近的继承人,这些祖先是全人类最早的生身父母","不论一个群体中有多少人,其中必然有一个人被视为亚当最近的继承人,并且自然被赋予权力做其他人的君主。"在这两个地方,他认为"继承"是把君权转移给后世君主的唯一方式。"世界上的一切权利若不是来自父权,便是经篡夺而来。""现在和过去的所有君主,要么曾经是其人民的父亲或父亲的继承人,要么是篡夺这些父亲的权利的人。"在这里,他把"继承"或"篡夺"视为君主们获得这种根本权力仅有的两种方法。但是,他又对我们说:"由于这个父亲的帝国本身就是世袭的,因此既可以凭特许而让渡,也可以为篡夺者所夺取。"由此可见,通过承袭、授予或篡夺,君主的权力都能得以转移。最后,他还发表了一种更令人惊愕的观点:"无论君主们是通过选举、授予、继承,还是通过任何其他方式取得他们的权利,都无关紧要,因为使他们成为真正的君主的,并不是获得王位的方式,而是以最高权力进行统治的方式。"对于他提出的"亚当的王权是一切君主权力的源泉"的假设，以及对此所作的相关论证，我认为，这句话已经给予充分的说明。若要使一个人成为"真正的君主"，只需"以最高权力进行统治，而与他获得权力的方式无关"。鉴于此，他完全不必大费周折地对继承人和继承反复进行论证。

□ 马萨尼埃洛暴动

  16世纪初期，意大利南部沦为西班牙的领地后，当地人民一直遭受他国和本国的封建贵族的盘剥，生活在水深火热之中。1647年，年轻的意大利渔民马萨尼埃洛带领那不勒斯的手工业者、小商人以及附近地区的农民发起了暴动。1647年7月7日，暴动者焚毁税局，占领那不勒斯，并推举马萨尼埃洛为市政首脑。西班牙总督被迫出逃，之后与暴动者和谈，最终取消了几种捐税。7月16日，贵族收买刺客暗杀了马萨尼埃洛。西班牙总督随即撕毁之前已经达成的协议。不久，那不勒斯城以及邻近地区又爆发了新的暴动。

79

  利用这种独特的方式，我们的作者可以使奥利弗或任何一个他能想到的人成为"真正的君主"。倘若他有幸生活在马萨尼埃洛的政府之下，按照他自己的这个原则，他肯定会心甘情愿地效忠于马萨尼埃洛，并用"万岁！万岁！"向他致敬。因为尽管马萨尼埃洛前一天还是一名渔夫，但他以最高权力进行统治的方式，已经使他成为一个"真正的"君主。若是堂·吉诃德曾教会了他的追随者以最高权力执政，我们的作者无疑可以成为桑乔·潘萨所居住的那个岛上最忠诚的臣民：他必须在这些政府中得到一些优待。因为我认为他是第一个自称把政府建立在真正的基础上并设立了合法的君主王位的政治家，同时他还对全世界宣称，"凡是以最高权力进行统治的人，不论其取得权力的方式如何，他就是一个真正的君主。"简单点说，就是不论通过什么方式，谁只要能够取得王权和最高权力，那么这种王权和最高权力就名正言顺地归他所有。如果这样就能成为"一个真正的君主"，我实在想不明白，他为何还会想到有"篡夺者",他会在哪里找到一个"篡夺者"。

80

这是一种非常奇怪的教义,简直令我惊愕万分,以至于连他许多自相矛盾的地方也匆匆跳过,未作详细分析。比如,他认为亚当的君主"权威",即最高的统治权,传给未来的君主和统治者后,他们便有资格使臣民服从自己,而这种权力的转移有时只通过"继承",有时通过"授予"和"继承",有时通过"继承"或"篡夺",有时又同时依靠这三种方式来完成,最后甚至还可能通过"选举"或"任何其他方法"完成。这些矛盾如此明显,即使理解力一般的人读过我们作者的原话,也能一眼看出。我在引用他的话时,已经竭力使表达更连贯,语调更一致。虽然我大可不必如此,但是既然我决定对他学说的主要部分进行考察,那么,即使他已经找到有力的证据来证明亚当曾是全世界的绝对君主和主人,我还是必须仔细分析一下,看看"继承""授予""篡夺"或"选举"是怎样按照他的原理建立起政府的,或怎样从亚当的这种王权中获得受人服从的资格的。

第九章　论从亚当那里继承来的君主制

81

虽然很明显，世界上应该有一个政府，虽然所有人都同意我们作者的观点，认为神的旨意已经将政府规定为"君主制"，但是，由于人们不能服从那些无权下达命令的人而设想出来的政府概念，尽管它无比完美，却仍然不能颁布法律，也不能制定人们的行为规则。因此，要用它来维持社会秩序或建立政府是不可能的，除非它同时告诉人们一种方法，即如何分辨谁是拥有此种权力并能行使这种权力的人。只教人去服从和顺从，而不指明受人服从者是谁，那是毫无意义的。因为，即使我完全相信世界上应该有统治者和法规，但在令我服从的人出现以前，我依然可以自由行动。如果没有一种特殊标志可以让人一眼认出他，并把他同其他人区分开，那么，任何一个人，包括我自己，都可以是这位"受人服从者"。因此，服从政府尽管是每个人的义务，但这种服从仅指服从有权下达命令的人所制定的规则和法律，而非其他。所以，仅让一个人相信世界上存在"王权"，并不足以使其服从，而必须能够指出并让他认识这个拥有"王权"的人才行。除非完全了解到底是谁有资格对他行使支配权，否则，没有人会甘心受某种权力的束缚。要不然，海盗与合法的君主便没有任何分别了；一个人只要无比强大，就能轻而易举地迫使他人服从自己，皇冠与权柄将会成为暴力和掠夺的战利品。如果人们不知道谁有权命令自己，自己有服从谁的义务，那就可以随意更换自己的统治者，就像更换私人医生一样。因此，为使人民心甘情愿地履行他们的服从义务，不仅有必要让他们知道世界上总存在一种权力，还要让他们知道是谁拥有这种权力。

82

我们的作者在亚当身上确立君主专制政权的尝试到底有多成功,读者可以根据前面所说的做出判断。但是,即使这种绝对权力像我们的作者所期望的那样明确——我认为事实正好相反——它对于当今世界上的人类政府仍然没有多大用处,除非他同时能够证明以下两件事:

第一,亚当的这种绝对权力不会随着他的死亡而消失,而是在他死后全部转移给另一个人,直至后世万代。

第二,当今的君主和统治者是通过一种正当的转移方式取得亚当的这种绝对权力的。

83

假如第一个条件不能成立,"亚当的权力"即使再伟大,对现在的政府和社会也毫无意义。我们不得不在"亚当的权力"之外,为一些国家的政府寻求其他权力来源,否则,世界上便根本不存在政府。假如第二个条件不能成立,当今统治者的权威就会崩塌,人民便无须服从他们;因为与其他人相比,既然他们不具备更多拥有那种权力(这种权力本身就是所有权力的源泉)的条件,那么,他们自然就没有任何资格统治人民。

84

我们的作者曾设想亚当拥有一种绝对的统治权,并提出几种将这种权力转移给其后继君主们的方式。但其中他特别强调的是"继承"的方式,这在他的几篇论文中随处可见,我在前一章已经引用过几段,这里就不再重复了。前面已经说过,他把这种统治权建立在"财产权"与"父权"的双重基础之上;前者被认为是主宰万物的权力,即对土地和地上的野兽以及其他低级生物的支配权,除了他自己以外,其他人都不得享有;后者被认为是他享有的统治其他一切人类的权力。

85

既然除亚当外,其他任何人都不能享有这两项权利,那么,亚当本人一定具有某种特殊的资格。

我们的作者假定,亚当的"财产权"来自上帝的直接"赐予"(《创世记》第一章第二十八节),而"父权"则源自"生育子女"的行为。就所有形式的继承而言,如果继承人不继承父之权所立的资格,就不能继承从父而来的权力。例如,亚当凭借万能的上帝的"授予"和"恩赐",拥有对万物的所有权。如果真是这样,那么亚当死后,他的继承人除非也得到上帝的"授予"和"恩赐",才有可能获得他对万物享有"所有权"的权利。因为如果亚当没有得到上帝的正式"赐予",就不能享有对万物的所有权和使用权,而这种"赐予"最初只是亚当一人所有,亚当的"继承人"显然无法承袭,而亚当死后,这种权利便由它的主人和所有者上帝收回。正式的授予所给予的权利必须限定在规定范围内,这种权利也只有明文记载下来,才能得以保持。那么,若真像我们的作者所说的那样,这种"赐予"只是给亚当一个人的（《创世记》第一章第二十八节），他的继承人就不能继承他对万物的所有权。但如果这种权利可以授予亚当以外的任何人，就应当指明，这种权利是只传给我们作者心中所属的继承人，即亚当的儿子们中的一个，其他儿子则没有这种权利。

86

但不要跟随我们的作者走得太远，很明显，事情应该是这样的：上帝创造了人类，并像对待其他一切动物一样，在他身上投注了一种强烈的自我保护欲望；同时在这世界上准备好了人类生活的一切必需品，以便他们能依照自己的旨意长久地生存在世界上，而避免使自己精心设计的"艺术品"因自己的疏忽大意和必需品的缺乏而在短暂存活后消亡。我想，上帝创造了人类和世界之后，一定告诉过人类，要他们通过自己的感觉和理性来利用那些赖以生存的东西，并赐予他们"自我保护"的能力，就像上帝将感觉和本能注入低等动物身上以达到同样的目的一样。因此我确信，在这些话说出之前（如果必须从字面上理解它们已被说出来），或没有任何这样的口头"赐予"，人类就有权利按照上帝的意志和赐予拥有使用万物的权利。因为既然上帝已经把维持自己生命的强烈欲望，作为一种行动原则投注于人类身上，那么作为"人类心中的上帝之声"的理性，就必然会教导他并使他相信，按照自我保护的本能行事，就是服从创造主的旨意，因此就有权使用那

□ **私有财产权来自上帝**

洛克的财产观基于一个超验的假设，那就是，私有财产权是上帝在创造人类与万物的过程中就确定了的，它源自上帝对人类的共同赐予，是人的自然权利。他认为，人类的财产权不仅来自神明，而且是神明赋予人类专属的。在上帝面前，人与动物是不平等的，但是人与人之间是平等的，因此每个人都享有上帝赋予的财产权。

些由自己的感觉或理性发现的赖以生存的东西。由此看来,人类对于万物的"财产权",是建立在他有权使用那些对他的存在是必要的或有用的东西的基础之上的。

87

这就是亚当拥有"财产权"的根据和基础,据此,不但在他死后,而且当他在世时,上帝也给予他所有的儿子同样的权利。因此,亚当的继承人并不拥有超越其同胞的特权,不能剥夺他们利用低级生物来保持自己舒适生活的同等权利。这就是人类对于万物的"财产权"。如此一来,建立在"财产权"或"个人支配权"之上的亚当的统治权便没有任何意义了。任何人都可以凭借亚当那样的权利支配万物,因为这种权利是人类共同享有的、谋求自我生存的权利,亚当的孩子们也不例外。但是,如果有人已经开始独自占有某种东西(至于他是怎样做到的,我将在其他地方予以说明),且没有通过正式授予而自作主张地做了另外的处置,那么这种东西(或者叫作"财产")便会自然传给他的子女们,后者有权继承和持有它。

88

在这里,我们完全有理由提出这样一个问题,即父母去世后,子女们怎样才能比其他人优先获得继承其父母财产的权利?父母去世时,既然事实上并未将这种权利转移给别人,那么它为何不能重新成为人类的共同财产呢?也许有人会说,公众同意把这种权利转给死者的子女们。通常的做法也确实如此。但我们不能由此认为这是人类共同的意愿,因为从未有人为此征询过人们的意见,而且事实上也从未有人表达过这种意愿。但是，如果公众的默许便算作确立了子女的继承权，那么子女继承父亲遗产的权利也只是一种人为的，而非自然的权利。但是，如果这种做法具有普遍性，那么应该考虑这种做法是自然合理的。我认为，其依据可能是：上帝投注在人类心中并深埋于其天性的最根本、最强烈的愿望，就是自我保护的愿望，这是每个人为了维持生存而对万物拥有支配权的基础。但除此以外，上帝还在人类身上寄予了繁衍后代的强烈愿望，这种愿望赋予子女分享其父母的"财产权"和继承父母财产的权利。人类并非自己所拥有财产的唯一主人，他的子女也有分享其部分财产的权利。当父母去世，与自己的财产彻底分离时，子女的这种权利便与父母的自动合在一起，即全部财产都归子女所有，我们将这种情况称为继承遗产。根据同样的义务，人们必须像保护自己一样保护他们自己所孕育的后代，他们的后代便自然有权享有他们拥有的财富。从上帝的法则来看，子女们显然具有这种权利；而从国家的法律来看，人们相信子女有这样的权利。这两种准则都要求父母抚养他们的子女。

89

按照自然进程，孩童生来幼弱，无法供养自己。上帝既然这样规定自然进程，就说明他规定孩子们有得到父母养育和帮扶的权利。这种权利不仅仅局限于维持基本生存，还包括父母在能力范围内为子女提供便捷而舒适的生活。因此，当父母去世，从而停止了对子女的照顾时，这种照顾的义务应该尽可能长久地延续下去，即父母在世时积累的东西，正如自然法则所要求的那样，应当被理解为是留给子女们的。即便离开人世，父母仍有责任为其子女提供保障。即便父母去世前没有明确宣布，但自然法则会将他们的财产自动分配给其子女，而其子女也因此有资格和权利来继承他们父母的财产，其他任何人都不得觊觎。

90

如果不是上帝和自然法则赋予子女享受其父母养育帮扶的权利,并将其作为父母的一种义务,那么,父亲可以继承其儿子的财产,并且比他的孙子更有优先权,也不无道理。因为,祖父为了抚养教育他的儿子付出了大量心血,公平起见,完全应该得到相应的回报。不过,祖父这样做,也是服从于自己的父母所服从的共同法则,按照这个法则,他也得到了父母的抚养和教育。而任何人从他的父母那里所获得的一切,都是用其对自己子女的抚育来偿还的。也就是说,除非父母现在遭遇了困难,出于维持生活的必要要求归还财物,否则,就应该通过转换财产权的方式,应该偿还多少就偿还多少。因为我们这里说的不是子女对父母应尽的各种义务,而是以金钱来衡量的财物与生活用品。不过,对儿子的这种债务也不能完全抵消对父母应尽的责任,只不过是根据自然法则使前者先于后者。因为,如果一个人欠了自己父亲的债,在他还尚无后代的时候,父亲就有权继承他的财产,也就是说,在这种情况下,子女的权利不能将父亲的继承权排除在外。因此,一个人在陷入困境时有权要求儿子的赡养,而且如果儿孙们手中除了他当初给予的生活必需品外,还有余裕的话,他也有权要求儿子提供更舒适的生活。如果儿子没有自己的子女,他死后,他的父亲自然有权拥有他的财物并继承他的财产(尽管有些国家的民法常有其他规定),然后,由他的其他儿子及其后代继承他的财产;如果仍然没有儿孙的话,就由他的父亲及其后人继承。但是,如果最后无人继承,也就是说没有任何族人的话,私人财产就会归于社会。在政治社会,这种财产会落入官员手中;而在自然状态下,则会重新成为公有财产,任何人都无权继承。关于这一点,我会在适当的地方再予以说明。

91

在这里，我之所以用大量篇幅来指出子女有权继承父亲的财产的理由，不仅是因为由此可以看出，尽管亚当对整个世界及其产物拥有绝对的所有权（其实只是一种名义上的、毫无用处的所有权，因为他只能凭借这种权利来养育和帮扶他的子孙），但他的子女根据自然法则和继承权，有共同享受这些东西的资格，而且在他去世后，还能取得其财产的所有权。但凭借这种所有权，他的后代都不可能对其他任何人具有统治权；因为，每个人都只能继承自己应得的那部分权利和财产，他们可以共同享受或重新划分所继承的这些东西，但谁也不能要求独自占有全部财产，或任何与之相关的统治权。我对子女继承父亲财产的理由进行详细考察的第二个原因是，这可以更好地说明"统治权"和"权力"的继承问题。根据某些国家的民法，土地所有权是完全授予长子的，而且权力的继承往往也依照这一习俗。于是有人因此而错误地认为，在"财产"与"权力"两方面，都存在一种自然或神授的长子继承权，认为对人的"统治权"和对物的"所有权"都产生于同一根源，都要遵循同样的法则。

92

财产权之所以产生，是因为一个人有权利用低等生物来维持自己的生存和享受生活，它是财产所有者的福利和个人利益的保障，因此如有必要，他甚至可以为了使用他享有所有权的东西而毁坏它。但统治权却不同，它是为保护个人的权利和财产免受他人的侵犯而设置的，是以维护被统治者的利益为目的的。统治的利剑是为了使"作恶者恐惧"，借这种恐惧迫使人们遵守社会的法律。而这种法律是依据自然法则制定的，目的是保护公众的利益，也就是说，在公共法规所规定的范围内为所有特定的社会成员谋利益。将这把利剑授予统治者，不是让其为自己谋利益的。

93

因此，如前文所述，子女依靠父母养育，并据此有权继承父亲的财产。由于这种财产是为维持他们的生存和利益才属于他们的，因此完全可以将其称为物资。按照上帝或自然的任何法则，长子都不能独占这份财产，对其也不具有其他任何特殊权利；他和他的兄弟姐妹们的权利都是基于他们依靠父母的养育和扶持的，除此以外没有其他理由。而政府是为被统治者的利益，而不是为统治者个人的利益而设置的（他们和其他人一起，作为这个团体的成员而受到政府的照顾，并依照社会的法律，尽其所能地为全体成员谋福利），因此政府不能像子女继承父亲的财产那样继承统治权。为维持生存，儿子有权从他父亲那里获得生活的必需品，这种权利也使他有权为了自己的利益而继承他父亲的财产，但不能使他继承他的父亲对他人的"统治权"。子女们只有向其父亲要求抚养和教育，以及维持生活的自然必需品的权利，而无权向父亲要求"统治权"或"支配权"。从父亲那里获得的生活必需品和教育，已足够他生活下去，因此他无须拥有为了他人的利益和需要而赋予他的父亲的"统治权"和"支配权"（如果他的父亲拥有的话）。因此，儿子不能凭借一种完全为了他个人利益的权利而要求或继承统治权。

94

我们必须知道，第一个统治者是如何获得其权力的，他凭借什么获得"最高统治权"，以及他有什么资格享有这种权力，然后我们才能判断谁有权从他那里继承这种权力。如果最初获得权杖或戴上王冠的人，是基于人们的同意和许可的话，那么也必须按照这种方式来传袭和转移王位。因为第一个人借由成为合法"统治者"的权力也定会使第二个人成为合法的统治者，同时也给予了王位的继承权。这样一来，继承制或长子继承权都不能成为继承王位的权利或理由，除非建立政府的人民同意用这种办法来解决王位继承问题。所以我们看到，在不同的国家，王冠总是落到不同的人头上，在一个地方凭借继承权成为君主的人，在另一个地方也许只能做一个臣民。

95

如果上帝最初通过正式的授予和宣告赋予某人"统治权"和"支配权"，那么，一个自称有这种权利的人也应该具有上帝正式授予的继承权。因为，如果上帝没有规定将这种权力传袭给他人的方式，那就没有人可以继承最初的统治者的这种权力。即使是他的子女也同样没有继承权，除非上帝下达这样的命令，否则，长子继承制也不能成为继承的理由。例如，扫罗通过上帝的直接任命而获得王位，但他去世以后，他的家族也就失去了对王位的继承权；大卫通过与扫罗相同的方式，即上帝的任命，继承了他的王位，从而将扫罗的儿子约拿单和一切要求继承父权的势力排除在外。关于所罗门继承他的父亲的权利，也一定是基于别的原因，而不是根据长子继承制。如果大卫的弟弟或姐妹之子也具有第一个合法的君主那样的资格，他在王位继承上肯定就享有优先权。在只有通过上帝的正式授予才能获得统治权的情况下，只要上帝下达了命令，即便是最小的儿子便雅悯，也能像同族中最初拥有这种权利的人一样毫无疑义地继承王位。

96

如果一个人的"统治权"和"支配权"是由"父权"和"生育子女"的行为赋予的,那么,继承制和长子继承权就不能赋予一个人这种权利。因为,一个人若不能继承其父亲生育子女的资格,也就不能继承其父亲支配自己兄弟的权力。关于这一点,我在后文中还会详细说明。同时,我们还清楚地看到,无论一个政府最初被认为是建立在"父权"、"民意"还是"上帝的正式任命"的基础之上,其中任何一种都可以取代另一种,从而在一个新的基础上建立一个新的政府。我的意思是说,建立在上述任何一种基础上的政府,依据继承的权利,只能传给那些与其所继承的人具有同种权力的人。凭借"社会契约"获得的权力,只能传给该契约规定有权继承的人;通过"生育子女"的行为得到的权力,只有"生育子女"的人才能享有;由上帝正式"授予"或"赐给"的权力,只有其所指定的拥有继承权的人才能享有。

97

从我所说的来看,我认为有一点已经非常清楚,即人类使用万物的权利,是基于人类为维持自己的生存和享受生活的便利而享有的权利;子女基于他们能从父母的财产中获得赖以生存的物资的权利,从而拥有继承自己父母财产的自然权利。出于自然的慈爱,他们的父母把他们作为自己的一部分来养育,这完全是为了财产所有者或继承者的利益,并不能作为子女继承"统治权"与"支配权"的理由,这些权力有其他的根源和目的。长子继承权也不能作为单独继承"财产"或"权力"的依据,这点我们在后面会看得更清楚。在这里,我们只要弄清楚一件事就够了,即亚当的"财产权"或"个人支配权"不会传给他的继承者任何

"统治权"或"支配权",他的继承者由于没有权利继承父亲的一切所有物,便不能取得对其兄弟们的统治权。所以,即使亚当基于他的"财产权"而拥有任何统治权——实际上并非如此——这种统治权也会随着他的死亡而终止。

98

如果亚当由于是世界的所有者而对人类拥有支配权,那么,他的统治权不可能为他的某个儿子所继承并支配他的其他孩子。由于他的每个子女都有分享父亲遗产的权利,都有权取得父亲的部分财产,因此,亚当凭"父权"而获得的统治权——如果他有这种权力的话——也不能传给他的任何一个子女。正如我们的作者所言,这是一种因"生育子女"而获得的对其子女的权利,是不可继承的,因为这是一种建立在纯粹私人行为上的权利,所以,由此产生的权力同样不可继承。父权是一种自然的权利,只源于父子关系,正如这种关系不能被继承一样,父权也不可继承。如果一个人可以继承父亲支配儿子的父权,那么他作为继承人,同样可以声称有权继承丈夫对妻子的夫妇之权。丈夫的权力是基于契约,父亲的权力则是基于"生育子女"的行为,这种权力只能为生育子女者本人所有,不能传给他人。如果一个人可以继承由"生育子女"的行为而获得的权力,那么,他同样能够继承基于婚姻契约的权力。

99

如果真是这样,人们就有理由问:既然亚当比夏娃去世得早,那么他的继承人(比如该隐和塞特)是否可以通过继承他的父权而对自己的母亲夏娃拥有统治权呢?亚当的父权只不过是因生育子女而获得的一种支配子女的权力,因此,即便

□ 亚当、夏娃与他们的孩子

亚当和夏娃被逐出伊甸园以后，夏娃相继生下了该隐、亚伯、塞特等子女。对此，《圣经》中是这样记载的："有一日，那人和他妻子夏娃同房，夏娃就怀孕，生了该隐，便说：'耶和华使我得了一个男子。'""又生了该隐的兄弟亚伯。亚伯是牧羊的，该隐是种地的。""亚当又与妻子同房，她就生了一个儿子，起名叫塞特，意为：神另给我立了一个儿子代替亚伯，因为该隐杀了他。"

按照我们作者的意思，继承亚当父权的人，除了可以继承亚当因生育子女而获得的统治子女的权力外，没有别的权力可以继承。因此，继承人凭统治权所支配的对象不可能包括夏娃。如果包括夏娃的话，那么，这种统治权既然是亚当传下来的"父权"，那就意味着亚当生了夏娃，因为"父权"只与生育子女的行为有关。

100

我们的作者或许会说，一个人可以转让他对子女的支配权，凡是可以凭契约获得的东西，也可以通过继承取得。我的回答是，父亲不能转让其对子女的支配权。他也许可以在某种程度上放弃这种权力，但不能予以转让。即使其他某个人获得了这种权力，也不是出于父亲的许可，而是基于这个人本身的某种行为。例如，一个父亲违背天性，不爱护和抚育自己的孩子，把他售卖或送给别人，而后者再次抛弃了这个孩子；孩子被另一个人发现，被当作他自己的孩子一样来照顾和抚育。我想，在这种情况下，没有人会质疑这个孩子更应当孝顺和服从他的养父。如果其他两个人向他索求任何财物的话，那也只有他的生父尚有权利。"当孝敬你的父母"这条训诫中包含了子女对父母应尽的义务，但这位父亲已经基本丧失了享受这种义务的机会，也不具有将任何权力转移给他人的权力。中途买下孩子却又将他抛弃的那个人，不能凭借他的购买行为和孩子生父的许可而得到享受孩子孝敬的权利。只有那个把孩子当作自己的孩子来照顾和抚养的人，才能凭着自己所尽的父亲的职责和而享有相应的父权。在分析父权的性质时，这一点将更容易理解，详细内容请参阅本书第二卷。

101

再回到目前的论证上来，有一点很清楚：父权只能由"生育子女"的行为（我们的作者将它作为父权的唯一根据）而来，既不能"转让"，也不能"继承"。没有生育子女的人不能获得由"生育"行为而产生的父权，就像一个人若没有具备某种权力所要求的唯一条件就不能拥有这种权力一样。如果有人问，父亲是根据什么法律拥有支配其子女的权力的，我可以明确地告诉他，是根据自然的法则，自然赋予他支配其子女的权力。如果又有人问，我们的作者所说的继承人是根据什么法律获得继承权的，我也会告诉他，是根据自然的法则。因为，我没有看到我们的作者引用《圣经》上的任何内容来证明他所说的这种继承人的权力。那么，自然法则之所以赋予父亲支配子女的父权，是因为父亲确实"生育"了子女。如果同样的自然法则赋予继承人同样的父权，使他可以支配并非由他所生育的兄弟们，那么，我们便可以推断，要么是父亲并非由于"生育子女"而获得父权，要么就是继承人根本没有这种权利。否则，我们实在难以理解，既然根据自然法则（即理性的法则），只有"生育子女"才能使一个父亲享有支配其子女的父权，那么，作为继承人的长子怎么可能在不具备这个唯一条件的情况下而享有支配其兄弟的权力呢？如果长子无须具有这种权力所要求的唯一条件，只根据自然法则就可以继承这种父权，那么，幼子也可以拥有这种权力，甚至连外人都可以和长子及幼子一样拥有这种权力。既然只有生育子女的人才享有父权，那么，在无人具备这一条件时，必然是所有人都享有同等的权力了。对于这一点，我确信我们的作者拿不出什么根据来，若有人能拿出来的话，我们就在下文中看看它是否经得起推敲。

102

如果"根据自然法则,一个生育子女的人拥有支配其子女的父权,因此,根据同样的自然法则,他的没有生育子女的继承人也享有支配他的其余子女的父权"的说法成立的话,那么我们也可以说:根据自然法则,一个人有权继承另一个人的财产,因为他们彼此是亲属,有着同样的血统;因此,依据同样的自然法则,一个与他血统完全不同的人也有权继承他的财产。换一种说法,如果一个国家的法律只允许那些抚育自己子女的人享有支配其子女的绝对权力,那么,这种法律也允许那些没有这一行为的人对非他所生的孩子拥有绝对权力吗?

103

因此,如果有谁能够证明夫权可以属于不是丈夫的人,那么,我就相信,我们的作者所说的基于生育行为的"父权"可以由某一个儿子来继承,继承父权的这个儿子可以享有支配其兄弟的"父权",而且还可以根据同一原则享有夫权。但是,在这点尚未得到证明之前,我认为我们还是应该相信,亚当的父权,即这种"父亲身份"的统治权(若真有这种权力的话)不能传给他的下一代,也不能由他的继承人所继承。"父权"(如果这个词对我们的作者有用的话,我完全可以承认它)永远不会消失,只要世界上还有父亲就会有父权。但是,没有哪个父亲会拥有亚当那样的父权,或从亚当那里得到他们的父权。不过,所有父亲都能凭借亚当获取父权时所需的那种资格而拥有各自的父权,即通过"生育"而不是继承获得父权,就像丈夫们的夫权不是从亚当那里继承来的一样。这样,我们就可以清楚地看到，就像亚当并没有因为拥有那种"财产权"和"父权"而取得对人类的"统治权"一样，他那以这两种条件中的任何一种为基础的统治权（如果他真有这种权力的话）也不能传给他的继承人，而必然会随着他的死亡而终止。这样来看的话，既然亚当不是君主，我们的作者所设想的王位也是不可传袭的，那么现在世界上的权力也不是亚当的权力。因为，根据我们作者的说法，不论是在"财产权"还是"父权"方面，亚当所拥有的一切都必然会随着他的死亡而消失，不可能由后代承袭下去。在下一章中，我们将试着探讨，亚当是否曾有我们的作者所说的那种由继承人来继承他的权力。

第十章　论亚当君权的继承人

104

我们的作者告诉我们,"不论是一大群人还是一小群人,也不管他们是从世界哪个角落聚集起来的,这群人中必定有一个人是亚当的嫡传继承人,因而天生有权成为其他一切人的君主,所有人都要服从他。一个人生来,不是君主就是臣民,这是一条颠扑不破的真理。"他还说,"如果亚当尚且在世,但行将就木,世界上必然有一个人(也只有一个人)是他的嫡传继承人,这是毋庸置疑的。"如果我们的作者不介意的话,我们可以假设这"一群人"是来自世界不同国家的君主,那么,按照我们作者的理论,"他们当中必定有一个人,由于是亚当的嫡传继承人,而天生有权做其他所有人的君主。"这个办法真的太巧妙了,它通过设立数以千计的君主资格(如果世界上有那么多君主的话),创造出许多有君主资格且得到其臣民服从的人,来同现在进行统治的君主相对抗。按照我们作者的说法,这些人的君主资格和现在处于统治地位的君主的资格同样有效。假使"继承人"的权力有任何效力的话,再假使这种权力像我们的作者所设想的那样,是"上帝的旨意"的话,岂不是从最高贵者到最卑下者的所有人都要成为他的臣民吗?那些具有君主称号,却没有权力做"亚当的继承人"的人,能够凭借这个称号要求他的臣民服从他,那么,他可以不必根据同一法则来服从别人吗?因此,只有两种可能:一种是不能以亚当继承人的资格拥有或要求拥有统治整个世界的权力,如果真是这样,提出这一理论便没有任何意义了,是不是亚当的继承人对于取得统治权也就无关紧要了;另一种情况是,如我们的作者所言,只有亚当的继承人才有资格获得统治权并掌管政府,这样的话,我们首先要做的就是找出亚当的真正继承人，将他扶上王位，然后让世界上所有的君主都把他们的王冠和权杖奉还给他，因为这些东西连同原先从属于他们的臣民，已经不再属于他们了。

105

因为，只可能有两种情况：其一，亚当的继承人生来就有权做所有人的君主，但这种权利并不是确立一个合法的君主所必需的，因而，没有这种权利的人也可以成为合法的君主，王位和君权都不依赖于它；其二，全世界的君主中只有一个是合法的，其他人都无权使别人服从自己。也就是说，亚当的继承人这一身份是保有王位和有权取得人民服从的条件，这样的话，就只有一个人可以拥有这个资格，而其他人都是他的臣民，显然不能要求同是臣民的其他人服从自己；或者说，这种资格不是君主享有统治权和要求人民服从的依据，这样的话，即使不具备这种资格，君主还是君主。这种认为亚当的继承人生来就拥有统治权的设想，在要求臣民服从和进行统治方面都毫无帮助。因为，如果君主们不是也不可能是亚当的继承人，却照样可以拥有统治权并得到臣民的服从，那么这种资格还有什么意义呢？既然一个君主不具备亚当继承人的资格，没有发号施令的权力，我们就没有服从他的义务，那么，我们便都是自由的，除非我们的作者或他的任何拥护者能明确告诉我们亚当真正的继承人是谁。假如亚当的继承人只有一个，世界上的合法君主也便只有一个，在亚当的继承人最终确定之前，谁也不会甘心服从其他任何人，因为这时他们的地位都是同

□ 该隐与亚伯

亚当和夏娃最早的儿子该隐和亚伯成年后，分别向上帝献上供物。牧羊人亚伯献上了"羊群中头生的羊和羊的脂油"，种植者该隐则献上了"土地上出产的蔬菜"。结果上帝只看中了亚伯和他的供物。该隐大怒，便谋杀了亚伯，最后被上帝逐出了人类家庭聚居的地方。

等的。假如亚当的继承人不止一个，那么每一个人便都可以拥有王权。因为，如果两个儿子可以同时作为继承人，那么所有的儿子就都可以作为继承人，这样一来，所有人由于都是亚当的儿子，或是他的儿子的儿子，便都可以成为继承人。根据以上这两种情况，要么只有一个人是君主，要么所有人都是君主。但无论哪种情况，统治和服从之间的联系都会被切断。因为，如果所有人都是继承人，他们就没有义务服从任何人；如果只有一个人是继承人，在他的身份和地位没有得到确认之前，谁也没有义务服从他。

第十一章　谁是亚当的继承人

106

从古至今，人类世界遭受了城市破坏、国家人口减少以及世界和平被扰乱等诸多灾难，而造成这些灾难的最大问题，不在于世界上是否有权力存在，也不在于权力来自何处，而在于谁应当拥有权力。由于这个问题的重要性丝毫不亚于君主们的安全、领地及国家和平等问题，因此我们认为，一个政治改革家应更关注这个问题，并能提出明确的观点。因为，如果对在这一问题上还存在争议的话，其他问题便没有任何讨论的意义了。用极权主义所能带来的一切光辉和诱惑来装饰权力，而不指明谁应当拥有这种权力，只会更加纵容天然野心——这种野心原本就极其敏锐——使人们更加热衷于争权夺利，从而使世界陷入持续的斗争和混乱中。

107

相比其他人，我们的作者更有责任解决这个问题，因为他断言"国家权力的授予是根据神的规定"，这使权力本身及其转移都变得神圣无比。因此，没有人可以凭借任何权力或出于任何理由，夺去一个人根据神权所获得的这种权力；也没有任何理由和办法能让别人代替他。如果说"国家权力的授予是根据神的规定"，那么亚当的"继承人"就是通过这种方式"被授予"这种权力的。在上一章中，我们的作者说，如果一个非亚当继承人的人登上了王位，就是对神灵的亵渎，其严重程度无异于一个非亚伦后裔的人当上了犹太人的祭司一样。因为，不仅祭司的职权"一般根据神的规定"，而且它的担任者也要根据这一规定挑选，按规定，"这一职位只能由亚伦家族及其后裔担任"，所以祭司的职权不可能由亚伦后代以外的任何人获取或行使。人们都谨记这条规定，因此也都知道究竟谁有资格担任祭司。

108

那么，现在让我们来看看，我们的作者为了让我们知道谁是这个"根据神的规定有权做整个人类君主的继承人"是如何费尽心力的。他对继承人所作的第一次叙述是这样的："根据上帝的旨意，子孙的这种从属是一切王权的源泉，因此，神的指示不仅规定国家的权力，而且还特别规定这一权力只能授予最年长的父母。"对于如此重要的事情，我们的作者本应用通俗易懂的话来表达，以避免语义模糊而引起读者质疑。如果可以用语言清楚明确地表述这一问题，我认为，亲缘或不同程度的血缘关系等词汇就是可用的语言之一。因此，我们本来希望，我们的作者在这里能使用一种更容易使人理解的语言，以便我们能更清楚地知道谁是"根据神的规定被授予国家权力"的人。或者，他至少应该告诉我们他所说的"最年长的父母"是什么意思。如果已经把土地授予或赏赐给他和他族中"最年长的父母"，我想，他必定也会要求别人把这个词向他解释一下，因为他也不清楚土地到底该传给谁。

109

在得体的言辞中（当然，在这种性质的言谈中，言辞得体是必要的），"最年长的父母"不是指有子女的年龄最大的男人和女人，就是指最早有子女的男人和女人。那么，我们作者的推论就是，"根据神的规定"，在世时间最长或生育子女最早的父母有权掌握"国家权力"。如果这种解释有什么不妥的话，那也只能怪我们的作者没有表达清楚。我确信，这里的"父母"一词，不能代表继承人就是男性，也不能代表最年长的父母是孩童——不过，如果只能有一个继承人的话，这个孩子也可能就是真正的继承人。虽然有"神的授予"，但我们仍然迷惘，不知道国家权力应该归谁所有，就像从来没有过这种授予，或我们的作者什么也没有说一样。相对于谁拥有国家权力，"最年长的父母"一词让我们甚至比那些从未听过亚当的继承人或继承一类话的人更迷惑。尽管作者的著作主要就是教人服从那些有权力要求别人服从他的人，而且还说这种权力是世代承袭的，但是，对于谁该享有这种世袭权力，我们在他的著作中却找不到任何线索，就像政治学中的"炼金术士的点金石"一样望尘莫及。

110

像罗伯特·菲尔默爵士这样一个伟大的语言大师，要想清楚表达自己的任何观点应该是轻而易举的事，因此，这些含糊的表达绝不是由于语言组织上的欠缺。我想，他大概是自己也发现用神的规定来确立继承规则难以自圆其说，或者认识到即使确定了这种继承规则，对于达到自己的目的或明确并确立君主地位没有多大帮助。所以，他宁愿使用一些笼统和含糊的词来让人更容易接受，也不愿提出任何关于亚当的这种"父权"传袭的明确规则。通过这些规则，人们就能在心理上接受将权力传给某个人这一事实，并且知道哪些人有资格掌握王权，从而服从他们。

□ 出卖长子名分

在《圣经》中，长子名分是给头生儿子的特别尊荣，它意味着拥有长子身份者将来成为族长并继承家族的双份产业。长子可以根据自己的意愿，出卖或放弃长子名分，但这样一来，他将失去应得的福分。而以扫为了一碗红豆汤，将自己的长子名分出卖给了弟弟雅各，这就是他轻看了长子的名分。

111

不然，罗伯特·菲尔默爵士既然如此强调"继承""亚当的继承人""下一代的继承人"或"真正的继承人"等说法，为何却不告诉我们"继承人"的真正含义，也不说明如何确定谁是"下一代的继承人"或"真正的继承人"呢？我不记得他曾在什么地方清楚地阐述过这个问题，相反，每次遇到这个问题，他只会小心翼翼地、含糊其词地说几句。他不得不这样做，否则，他在自己设想的原则上建立起的所有政府和服从都会失去意义，他想方设法打造的完美"父权"也会变得一无是处。因此我们的作者对我们说："权力的一般结构、权力的类型只限定于君主制，以及这种权力只归亚当本人及其后裔所有，是上帝的三道法令。不论夏娃还是她的子孙，都不能限制亚当的权力，也不能把其他人与亚当联系在一起；凡是授予亚当的权力，是首先授予他个人，然后由他传给他的后裔。"在这里，我们的作者还告诉我们，"神的旨意"规定亚当的君权应该传给谁。传给谁呢？只能"传给亚当的世系和后裔"。这真是一种独特而重要的限制条件，是对整个人类的限制。如果我们的作者能从人类中找出一个不属于亚当的"世系"或"后裔"的人来，这人也许会告诉他，谁是亚当的下一代继承人。但是，我认为，这种把亚当的君权局限于他的"世系"或"后裔"的办法，对我们找到这样一个

"继承人"不会有多大帮助，至多只能为那些想在兽类中（如果其中有这样的继承者的话）寻找"继承者"的人省去一些麻烦。不过，作者告诉我们，亚当的世系和后裔应该拥有王权，是一种解决亚当王权继承问题的简单方法，说得浅显点就是，任何人都可以继承这种权力。因为，活着的人都具有亚当的"世系"或"后裔"的身份，而只要拥有这样的身份，他就在我们作者所说的由上帝的旨意规定的限制范围内。作者还告诉我们，"这种继承人不只是其后代的主人，而且也是自己兄弟们的主人。"他似乎通过这句话，以及后面的一些话暗示我们，最年长的儿子就是继承人。但据我所知，他不曾在任何地方直截了当地说过这种话。不过，根据他在后面所举的该隐和雅各的例子，我们完全可以认为这就是他对于继承人的看法，即如果有很多儿子，最年长的儿子才有权成为继承人。但我们前面已经阐明，长子继承制是不能赋予继承人任何父权的。我们可以承认，父亲有某种支配子女的天赋权力，但如果说长兄有支配其兄弟们的权力，则有待考证。据我所知，上帝或"自然"从未在任何地方赋予长子这种统治权，即使凭借理性，我们也不可能在一群兄弟中找出这种天然优越。摩西的法律只是规定给长子双倍的财产和物品，并没有说长子生来或根据上帝的规定可以享有优于其兄弟们的地位或支配他们。我们的作者所举的例子，对于证明长子享有国家权力和支配权几乎没有什么作用，反而会证明与此相反的情况。

112

我们前面引用过的一段话中还有这样一句话："因此，我们发现上帝曾对该隐谈及其兄弟亚伯道，'他必恋慕你，你却要制服他。'"对于这句话，我认为可以有如下几种理解：

第一，上帝对该隐说的这些话，很多解释者完全有理由作出与我们的作者截然不同的解释。

第二，无论这句话是什么意思，都不能理解为该隐凭长兄的身份对亚伯享有天赋的支配权。因为上帝的这句话是以"倘若你做得好"为前提的，并且是对该隐一个人说的，所以不管这句话的含义到底是什么，都要根据该隐的行为而不是他的天赋权力而定。因此，这句话绝不可能是对长子支配权的一般确定。因为，按照我们作者的说法，在上帝说这话之前，亚伯本来就"根据个人的支配权拥有他自己的土地"。如果"根据神的规定"，该隐凭借继承人的身份应当继承其父亲的全部支配权，那么亚伯就不能具有"个人的支配权"，因为这会侵害继承人的权利。

第三，如果上帝是有意用这句话来宣告长子的继承权以及长兄凭借继承权可以取得对其兄弟的支配权，那么，我们可能会认为这应该包括他的所有的兄弟们，因为我们完全可以假定，那时亚当已经繁衍出众多后代，他的儿子们也都已经长大成人，他并非只有该隐和亚伯两个儿子。无论按照哪种理解，原文的词句在亚伯身上都不适用。

第四，把如此重要的学说建立在《圣经》笼统而含糊的词句上，实在不妥，因为我们完全可以对这些词句作出不同的、更为准确的解释。所以，这句话只能被看作一种拙劣的证据，同它所要证明的事情一样不可信，因为我们在《圣经》上或理性上都找不出任何依据来支持这种说法。

113

我们的作者接着又说，"因此，当雅各买下他哥哥的长子权，以撒对他祝福时是这样说的：'愿你做你众弟兄的主，你母亲的众儿子向你跪拜'。"我想这是我们的作者提供的又一例证，为了进一步证明支配权是基于长子的身份。这一例证值得拍手称赞！因为，我们的作者明明是为君主的自然权力辩护，反对一切契约说，可他拿来作证据的例子中所说的一切权力，照他自己的论述，却完全是基于契约。更值得注意的是，哥哥还通过契约把王位让给了弟弟。除非买卖不算契约，否则他的这种推理方法，实在太过标新立异，因为我们的作者明确告诉我们，"当雅各买了他的哥哥以扫的长子权"。我们暂且不讨论这点，先来考察一下史实本身，我们会发现我们的作者在运用它时所犯的错误：

第一，根据我们作者的讲述，雅各买了"长子权"之后，以撒好像马上就祝福他了，因为他说"当雅各买了……后，以撒就对他祝福"，但《圣经》中对此事的记载却根本不是这样的。这两件事情之间其实是隔了一段时间，只要认真梳理一下这些故事情节的时间顺序，我们就会发现这段时间并不短。以撒居留于基拉耳时期，与亚比米勒王交往甚密（《创世记》第二十六章），那时他的妻子利百加还很美丽，因此应该也很年轻。但是当以撒向雅各祝福时，以撒已经很老了，而且以扫还曾埋怨雅各欺骗过自己"两次"。以扫说："他从前夺走了我长子权，你看，他现在又夺走了我的福分。"（《创世记》第二十七章第三十六节）我认为，从这些话中就可以看出，这是发生在不同时期的两件事。

第二，我们的作者认为，以撒之所以"祝福"雅各并让他做"他的众弟兄之主"，是因为他有"长子权"。他是用这个例子来证明，凡具有"长子权"的人，就有权做"他的众弟兄之主"。但是，《圣经》原文清楚地告诉我们，以撒根本没有想到雅各已经买了长子权，因为，当他对雅各祝福时，他没有把他当作雅各，而仍以为他是以扫；以扫也不知道"长子权"和"福分"之间有什么联系，因为他说："他欺骗了我两次，他从前夺了我的长子权，你看，他现在又夺了我的福分。"如果做"他的众弟兄之主"的"福分"从属于"长子权"，那么以扫就不应该抱怨说第二件事是欺骗，因为雅各所得到的，只不过是以扫卖给他"长子权"时所附属的东西而已。因此，支配权——如果以上论述指的是这种权利的话——显然不能被理解为从属于"长子权"。

114

在那些先祖生活的时代，支配权并不等同于继承人的权利，而仅仅是指对较多财产的继承。这在《创世记》第二十一章第十节中描述得很清楚，亚伯拉罕的妻子撒拉把以撒当作继承人，并对亚伯拉罕说："你把这使女和她儿子赶出去！因为这使女的儿子不可与我的儿子以撒一同继承产业。"这句话的意思其实就是，使女的儿子在他父亲死后不能像以撒一样，可以继承父亲的产业，而应该把他目前应得的那份分给他，让他离开。所以，我们在后面又看到这样的话："亚伯拉罕将自己财产的最大部分留给了以撒，将其余财物分给他庶出的众子，趁着自己还在世的时候，打发他们离开他的儿子以撒，往东方去。"（《创世记》第二十五章第五至六节）这里的意思就是，亚伯拉罕把自己的一部分财物分给他其余的儿子们并打发他们离开，而把大部分财产留下来，由他的继承人以撒在他死后继承。但是以撒并没有因为成为继承人而获得"做他的众兄弟的主"的权力，如果他真的拥有这种权力的话，为什么撒拉还要赶走以实玛利[1]，让他失去一个臣民和奴隶呢？

115

正如一般法律所规定的那样，"长子权"的特权只不过是可以继承双份财产而已。所以我们看到，在摩西以前的先祖时代——我们的作者常自称是从这个

---

〔1〕夏甲是撒拉的埃及女仆，由于撒拉不孕，她将夏甲送给丈夫亚伯拉罕作妾，生育了一个儿子，起名叫以实玛利，就是"神听见"的意思。而后来撒拉生下以撒，她便赶走了夏甲和以实玛利。

时代得出他的理论的——根本没有人知道或想到长子权会给任何人带来统治权或王位，以及给任何人带来支配他们兄弟的父权或王权。如果以撒和以实玛利的故事还不足以证明这一点，那么请读者再查阅一下《历代志·上》第五章第一节和第二节，你会发现其中有这样的话："以色列的长子原是流便，因为他污秽了父亲的床，他的长子权就归了兄弟约瑟，只是按家谱他不算长子；犹大胜过一切弟兄，君王也是从他而出，长子权却归约瑟。"这个长子权到底是什么，雅各在祝福约瑟时是这样说的，"并且我从前用弓、用刀从亚摩利人手下夺的那块地，我都赐给你，使你比众弟兄多得一份。"（《创世记》第四十八章第二十二节）由此可见，长子权只不过意味着可以继承双份财产，而且《历代志》原文中的记载也指出支配权并不是长子权的一部分，这与我们作者的观点完全相反。因为它告诉我们，约瑟虽然享有长子权分，而犹大却拥有支配权。我们的作者既然用雅各和以扫的例子来证明支配权就是继承人支配其众兄弟的权力，那么，我们只能认为他对"长子权"一词情有独钟罢了。

116

首先，这个例子太过牵强，不足以证明根据上帝的旨意，支配权归长子所有这一论点，因为，作为幼子的雅各就拥有支配权，不管他是如何取得这种权力的。如果这个例子能证明什么问题的话，那也只是与我们作者相反的观点，即"支配权归于长子，不是根据神的旨意"，如果是的话，他便不能随意处置这种权力。因为，如果根据上帝或自然的法则，绝对权力和王位归长子和他的继承人所有，他们因而成为至高无上的君主，他们的兄弟们都要做他们的奴隶，那么，我们便有理由怀疑长子是否有权让渡这种支配权，使其后代的利益受到侵害。因为我们的作者曾告诉我们，"对于那些由上帝或自然授予或赏赐的东西，人类的任何低级权力都不能加以限制，也不能制定任何与之相悖的法规。"

117

其次，我们的作者所引用的以上这段话（《创世记》第二十七章第二十九节），与一个人支配其他兄弟，或者与以扫服从雅各皆无任何关系。众所周知，在历史上，以扫从未服从过雅各，他去往西珥山，并在那里建立了自己的部族和政府，他就是那里的君主，就像雅各是他自己家族的君主一样。如果认真分析这句话中"你的众兄弟"和"你母亲的众儿子"这类说法，我们绝不能简单按照字面意思理解为是对以扫说的，或理解为雅各对以扫拥有个人的支配权。因为以撒明明知道雅各只有一个兄弟，怎么可能还会使用"众儿子"和"众兄弟"这两个词呢？仅从字面来理解这些词是很不准确的，也无法证明雅各拥有对以扫的支配权。在《圣经》故事中，我们看到的情况恰恰相反，在《创世记》第三十二章中，雅各曾多次称以扫为"主"，且自称是他的仆人；在《创世记》第三十三章中，"他一连七次俯伏在地向以扫行礼"。那么，以扫是不是雅各的臣民，雅各能否凭借长子的名分成为以扫的君主，就请读者们自己去判断吧。当然，读者也完全可以相信，以撒的这句"愿你做你的众兄弟的主，你母亲的众儿子向你跪拜"，证明了雅各凭借他从以扫那里买来的长子权拥有对以扫的统治权。

118

凡是读过雅各和以扫故事的人都知道，在他们的父亲死后，他们二人谁也没有拥有支配对方的权力或权威，而是彼此友爱、平等相处；他们谁也没有成为谁的"主"或"奴"，而是彼此独立，分别担任各自家族的首领，互不遵循对方的法律；他们分居两地，建立起两个不同政府统治下的两个不同民族。我们的作者原想将以撒的祝词作为确立长兄支配权的依据，但其所表达的意思，只不过是上帝对利百加所说的话："两国在你腹内，两族要从你身上出来，这族必强于那族，将来大的要服侍小的。"（《创世记》第二十五章第二十三节）同样，雅各祝福犹大，并授予他权杖和支配权（《创世记》第四十九章）。正如可以根据以撒的祝福词断定雅各拥有支配权一样，在这里，我们的作者或许也能推断出，第三个儿子拥有对他的弟兄们的统治权和支配权。这两次祝福很久之后才在他们的后代身上应验，准确地说只不过是一个预言，并非宣告其中一人有资格继承支配权。这样，我们就理清了我们的作者用以证明"继承人是他的众兄弟的主"这一观点仅有的两大论据：

第一，因为上帝告诉该隐，无论"罪"怎样引诱他，他都应该或可以制服它（《创世记》第四章）。就连最渊博的解释者，也认为这句话指的是"罪"，而不是亚伯。他们给出了强有力的理由，我们根本无法从这段令人迷惑的文字中推论出任何有助于我们作者目的的东西来。

第二，因为在上文所引的《创世记》第二十七章的话中，以撒预言以色列人，即雅各的后裔，日后将统治以扫的后裔——以东人。因此我们的作者说"继承人是他的众兄弟的主"。这一结论是否正确，还请大家自己去判断吧。

119

对于亚当的君权或父权是如何传给其后裔的，现在我们都清楚了，我们的作者认为是由亚当的继承人来承袭，这个继承人继承其父亲的一切权力，而且在其父亲死后成为与他父亲一样的人主，"不仅能支配他自己的子孙，还能支配他的兄弟"。这一切由他的父亲传下来，并一直这样传下去。然而，我们的作者始终没有告诉过我们，谁是这样的继承人。在如此关键的问题上，我们只能从他所举的雅各的例子中找到一丝线索。他说以扫将"长子权"传给了雅各，我们便由此推测，他所谓的继承人就是指长子。不过，他似乎从未在任何地方明确地提到过

□ 雅各对犹大的祝福

上帝借雅各的口祝福他的儿子们，也就是祝福后来的信徒。而在雅各众子之中，犹大和约瑟最受祝福。雅各祝福犹大道："犹大啊，你弟兄们必赞美你。你手必掐住仇敌的颈项。你父亲的其他儿子必向你下拜。犹大是个小狮子。我儿啊，你抓了食便上去。你屈下身去，卧如公狮，蹲如母狮，谁敢惹你。圭必不离犹大，杖必不离他两脚之间，直等细罗来到，万民都必归顺。犹大把小驴拴在葡萄树上，把驴驹拴在美好的葡萄树上。他在葡萄酒中洗了衣服，在葡萄汁中洗了袍褂。他的眼睛必因酒红润。他的牙齿必因奶白亮。"

长子的身份或权力，而是一直用"继承人"这个含糊的词来混淆视听。即便他所谓的继承人就是指长子（因为，如果长子不是继承人，就无法解释为什么不是所有儿子都能成为继承人），他凭借长子继承权，拥有对众兄弟的支配权，这只能算是在解决继承权问题上迈出的一步，困难仍然存在，直到作者能告诉我们在所有可能的情况下，谁是真正的继承人。但是，对于如果现任统治者没有儿子，谁能成为真正的继承人这样的问题，我们的作者却悄无声息地省略了，这也许是一种明智的做法吧。在断定"拥有这种权力的人，以及政府的权力和形式，都是根据神的旨意或规定"后，除了小心翼翼地避免再触及继承人的问题，他不可能找到更巧妙的办法。因为，如果真要解决谁是继承人的问题，他就不得不承认，上帝和自然法则从未对此作过任何决定。我们的作者费尽心思创造出一位自然的君主，而当这位君主离开人世且没有留下儿子时，根据自然的权力或上帝明确的法则，谁是最有资格继承他的支配权的人呢？如果他不能指出这一点，就大可不必在其他问题上再浪费精力了。因为，要想安定人心并使人们甘愿服从于某个人，最重要的是要让他们知道，谁是根据原始的权力——先于并优于人类的意志和任何行为的权力——应享有这种"父权"的人，而不是只告诉人们，这种"权力"源于自然法则。也就是说，除非当出现大量的权力的觊觎者时，我能知道谁有资格拥有这种权力，否则，仅仅知道有这样的"父权"并让我服从，是毫无意义的。

120

因为现在存有争议的这个问题关系到我的服从义务，以及我对我的主人和统治者所负的道义上的责任，所以我必须要弄清有资格拥有这种父权，并以此要求我服从他的人到底是谁。我们的作者说："这种统治权力不仅普遍是由上帝规定的，而且专门分配给最年长的父母。"他还说，"不仅政府的权力或权利，就连统治权的形式，以及拥有这种权力的人，都是由上帝规定的。"我们姑且认为这些话都是正确的，但是，如果他不向我们指明，在各种情况下，谁是上帝所"指定"的那个人，谁是"最年长的父母"，那么，他关于君权的所有抽象概念，在实际运用或要求人们甘心服从时，都是毫无意义的。"父权"本身既不能对人发号施令，也不能要求他人的服从，只不过能使一个人拥有别人没有的权力而已。如果凭借别人不能享有的继承权而获得命令人和让人服从的权力，于是就认为，当我服从一个人，而父权又并未赋予其取得我的服从的权力时，我所服从的就是"父权"，那就太荒谬了。因为，一个无法证明他对我享有神授予的统治权的人，就像无法证明这种权力真的存在于世一样，是不可能享有让我服从他的神权的。

121

由于我们的作者无法证明，唯有亚当的继承人才能拥有君主的统治权，因此这种理论就没有任何意义了，还不如弃之不用。他还喜欢把所有问题引至现实中的占有上，让人们像服从一个合法的君主那样去服从一个篡位者，从而使篡位者的资格变得正当。我们应该记住他的这句话："如果一个僭越者篡夺了真正的继承人的权力，人民必须继续服从于父权，并等待上帝的旨意。"关于僭越者的地位问题，等到适当之处我会继续加以考察。让我清醒的读者们去考虑君主们应该怎样感谢这样的政治学说，因为它居然把"父权"即统治权赋予一个像约翰·凯德或克伦威尔那样的人。既然一切服从都归于"父权"，那么根据同一权力，臣民的服从也应归于篡位的君主们，其根据也非常充足，与对合法君主的服从不相上下。这样一种危险的理论，必然只会将一切政治权力都归于亚当的神授的、合法的"父权"上，只说明权力传自于他，却不表明传之于谁，或者谁应继承这种权力。

122

为了使世界上的政府确定下来，为了使所有人甘愿接受服从的义务（假定按照我们的作者所说，一切权力都归于亚当的"父权"），有必要告诉人们，当在位者离世且没有儿子继承他的王位时，谁有权获得这种"父权"。因为我们不能忘记，重要的问题（应该也是我们的作者极力主张的问题，虽然他有时会忘记）是哪些人有权受人服从，而不是世上有没有所谓的"父权"这样一种权力。因为，既然这是一种统治权，不管它被称作"父权""王权""自然权""获得权"，还是"最高父权"或"最高兄权"，我们只需知道谁拥有这种权力就行了。

123

在这个"父权"或"最高的父权"的继承问题上，我还有很多疑问，比如，他的一个女儿所生的孩子，是否比他的一个兄弟所生的孩子优先享有继承权呢？长子所生的孩子，尽管尚且年幼，是否也比他已经成年的能干的幼子优先享有继承权呢？女儿是否比叔父或其他从男系出生的人优先享有继承权呢？幼女所生的男孩是否比长女所生的女孩优先享有继承权呢？庶出的长子是否比正妻所生的幼子优先享有继承权呢？这样问下去，还会出现更多关于合法性的问题，比如，妻与妾有什么性质上的差别呢？因为从世界上的民法或成文法来看，她们在这方面都没有任何差别。再比如，如果长子是一个傻子，他是否还是比聪明的幼子优先继承"父权"呢？长子要傻到什么程度才能剥夺他的这种继承权呢？而这应该由谁来评判呢？一个因傻而被剥夺了继承权的傻子所生的儿子，是否比其在位的弟弟所生的儿子优先享有继承权呢？如果国王去世时，王后已怀有遗腹子，但不知道这孩子是男是女，这时谁应优先享有"父权"呢？如果母亲通过剖腹生下两个男孩，谁应该是继承人呢？同父异母或同母异父的姐妹是否比同父母的兄弟所生的女儿优先享有继承权呢？

124

有关继承资格和继承权方面的这类问题，并非无中生有，而是历史上经常出现与王位继承息息相关的问题。如果需要，我们不用去其他地方，只在英伦三岛上就可以找到具有代表性的例子。在我们博学而睿智的作者的《父系的君王》一书中，他已对此作了详细的论述，我就不再多费口舌了。如果有关下一代继承人问题上的所有疑问都解决不了，如果无法证明这些疑问都必须根据自然法则或上帝所宣布的法律予以解答，那么，我们的作者关于亚当享有的"君主的""绝对的""最高的""父权"的假设，以及关于这种权力如何传给他的继承人等的一切假设，对于权力的建立或当今所有君主的资格的确定，不但毫无用处，而且还会引起纠纷，制造出更多问题。因为，我们的作者总是乐此不疲地重申——而且还要所有人都相信——亚当拥有"父权"，因而便拥有"君权"，这种权力（世界上唯一的权力）"传给了他的后代继承人"。但是，如果不能解答关于"父权"传给谁，以及它现在属于谁等问题的疑问，就没有人心甘情愿服从谁。除非有人说，我愿意向一个同我一样没有"父权"的人的"父权"表示服从。这相当于说，我之所以服从一个人，是因为他拥有统治权。如果有人问，你怎么知道他拥有统治权，我只能回答说，他究竟有没有这种权力，是无从得知的。因为，我知道他有没有统治权，并不能成为使我服从的理由，那么，没有人知道他有没有统治权，就更不能成为使我服从的理由了。

125

因此，对于我们的作者所有关于亚当的"父权"，这种权力如何伟大，以及假设的必要性的争论，如果它们不能告诉人们应该服从谁，或者谁应该是统治者，谁应该是服从者，那么，这些都将无助于确立统治者的权力，也无助于确定那些应该服从他人的臣民的服从义务。此外，亚当的这种"父权"，这种传袭给他的继承人的"君主权"，也丝毫无益于人类的统治。这就相当于，我们的作者告诉人们，亚当有赦免罪犯和治疗疾病的"权力"，这种权力根据神的规定应当传给他的继承人，可是却没有人知道他的继承人是谁，这对于安定人心或保障人民健康都没有助益。如果有人相信我们作者的这些理论，跑到一个自称是僧侣或医生的人面前忏悔自己的罪恶，以期得到赦免，或食用他的药品希求健康；或对这些人表白说，我接受传自亚当的这种赦罪权，或我的疾病将被传自亚当的这种医治权治愈——他的这些做法的不合理性，无异于一个人承认这些权力都是亚当传给他的唯一继承人的，可他连继承人是谁都不知道就说愿意接受并服从传自亚当的这种"父权"。

126

诚然，法学家们曾声称能解决某些王位继承问题，但是根据我们作者的原则，他们插手了自己职责范围以外的事情。因为，如果一切政治权力都源自亚当，而且根据"上帝的旨意"和"神的规定"，只能由他的继承人一代代传下去，那么，这就是一种先于一切政府，并凌驾于一切政府之上的权力。因此，人们制定的法律就不能决定这种权力，因为它本身就是一切法律和政府的基础，而且其法则只能来自上帝和自然的法律。对于这个问题，如果我们的作者始终不置可否，我就只能认为其实并不存在以这种方式传袭的任何权力。我相信，即便真有这种权力，也不会有任何益处，反而会使人们在有关统治和对统治者的服从的问题上更加困惑。因为，根据那些被"神的规定"（如果存在的话）所否定的成文法和契约，这些永远无法定论的问题是可以得到妥善解决的。但是，这样一种神授的自然权利，一种与整个世界的秩序与和平同等重要的权利，在传于后代的时候，怎么会没有任何明确的自然的或神的规定可以遵照呢，这实在让人匪夷所思。如果国家权力是依据"神的规定"传给继承人的，而"那个神的规定"又没有指明这个继承人是谁，那么，一切世俗的统治权便都没有任何意义了。根据"神授的权力"，既然这种"父权"只能传给亚当的继承人，那么，人类就完全没有必要冥思苦想该把这种权力交给谁了。因为，如果只有一个人能够拥有受人类服从的神授权力，那么，除了那个能证明自己有这种权力的人之外，任何人都不能对这种服从提出要求；其他任何理由也不能让人们甘心接受服从的义务。这样一来，所有政府便都被这个学说彻底推翻了。

□ 上帝履行承诺

撒拉与亚伯拉罕的儿子以撒长大以后，撒拉注意到夏甲的儿子以实玛利出于嫉妒和憎恨，总是嘲笑以撒，便要求亚伯拉罕把夏甲和以实玛利打发到旷野去，这起初使亚伯拉罕为难和不舍。上帝于是向亚伯拉罕保证，以实玛利的子孙必建立起一个大国。后来，上帝实现了这些承诺，以实玛利最终成为阿拉伯世界大部分地区的祖先。

127

由此可见，我们的作者把"上帝的旨意"和"神的规定"作为一个人是否享有统治权的依据。在此基础上，他告诉我们，这个人就是继承人，但是这个继承人到底是谁，他却让我们自己去猜测。这种"神的规定"把权力授予一个我们无法知道的人，与没有授予任何人有什么区别呢？但是，无论我们的作者如何解释，我相信，"神的规定"绝对不会做出如此荒谬的指定，上帝也不可能定下一条神圣的法律，以规定某一个人有权获得某物，却不告诉我们辨认这个人的法则，或者将神权授予一个继承人，却又不指明这个继承人是谁。这些含糊其词的说法只会让人认为，一个继承人根据"神的规定"并不享有这种权力。

128

如果上帝把迦南的土地赐给亚伯拉罕，并含糊地说，在他去世以后可以传给某一个人，却没有指明是传给他的子孙，那么，这种指定对于确定迦南的土地所有权就没有任何作用。这就相当于规定将王位赐予亚当和他的继承人们，却没有指明他的继承人是谁一样；因为，如果没有辨认继承人的法则，"继承人"这个词就只能代表无人知道的"某一个人"。上帝曾立下"神圣的律令",禁止世人"近亲"结婚。他认为,仅仅说"你们中不许有人接近他的近亲,以致发现其裸体"还是不够明确,因此又制定了其他法则,以使人们知道谁是禁止结婚的"近亲",否则,这条律令就没有任何效力了。因为,只含糊其词地对一个人做出某种限制或授予其某种特权,而又不告诉人们如何去辨认这个人,是没有任何意义的。但是,既然上帝从来没有说过,下一代继承人应该继承其父亲所有的产业和统治权,那么,说上帝也从未指定谁应该是这个继承人就很容易理解了。因为,既然他从未产生过这种念头,从未指定过任何这种意义上的继承人,我们当然就不能期望他会在什么地方任命或指定一个人做继承人,否则,我们倒是值得期待的。所以,《圣经》中虽然有"继承人"这个词,但并非是指我们的作者所说的那种意义上的继承人,即可以凭借自然权利继承其父亲拥有的一切,而把众兄弟排除在外的继承人。因此撒拉认为,如果以实玛利一直留在家里,亚伯拉罕死后他就会和以撒共同继承亚伯拉罕的产业,这个使女的儿子便和以撒同时成为继承人了。所以她对亚伯拉罕说:"你把这使女和她的儿子赶出去,因为这使女的儿子不可与我的儿子一同承受产业。"但是,这并不能成为可以原谅我们的作者的理由,因为他既然告诉我们,在每一群人中都有一个"亚当真正和嫡亲的继承人",那么他就应该告诉我们继承的具体规则是什么,可是他对此却始终缄口不言。我们的作者一直自称,他的政府论是完全以《圣经》为基础的,那么就让我们在下一节中看看,他引自《圣经》的这些历史,对于这个必要而根本的问题,都讲了些什么。

129

我们的作者为提高自己著作的声誉,在讲述亚当王权的传袭史时,是这样来开篇的:"亚当由上帝的命令而获得的支配全世界的统治权,以及先祖们凭借他所传下来的权力而享有的统治权，是很广泛的。"他是如何证明先祖们的确通过继承享有这种权力的呢？他说，"因为我们发现，族长犹大拥有绝对的权力，他曾因儿媳他玛假扮妓女而宣告对她处以死刑。"就因为"宣告对她处以死刑"，就说明犹大拥有绝对的统治权吗？事实上，宣告死刑并非统治权的一种确定标志，而通常是下级官吏的职权。制定生死法律的权力，的确是统治权的一种标志，但根据这种法律进行宣判，则可以由其他人来执行。因此，据此而认为犹大拥有统治权是不足为据的，这就好比说"最近法官杰佛里宣告了某个人的死刑，因此他就拥有统治权"一样荒谬。不过，我们的作者大概会说："犹大这样做，不是受别人的委托，而是根据自己的权力。"可是有谁知道他到底有没有这种权力呢？他可能会因为一时冲动而去做他原本没有权力做的事情。"犹大拥有绝对的权力。"凭什么这样说呢？我们的作者认为，他"宣告了他玛的死刑"的事实，证明他有权做这件事。那么，假设犹大曾与她同寝，按照同样的证明方法，是不是可以说他也有做这种事的权力呢？如果做过某件事就说明拥有做某事的权力，那么，押沙龙[1]便可以算是一个统治者了，因为他也在相似的情况下宣布对他的兄弟暗嫩处以死刑，而且还亲自执行了死刑。

然而，就算以上所说的这些都是拥有统治权的确切证据，究竟谁才是"凭借亚当传下来的权力，拥有同君主的绝对支配权一样广泛的统治权"的人呢？我们的作者说，"是犹大"，可犹大是雅各的幼子，他的父亲和长兄都还活着。如果我们的作者的证据是可以采纳的，就意味着，一个幼子在其父亲和长兄还活着的时候，"凭借继承的权力"，就可以拥有亚当的君权。如果这样就可以使一个人成为君主，岂不是任何人都可以做君主了吗？如果犹大在其父亲和长兄尚且在世的时候，就可以成为亚当的继承人之一，那么还有谁不能成为继承人呢？我想，所有人都可以像犹大一样通过继承成为君主。

---

〔1〕古时以色列国王大卫的第三子，是他最宠爱的儿子。其长相俊美、徇私枉法、刚愎自用。因为其胞妹他玛被大卫的长子（他的异母哥哥）暗嫩强奸，他设计杀死了暗嫩，为此被放逐。后来因发动反抗父亲的叛乱而被杀死。

130

"说到战争,我们曾看到亚伯拉罕带领由318名家丁组成的军队,以扫带领400名全副武装的人去与他的兄弟雅各会合。为了和平,亚伯拉罕与亚比米勒结盟。"一个人家中有318个人,但他却不是亚当的继承人,这有什么不合理的吗?西印度群岛的种植园主们家里的人更多,如果他愿意的话(谁会怀疑呢?),可以把他们集合起来去攻打印第安人,并就他们所受到的任何伤害索取赔偿,而一切都是在没有"从亚当传下来的君主的绝对支配权"的情况下干的。这难道不能拿来充当论据吗?这完全可以证明,根据上帝的规定,一切权力都传自亚当。这个种植园主本人及其权力正是"神的命令",因为他在家里拥有支配所有奴仆的权力。而亚伯拉罕的情况正是如此,先祖时代的那些富人,就像现在西印度群岛的富人一样,通过购买男仆和女仆来繁衍,以及购买新奴仆,逐渐形成一个成员众多的大家庭。无论是在战争时期还是和平时期,他们都可以自由使用这些奴隶,但是,对他们的支配权是用金钱购买来的,难道我们能说这种权力传自亚当吗?这就好比,如果一个人骑马远征,而他的马是从市场上买来的,就因为这匹马,便证明马的主人"根据传给他的权力,享有亚当凭借上帝的命令而拥有的统治全世界的权力"这个证据的有效性,如同亚伯拉罕率领他的家丁军队出战,就证明先祖们享有传自亚当的统治权一样。因为,在这两种情况下,主人拥有这种权力的资格,都是由购买得来的。如此一来,通过交易或金钱而获得的对某种东西的支配权,却成了证明一个人由继承而获得权力的一种新方法。

131

"但是,宣战和媾和是统治权的标志。"在政治社会,的确如此。比如,在西印度群岛上，有一个人带领着他的儿子们、朋友们、或同伴们、雇佣的士兵们，或用钱买来的奴隶们，或是由这些人组成的一支队伍——他并不是这群人的绝对君主——那么他能否因此宣战或媾和（如果有这种机会的话），或是"用宣誓的方式来批准条约"呢？如果有谁认为这个人不能这样做，那他就必须承认许多船主或私人种植园主是绝对的君主，因为他们做了许多和君主们做的一样的事情。但是在政治社会，宣战与媾和只能由社会的最高权力者来决定。因为，战争或和平对这种政治团体的力量起着不同的推动作用，所以只有对这整个团体的力量有指挥权的人才能做出选择。在政治社会中，这就是最高权力。但在一个临时自由结合而成的社会中，一个经社会成员的同意拥有这种权力的人，可以享有战争与媾和之权，也可以为了自己而使社会陷入战争状态。而战争状态，并不取决于参战者人数的多少，而是战争双方的敌意，在那里他们没有领导者可以依靠。

132

实际上，宣战或媾和的行为除了能证明一个人有权指挥他的听命者进行或停止敌对行动，并不能证明其享有任何其他权力。在很多情况下，没有最高政治权力的人，也可以享有这种权力。因此，宣战或媾和的行为，并不能证明凡有权这样做的人就是政治上的统治者，更别说是君主了。否则，共和国政府也算得上是君主了，因为它们也像君主政体的政府那样宣布作战和媾和。

133

就算这是亚伯拉罕拥有"统治权"的标志，难道就能证明这是亚当传给他的支配世界的"统治权"吗？如果是的话，它显然证明其他人也能继承亚当的"统治权"。如此一来，那些共和国政府也就和亚伯拉罕一样，都是亚当的继承人了，因为它们同样也能宣战与媾和。如果有谁认为，共和国政府虽然也能宣战与媾和，但它无权继承亚当的"统治权"，那么我同样也可以认为，亚伯拉罕也无权继承，这样，他的论证便不攻自破了。如果这人坚持认为凡是有权宣战与媾和的人必然有权"继承亚当的统治权"的话，那么，君主政体便被彻底推翻了，因为共和国政府便拥有宣战与媾和权。若非如此，为了自圆其说，他便只能说，凡是继承了亚当的统治权的共和国就是君主国。不过，这倒完全可以作为将世界上的一切政府都变成君主制的新途径。

134

要说明的是，这种新途径并不是我在分析我们作者的理论时推断出来，并强加给他的。为维护他的这种新发明的荣誉，我最好清楚地告诉读者，这是他自己亲口说的，尽管听起来如此荒谬。他巧妙地说："在世界上的一切君主国和共和国中，不论君主是人民至高无上的父亲，或只是这样一个父亲的真正继承人，或是通过篡夺或选举而取得王位的人；也不论是几个人或一群人统治这个共和国，其中任何一个人，或很多人，或所有这些人所享有的权力，都是至高无上的父亲所拥有的唯一的权力和自然的权力。"我们的作者时刻不忘告诉我们，这种"父亲身份"的权力就是"君主的权力"，特别是在他所举的亚伯拉罕的例子的前面一页。他说，那些统治共和国的人也有这种君权。若真是这样的话，那就完全可以说共和国是由君主所统治的了。因为，如果一个共和国的统治者拥有君权，那么这位统治者就必定是一个君主，于是所有的共和国其实都是君主国了。如此一来，我们何必还要为这件事情绞尽脑汁呢？要使世界上的政府呈现出其本来的面貌，那就只能选择君主制的政府了。为了排除君主制以外的所有政府，我们的作者发明的这种办法显然最为可靠。

135

然而，所有这些仍然不足以证明亚伯拉罕曾以亚当的继承人的身份做过君主。如果他确实通过继承成为君主，那么，与他同族的罗得（亚伯拉罕的侄儿）一定是他的臣民，因为他作为亚伯拉罕的家人，更应该比家族中的奴仆先承担起这种义务。但是我们看到，他们像朋友一样平等相处，当他们的牧人发生争执时，他们谁也没有自恃地位较高而压制谁，只是通过协商而决定彼此分开生活（《创世记》第十三章）。虽然罗得实际上是亚伯拉罕的侄儿，但亚伯拉罕却称他为兄弟，《圣经》原文也称罗得为亚伯拉罕的兄弟，这种称呼代表的是友谊和平等，而不是统治和权威。"亚伯拉罕是亚当的继承人，而且是一位君主"，从这句话来看，亚伯拉罕好像还不如我们的作者更了解自己，他派去为儿子娶亲的仆人也没有我们的作者知道得多。因为这个仆人在列举这门亲事的好处，以说服那位少女和她的朋友时，是这样说的："我是亚伯拉罕的仆人，耶和华赐福给我主人，使他伟大，又赐他羊群、牛群、金银、仆婢、骆驼和驴。我主人的妻子撒拉年老的时候，给我主人生了一个儿子，我主人将一切所有的都给了这个儿子。"（《创世记》第二十四章第三十五节）一个谨小慎微的仆人在夸耀自己的主人时说得那么详细，如果他知道以撒将来会登上王位，难道会隐瞒不说吗？假如他或他的主人曾经想到过，这件事很可能会助他成功说服对方，那么，在如此关键的时刻，他会因一时疏忽而没有告诉对方亚伯拉罕是一位王吗？要知道，在当时，王是一个响当当的名号，亚伯拉罕的近邻就有九位王。

136

然而，这件事好像直到两三千年后的今天，才被我们的作者发现，那就让我们牢记他的这份功劳吧。不过，他还需要注意的一点是，亚当的一部分土地，也应该像他的全部统治权一样传给他的这个"继承人"。既然亚伯拉罕像其他的先祖们一样，"所享有的统治权同创世以来任何一位君主的绝对支配权一样广泛"，那么，他的产业、领土，以及分封的土地就不应该如此狭小——在他从赫人的子孙那里购买了一块田地和一个洞穴来埋葬撒拉以前，他连一寸土地都没有。

137

为了证明"亚当拥有支配全世界的统治权，先祖们通过继承而享有这种权力"，我们的作者在举亚伯拉罕的例子时，还举了以扫的例子，但后者比前者更荒谬。他说，"因为'以扫带领400名全副武装的人去与他的兄弟雅各会合'，所以证明以扫凭借亚当的继承人的资格，成为了一个国王。"照这样说来，不管通过何种方式，只要能集合起400个全副武装的人，就能证明这个集合者是一个国王，是亚当的继承人了吗？爱尔兰的一些保守党员，一定会感激我们的作者对他们的尊崇，特别是如果周围没有一个带领500名武装者的比之更具有资格的人，出来质疑他拥有400武装力量的权力。对于这样一个严肃的问题，我们的作者的态度居然如此轻率，实在令人难以置信。我这样说应该算是客气了。这里，我们的作者用以扫的例子来证明"先祖们通过继承而享有亚当的统治权和绝对支配权，这些权力和所有其他君主们享有的权力一样广泛"。在同一章中，雅各的例子又被用来证明"根据长子权而成为其众兄弟的统治者"这一观点。于是，在这里我们看到，两兄弟凭借同样的资格都成为了绝对的君主，都是亚当的继承人。长兄之所以成为亚当的继承人，是因为他率领400人与他的兄弟会合，幼弟成为继承人则是凭借"长子权"。"以扫依据传给他的权力，享有亚当的支配全世界的统治权，其权力与所有君主的绝对支配权一样广泛"，与此同时，"雅各凭借继承人所享有的权力，成为支配其众兄弟的主人，支配以扫"。实在令人哭笑不得！不得不承认，罗伯特·菲尔默爵士是我见到过的最聪明具有创见的人才，他的这种论证方法实属罕见。但是，遗憾的是，他提出的理论与事物的本质和人类的历史背道而驰，而且与上帝在世界上确立的结构和秩序也不统一，因此必然会不断地与常识和经验产生冲突。

138

在下一节中，他告诉我们，"这种先祖的权力不仅延续到洪水时代，而且在洪水时代之后仍然持续下去。""先祖"一词本身就可以在某种程度上证明，世界上只要有先祖，便有先祖权，正如只要有父亲或丈夫，就必定会有父权或夫权一样。然而，这只不过是在玩文字游戏罢了。他想要（错误地）加以暗示的东西，正是现在有待证明的问题，即"先祖们凭借亚当传下来的权力，都享有亚当支配整个世界的统治权"，即他所设想的亚当的绝对的、普遍的支配权。如果他确定，世界上的确有这种一直延续到洪水时代的绝对君权，我倒想知道他是在什么文献中看到的。因为，我翻遍整部《圣经》，都没找到与此相关的任何内容。如果他的"先祖权"指的是其他什么东西，那就与我们现在所讨论的事情毫不相干了。至于"先祖"一词是如何在某种程度上证明凡是被称为先祖的人就拥有绝对的君权的，我承认我看不出来。因此我认为，在围绕这句话而进行的论证变得更明晰之前，不需要回答。

139

我们的作者说："诺亚的三个儿子得到了整个世界"，"他们的父亲把世界分配给他们，因为整个世界都遍布着他们的后代。"尽管诺亚从未将世界分给他的儿子们，但世界上却可能到处布满了他的子孙的后代，因为"大地"不需要被加以分配，就可以"布满"人类。因此，我们的作者在这里举出的所有证据都不能证明存在过这种分配。就算我姑且承认他成功证明了此事，我还得再进一步了解，世界既然被分给他的三个儿子了，那么其中谁是亚当的继承人呢？假如亚当的"统治权"，即亚当的"君主权"，根据权力只能传给长子，那么他的其他两个儿子就只能是其长子的臣民，是其长子的奴隶。如果根据权力传给了他们兄弟三人，那么按照同样的理由，便应该传给全人类。因此，他所说的"继承人是众兄弟的主"这句话明显是错误的，而所有的兄弟，甚至全人类便都是平等而独立的，大家都是亚当君权的继承者，都是君主，彼此毫无区别。但是，我们的作者会说："他们的父亲诺亚把世界分给他们。"显然，他是认为诺亚远胜于万能的上帝了。因为他认为很难让上帝把世界交给诺亚和他的儿子，而损害诺亚与生俱来的权力。他是这样说的："诺亚是世间唯一的继承人，为什么要认为上帝会剥夺他的长子权，使他与其儿子们一样成为世间的寄居者呢？"但是，在这里，他又认为诺亚有权剥夺闪的长子权，从而将世界分给闪和他的兄弟们。这样看来，只要我们的作者乐意，这个"长子权"既可以是神圣不可侵犯的，又可以是可随意被剥夺的。

140

如果诺亚确实曾经把世界分配给他的儿子们，而且这种分配是有效的，那么，神授之说便要终结了，我们的作者关于亚当的继承人的全部论述，以及他在这个基础上建立起来的所有理论便全都要被推翻。既然君主的天赋权力崩塌了，那么"统治权的形式和具有这种权力的人"，都将是人类自己决定的，而不是我们的作者所说的那样，出自上帝的旨意。因为，如果继承权是由上帝规定的，是一种神授的权利，那么没有人可以变更它，不论这个人是不是父亲。如果它不是

一种神授的权利，那它就只能是由人类的意志来决定。那么，在没有这种规定的地方，长子便没有优于其兄弟的任何特权，人类就可以根据自己的意愿将政府交给任何人，选择任何形式。

141

他还说："世上大多数最文明的民族，都竭力将本民族的历史追溯至诺亚的儿子或侄子们那里。"所谓大多数最文明的民族有多少呢？都是哪些民族呢？我想，像中国这样伟大和文明的民族，以及世界各地的其他几个民族，都不太可能去思考这个问题吧。我们的作者所指的"大多数最文明的民族"，应该是指所有信仰《圣经》的民族，只有他们才需要从诺亚那里追寻自己的起源。而世界上的其他民族，是绝不会想到诺亚的儿子或侄子们的。即使各国的谱牒学家和考古学家，或所有民族都试图从诺亚的某个儿子或侄子那里追寻他们的起源，但这对于证明"亚当支配世界的统治权理应传给先祖们"这一论断又有何作用呢？各民族或各种族之所以竭力从某些人那里追寻他们的起源，一定是因为他们认为这些人赫赫有名，认为其高尚的德行能泽被后世。除此以外，他们才不关心这些人究竟是谁的后裔。但是，还有像奥基古斯、赫尔克里士、布拉马、坦伯连、法拉蒙德，以及朱庇特和萨腾这些人，在古代和近代都有许多种族曾试图从他们那里追寻自己的起源。难道这就能证明，这些人"享有按理应当传给他们的

□ 诺亚和他的儿子们

诺亚在500岁的时候生了三个儿子：一个叫闪，一个叫含，一个叫雅弗。在上帝用大洪水灭世之前，只有诺亚在上帝眼前蒙恩。上帝让诺亚和他的儿子们用歌斐木建造方舟，使他们得以脱离洪水而活了下来，最后定居在底格里斯河和幼发拉底河之间的一块肥沃的土地上，成为人类繁衍的祖先。

亚当的统治权"吗？如果不能，这就只不过是我们的作者用来迷惑读者的一种说辞而已，没有任何实际意义。

142

因此，他的关于世界的分配的内容也是出于同样的目的，如"有人说，那是用抽签的方式来分配的；还有人说，诺亚在十年时间里环游地中海，把世界分成亚洲、非洲和欧洲，他的三个儿子每人都分得一部分土地"。美洲看来是留下来由他自己接手了。我们的作者为何如此绞尽脑汁，极力想要证明诺亚把世界分配给他的儿子们，而不肯放弃他那比梦幻还要虚无的想象呢？这确实令人难以理解。因为这样一种"分配"，纵然能证明什么的话，也肯定会剥夺亚当的继承权，除非兄弟三人全都是亚当的继承人。因此，我们的作者接着又说："这种分配的情形虽然还不明确，但可以确定的一点是，分配是由诺亚和他的儿子的家族执行的，父母就是这个家族的领袖和君主。"就算他的话没有错，而且在证明"世界上的一切权力不过是传自亚当的统治权"这一论点上有所作用，这也只能说明，父亲们都是亚当的这种统治权的继承人。因为，如果当时含、雅弗以及除了长子以外的其他父母们，都是他们自己家族的领袖和君主，都有权按照家族分配世界，那么，年纪较小的兄弟们既然也是家族的父亲，为何不能享有同样的权力呢？既然含和雅弗没有因为他们的长兄享有继承权而失去传给他们的权力，成为君主；那么，现在年幼的兄弟们也可以凭借传给他们的同样的权力，成为君主。由此可见，我们的作者所说的君主的自然权力便只限于他自己的子女，根据这种自然权力建立的王国也只能局限于一个家族内。因为，"亚当支配世界的统治权"要么像我们的作者所说的那样，按理只应传给长子，这样就只能有一个继承人；要么就是按理应平等地传给所有的儿子，这样每个家族的父亲都像诺亚的三个儿子那样拥有这种权力。不论哪种情况成立，都会破坏世界上现有的政府和王国。因为不论谁获得了这个理应传给他的"自然王权",他要么像我们的作者所说的那样,用该隐取得权力的方式取得这种权力,做支配他的众兄弟的主,并因此成为全世界的唯一的君主;要么就像他在这里所说的那样,由闪、含和雅弗三兄弟共同分享这种权力,每个人都只是他自己家族的君主,各个家族平等独立;要么就是全世界根据继承人的权力只形成一个帝国;要么就是各个家族依据"亚当传给家族父母的统治权"各自成为一个政府。我们的作者所举的有关亚当统治权的传袭的一切证据就到此为止,因为他还要继续论述有关传袭的问题。

143

他说:"自从诺亚的家族在巴别塔分散[1]以后,我们确实发现世界各地的王国都建立起了王权。"如果你必须找到它,祈祷吧,你会帮助我们找到一段新的历史。但是,你必须先给出有力的证明,我们才能相信王权是按照您的理论在世界上建立起来的。我想,对于王权建立于"世界各地的王国"这一点是不会有人反对的。但是,你说,世界上有些王国的国王"根据传自亚当的权力"享有王位,这一点不仅在任何典籍中都没有记载,而且也是绝对不可能的。如果除了假定的"巴别塔事件",我们的作者找不出更好的依据作为其君主制的基础,那么,他建立在这个基础上的君主制,即使耸入云端,也只能像巴别塔一样,除了只会分散人类、引起混乱以外,再无其他任何作用。

---

[1] 出自《圣经·旧约·创世记》第十一章。当时,人类计划联合起来修建一座通天塔;为了阻止人类的计划,上帝变乱了人类的语言,使他们无法沟通,致使巴别塔计划失败,人类自此各散东西。

144

　　他告诉我们，人们被划分为不同的民族、不同的家族，每个家族里都由父亲做统治者。因此，即使在混乱的时候，我们也能看到"上帝小心翼翼地分配给各个家族不同的语言，以保存父亲的权力"。除了我们的作者之外，如果还有人能在他所引用的《圣经》原文中找到巴别塔事件产生的所有民族都由父亲统治，并且"上帝小心地保存父亲的权力"的相关内容，还真是不容易。《圣经》原文其实是这样说的："这就是闪的子孙，各随他们的家族，所住的土地的方言和邦国。"在提及含和雅弗的后裔时，也是这样说的。但在这些叙述中，没有任何与他们的统治者、政府的形式、"父亲"或"父权"有关的内容。然而，我们的作者却能清楚地看到别人看不到的，并且肯定地告诉我们，他们的"统治者就是父亲，而且上帝小心地保存父亲的权力"。为什么？因为同族人说同样的语言，所以在分散的时候必然聚在一起。那么，我们似乎可以说，汉尼拔的军队由不同民族的人组成，他把说同样语言的人组成一队，因此，父亲就是每个队的队长，汉尼拔小心地保存"父亲的权力"；或者说，在卡罗莱那的殖民时期，那里的英格兰人、法兰西人、苏格兰人和威尔士人各自聚居在一起，"分别随各自的方言、家族和邦国"划分土地，因此，"父亲的权力"被人小心地保存着；或者还可以说，因为在美洲的许多地方，每一个小部落就是一个不同的民族，说不同的语言，因此，尽管我们不知道他们的统治者是谁，也不知道他们的政府是何种形式，仍可以推断出"上帝小心地保存父亲的权力"，或推断出他们的统治者"依据传给他们的权力而享有亚当的统治权"。

145

事实上,《圣经》原文除了记述人类逐渐划分为不同民族、使用不同语言的经过,根本就没有提及统治者或政府的形式。因此,在《圣经》原文没有任何记载的情况下,我们的作者就肯定地告诉我们,"父亲"是他们的"统治者",这根本不是根据《圣经》进行论证,而是作者自己的凭空臆断。由此可见,他的其他言论,比如"他们不是没有首领和统治者的乌合之众,可以自由选择他们的统治者或政府",也同样毫无依据。

146

我想问问,当全人类都使用一种语言,都聚居在西奈平原时,他们是否都由一个君主统治,这个君主是"依据传给他的权力享有亚当的统治权"吗?如果不是的话,当时显然就没有亚当的继承人这一说法,也没有人知道凭借这一身份可以获得统治权,更不存在上帝或人类小心地保存亚当的"父权"的说法。当全人类还是一个民族,同住在一处,说同一种语言,共同建造一座城市的时候,他们显然知道真正的继承人是谁,因为闪一直活到以撒的时代,离巴别塔事件已经很遥远了。如果说那时统治人民的并非君主制——这种统治权被认为是根据亚当传给他的继承人的父权保存下来的——那么,当时显然并不存在受人尊重的"父权",也没有人承认来自亚当继承人的君权,在亚细亚也没有闪的帝国,因而也就没有我们的作者所说的诺亚分配世界之事。如果硬要从《圣经》中找到相关论断的话,我们也只能从原文中的以下地方看出,要说人们当时有什么政府组织,那也是一个共和制政府,而不是绝对君主制的政府。因为《圣经》是这么说的:"他们说,让我们为我们自己建造一座城。"(《创世记》第十一章)。这不是一位王在下令建造城市，不是出自君主的命令，而是人民自由协商的结果。他们是以自由人的身份，为自己建造城市，而不是以奴隶的身份，为他们的君主和主人建造城市。他们说"以免我们分散在各地"，因为城市一旦建造起来，他们就有固定的住所来安顿自己和家族了。协商建城的人们是可以自由散居的，但他们愿意聚居在一起。如果他们是在一个君主政府的统治下聚居在一起的，那么，他们既没有必要，也不可能去协商建造城市。若真像我们的作者所说的那样，这些人都受治于一个君主的绝对支配权，都是奴隶，他们也没有必要如此费力地防止自己流散到国土之外去。这样来看，《圣经》对此事的记载，是不是比对我们作者所说的"亚当的继承人"或"父权"的记载更为清楚明白呢？

□ 巴别塔

据《圣经》记载，很久很久以前，天下人的口音和言语都是一样的。突然有一天，有人突发奇想，提议建造一座可以通天的塔，以便传扬美名，以免人们分散在各地。于是大家纷纷响应，立即动手，眼看塔顶很快就要通天了。上帝知道这件事以后，恐慌不已，便下去变乱人们的口音，使他们的言语彼此不通，并把他们分散到各地，而通天塔则不得不停工，后来人们把它叫作"巴别"（变乱的意思）。

147

但是，如果像上帝所说的那样，他们是一个民族，只有一个统治者，一个根据自然权力对他们拥有绝对的最高权力的王（《创世记》第十一章第六节），如果上帝突然允许在他们中间建立起七十二个"不同的邦国"（因为我们的作者谈到了很多相关内容），分别由不同的统治者进行统治，并且立刻从他们的君主的服从中脱离出来，那么上帝又何必煞费心机地保存"至高无上的父亲的身份的父权"呢？这是把我们自己的好恶随意加于上帝的关怀之上。如果我们说，上帝小心地保存那没有"父权"的人的"父权"，这话说得通吗？因为，如果他们是处于至高无上的君主统治下的臣民，而同时上帝又夺去了自然君主真正的"至高无上的父亲的身份"，那么，他们还能有什么权力呢？如果说，上帝为了保存"父权"，允许出现若干个新政府和新的统治者，而这些政府和统治者又不全都享有"父权"，这种说法合理吗？反之，如果说上帝允许一个有"父权"的人任凭自己的政府分裂，由他的几个臣民共同分享，就是在小心地破坏"父权"，这种说法不是同样也有道理吗？如果当一个君主国瓦解，并被反叛它的臣民分割时，君主制政府却认为，上帝使一个安定的帝国分裂成许多小国，也是在小心地保存君主的权力，这种说法与我们作者的论证方法不是如出一辙吗？如果有人说，凡是上帝下令要保存的，上帝便把它当作一件东西小心地保存，人类因此也认为这种保存是必要而有益的。这只是一种特别的说法而已，不会有人认为应该去效仿。例如，闪（因为他那时还活着）应该拥有统治巴别那一个部族的"父权"，或根据"父亲身份"的权利而享有最高统治权。可紧接着（闪仍然活着），另外七十二个人竟然对分裂为众多政府的同一个部族也拥有"父权"，或凭借"父亲身份"的权利而享有统治权。我敢肯定，这种说法绝对不正确。这七十二个父亲要么是在分裂之前就已经成为统治者，也就是说他们已经不是一族，可上帝却说他们是一个共和国，那么，君主国在哪里呢？要么这七十二个父亲都有"父权"，只是他们自己不知道而已。这就奇怪了，既然"父权"是世间政府的唯一源泉，而人类对此却一无所知！更加奇怪的是，语言的变化竟能突然使这七十二个父亲意识到，他们享有"父权"，其他人也突然明白应当服从他们的父权，并且每个人都知道他应该服从哪个"父权"！一个能从《圣经》中找出这类证据的人，肯定也能从中找到最符合他的幻想或利益的乌托邦。而经过这种处理的"父亲身份"，既可以证明一个君主可以拥有统治全世界的君权，也可以证明他的臣民能够脱离他的统治，并能把他的帝国分裂为许多小国，各自为政。在我们的作者还没有向我们指明父权究竟是在当时还活着的闪，还是后来的那七十二个新君主手上之前，这始终是一个谜团。因为，我们的作者告诉我们，双方都享有至高无上的"父权"，而且他还以此为例，证明那些人的确"根据传给他们的权力，享有亚当支配整个世界的统治权，这种权力跟所有君主的绝对支配权一样广泛"。那么，不可避免的一点就是，如果"上帝小心地保存新建立的七十二个王国的父权"，其结果必然是，他也同样小心地推翻了关于亚当的继承人的一切论点。因为当闪还活着，人类同属于一个民族的时候，他们肯定知道真正的继承人是谁（如果上帝确实曾经规定了这样的继承权的话），七十二个人中至少有七十一个不是亚当的继承人，那么，上帝还会如此小心地去保存那么多的父权吗？

148

他所举的享受这种先祖权力的另一个例子是尼禄，但令我疑惑的是，我们的作者似乎对他有点反感，因为他说，"他用不正当的手段扩充他的帝国，用暴力侵犯其他家族之主的权力。"这里所说的"家族之主"，就是他在讲述巴别塔事件时所说的"家族之父"。不管他怎样称呼，我们都清楚他指的是谁。总之，这种父权只能通过两种方式归于他们，他们要么是亚当的继承人，这样的话，就不可能有七十二个继承人，而且也不能超过一个；要么是子女的亲生父亲，如果是这样，每一个父亲根据同样的权力都拥有支配自己子女的"父权"，其权力与那七十二个父亲的一样广泛，他们都是统治自己后代的独立君主。他这样解释完"家族之主"后，又巧妙地叙述了君主制的起源："在这个意义上，他可以说是君主制的创建者"，即用暴力侵犯其他家族之父支配其子女的权力。如果说这种权力是根据自然权利归于他们的（否则那七十二个父亲怎么能够得到这种权力呢？），那么，未经他们本人同意，就没有人能够夺去它。既然如此，我想请我们的作者和他的朋友们认真考虑一下，这个问题与其他君主有多大关系呢？根据作者在那一段中所作的推断，那些把支配权扩张到家族以外的人的王权，会不会因此变成暴君制和篡夺制，或者变为家族之父的选举权和同意权呢？若是后者，那就与人民的同意权相差无几了。

149

作者在下一节中所列举的例子，像以东的十二位君主、亚伯拉罕时代生活在亚洲一角的九个国王、被约书亚所消灭的迦南三十一个国王，以及为了证明这些王都是有统治权的君主和那时每一个城里都有一个国王所做的努力，最后都成了推翻他自己的理论的直接证据。结果证明，他们之所以成为君主，并不是凭借亚当传给他们的"统治权"。否则，他们中要么只能有一个统治者支配他们所有人，要么每一个家族的父亲都同他们一样，都是君主，都有资格拥有王位。如果以扫的所有儿子都拥有"父权"，那么在以扫死后，他们都可以成为君主，他们的儿子在他们死后也拥有同样的权力，并且以此类推，代代相传。这样的话，父亲的一切自然权力，便只限于能够支配他自己的子女及子女们的后代，父权会随着每个父亲的逝去而终结，以使同样的父权落在他的每个儿子身上，从而有权去支配各自的后裔。这样，父亲身份的权力确实将被保存下来，而且也完全可以理解，但这对于达到我们作者的目的却毫无助益。他所举的这些例子都不能证明，他们是凭借亚当父权的继承者身份而获得父权，并拥有他们的所有权力的。因为亚当的"父权"是支配整个人类的，每次只能传给一个人，然后再传给这个人的真正继承人，所以，一定时期内世界上只能有一个人凭借这种资格成为君主。如果不是通过继承亚当的父权而拥有这种权力的，那么一定是因为他自己就是父亲，因此他只能支配自己的后裔。那么，按照我们作者的理论，如果属于亚伯拉罕后裔的以东十二个国王，亚伯拉罕邻国的九个国王，雅各和以扫以及迦南的三十一个国王，被亚多尼伯锡克所残杀的七十二个国王，来到贝纳德的三十二个国王，以及在特洛伊城交战的希腊七十个国王，都是拥有统治权的君主的话，那么，这些君王的权力显然都不是来自"父权身份"，而是另有根源。因为他们中有些人的权力范围已经超出了他们自己的后裔，这也证明了他们不可能全是亚当的继承人。一个人凭着"父亲身份"的权利而要求享有权力，我认为，只有在两种情况下才合理或才有可能，即他要么是亚当的继承人，要么是可以支配他的子孙的先辈。如果我们的作者能够证明，在他所列举的一大堆君主之中，有哪一个是根据上述两种资格之一而取得统治权的，我或许可以承认他的观点。但是，他们显然与他所要证明的论点毫不相干，甚至完全相悖。他的论点本来是：亚当"支配全世界的统治权按理应该传给了先祖们"。

150

我们的作者告诉我们，"先祖统治权继续存在于亚伯拉罕、以撒和雅各身上，并一直延续到被埃及奴役的时代……我们可以沿着清晰的踪迹去追寻这种父权统治，可以一直追溯至迁到埃及的以色列人那里。他们到埃及后，至高无上的父权统治便中断了，因为他们已经被一个更强大的君主征服。"但是，我们的作者所说的父权统治的踪迹，即从亚当那里传下来并凭借父亲身份来行使的绝对君主权的踪迹，在两千两百九十年后的今天，我们根本已经看不到任何踪迹了。因为，他举不出任何例子来证明，在这漫长的岁月里，有谁是凭借"父亲身份"的权利而要求拥有王权的，或有哪个君主是亚当的继承人。他所有的证据仅能证明，在那个时代，世界上的确有父亲、先祖和国王。但是，对于父亲和先祖有没有绝对的统治权，所有的王凭借什么拥有他们的权力，这种权力大到什么程度等等，《圣经》中完全没有提及。显然，人们凭借"父亲身份"的权利，既不曾也不能要求享有统治权和王位。

151

我们的作者说:"至高无上的先祖统治权的行使之所以中断,是因为他们已受制于一个更加强大的君主。"这句话说明不了什么,它只能证实我之前的怀疑,即"先祖统治权"是一种荒谬的说法。就连我们的作者也不得不承认,这种权力并不意味着或暗示"父权"或"王权",因为他所假定的这种绝对统治权是属于亚当的。

152

如果"先祖权"就是"绝对的君主权",那么当埃及有一个君主,且以色列人处于他的王权统治之下的时候,我们的作者怎么可以说"先祖统治权在埃及已经中断了"呢?如果"先祖权"并不是"绝对的君主权",而是其他什么东西,那他为何大费周折地论述一个没有任何意义,而且与他的目的也毫无关系的权力呢?如果"先祖权"就是"王权",那么当以色列人在埃及的时候,"先祖统治权"的行使就并没有中断。那时,王权确实并不掌握在上帝所指定的亚伯拉罕的子孙手中,但在那之前,他们也未曾掌握过这种权力。除非我们的作者认为,只有上帝所指定的亚伯拉罕的子孙才有资格继承亚当的统治权,否则,这与他以上所说的"传自亚当的王权"的中断有什么关系呢?他所举的七十二个统治者、以扫以及以东十二个国王的例子又有什么用处呢?无论何时,如果只要雅各的后裔没有掌握最高权力,就说明世界上的"先祖统治权"的行使停止了,那么,他为何把这些人同亚伯拉罕和犹大一起当作真正行使"父权政治"的例证呢?我想,先祖统治权很可能不只是中断了,而且自从以色列人在埃及遭受奴役以后,就很快消失了,因为此后并未发现有人曾继承了亚伯拉罕、以扫和雅各的这种权力并真正行使它。如果说君主的统治权掌握在埃及法老或别人手中，对他的论证反倒会有所帮助。但是，在他的整篇论文中，我们确实很难发现他讨论的目的是什么。特别是当他说"至高无上的先祖统治权在埃及的行使……"时，我们更不明白，他到底要表达什么意思，或者这话为何就足以证明亚当的统治权传给先祖们或其他人。

153

我本以为，我们的作者是从《圣经》中寻找一些证据和例子，来证明君主制政府是以传自亚当的父权为基础建立起来的，而不是告诉我们一段犹太人的历史。在形成一个民族许多年之后，这些犹太人才有了君主，而且也未曾提到这些君主是亚当的继承人，或者他们是凭借父权而成为君主的。既然他说了那么多关于《圣经》的事情，我本以为肯定会从中产生一系列确实具有亚当的父权资格的君主，作为亚当的继承人，他们对臣民拥有并行使父权统治，这才是真正的先祖统治。然而，他既没有证明先祖们是君主，也没有证明君主或先祖是亚当的继承人，哪怕是假装的继承人。这样的话，谁都可以证明先祖们全是绝对的君主，先祖和君主的权力只是父权，这种权力是由亚当传给他们的。我认为，从菲迪南多·索托关于西印度群岛的一群小国王的庞杂记述中，从北美洲的任何一部近代历史中，或从作者引自荷马的希腊七十个王的故事中，我们都可以为这些观点找到很好的论据，比起我们的作者引自《圣经》的那一大堆君主，它们更具说服力。

154

在我看来，我们的作者应该把荷马和他的特洛伊战争弃之脑后，因为他对于真理或君主政体的狂热，已经使他对哲学家和诗人们产生了强烈的不满，以至于他在序言中这样说道:"现在,喜欢跟风哲学家和诗人们的人太多了。他们想从其中找出一种可以给他们带来一些自由权力的政府起源学说,使基督教蒙受耻辱,并且把无神论引进来。"但是,只要这些异教的哲学家和诗人们,像亚里士多德和荷马,能够提供一些似乎可以满足他的需要的东西,我们这位热诚的基督教政治家都会欣然接受。这种做法是否为基督教的耻辱,是否带来了无神论,还是让他自己去判断吧。我必须指出,我们的作者在这里所说的明显与事实相悖,他为了自己党派的利益草率地给基督教下了定义,并把那些不愿意盲目接受其教义和谬论的人斥为无神论者。

□ **摩西与以色列人**

《圣经·出埃及记》记载,以色列利未支派的子孙摩西受上帝之命,带领被奴役的希伯来人逃离埃及。一路上,他带领希伯来人艰苦跋涉,战胜无尽的艰难险阻,在经历了漫长的四十多年之后,眼看快要到达目的地迦南时,摩西却不幸去世了。但是,被摩西解救的希伯来人繁衍至今,成为现在的以色列人,而摩西也被后世的以色列人尊为民族领袖。

我们还是回到他的《圣经》故事上来吧。我们的作者接着说道:"以色列人脱离压迫回去以后,上帝对他们特别关心,先后挑选了摩西和约书亚为王来统治他们,从而取代了至高无上的父亲的地位。"如果以色列人确实"脱离埃及的压迫回去"了,他们定然是回到了自由的状态,这就说明他们在受压迫之前和脱离压迫之后都是自由的,除非我们的作者说,"脱离压迫回去"就是更换统治者的意思,或者是一个奴隶从一条奴隶船搬到另一条奴隶船上去。如果说他们"脱离压迫回去"了,那么,不管我们的作者在序言中说了哪些与此相反的话,在那个时代,儿子、臣民和奴隶之间显然还是有区别的;无论是遭受压迫之前的先祖们,还是遭受压迫之后的以色列统治者,都没有"把他们的儿子或臣民当作他们的财物",像处置"别的财物"那样,用绝对支配权来处置他们。

155

关于这一点,最明显的例证就是,(为了便雅悯的安全)流便把他的两个儿子交给雅各做担保;犹大则为了让便雅悯安全地逃出埃及,自己充当了人质。如果雅各对自己家族所有成员的支配权,就像支配他的牛或驴那样,就像主人对待自己的财物那样,以上事件便是一种多余,也是一种嘲弄。流便或犹大为确保能让便雅悯回去,做不同的担保一事,就像是一个人从上帝的羊群中拿出两只羊,用其中一只做担保,以保证换回另一只的安全一样。

156

当他们脱离了这种压迫之后,又会怎么样呢?"上帝对他们特别关心。"很好。作者居然让上帝关心起人民来,这在他的著作中可是第一次出现。因为在其他地方,他提到人类时,好像上帝只关心他们的君主,而对其他民众都漠不关心,甚至只把民众当作供其君主奴役、使唤和享乐的牲畜。

157

"上帝先后挑选摩西和约书亚做君主来进行统治。"这是我们的作者发现的又一个完美的论据,用来证明上帝关心父权和亚当的继承人。在这里,为表明上帝对其人民的关心,他居然挑选根本没有资格做君主的人来做他们的君主,因为摩西在和约书亚在各自的家族中都没有"父亲身份"。但是我们的作者说,他们是代替至高无上的父亲的。如果上帝确实曾在什么地方如此宣告过，他要选择这样的父亲做统治者，那么我们就可以相信，摩西和约书亚是"代替其地位"的。但这仍然是一个存在争议的问题，在它没有得到更好的解决之前，摩西被上帝选作他的人民的统治者一说，并不能证明统治权属于"亚当的继承人"或属于享有"父亲身份"的人，就像并不是上帝选择利未族的亚伦做祭司就能证明祭司一职应当属于亚当的继承人或"至高无上的父亲"一样。即使祭司和统治者之职不是必须委任给"亚当的继承人"或享有"父亲身份的人"，上帝仍可以让亚伦做以色列的祭司，让摩西做以色列人的统治者。

158

我们的作者接着又说："同样，在选择了他们之后不久，上帝又设置了士师——其职责是在人民遭遇危险的时候保护他们。"这证明父权就是统治权的起源，与之前说的一样，是由亚当传给他的继承人的。只不过在这里，我们的作者似乎才承认，这些士师，当时是人民的统治者，是些勇敢的人，是人民推选出来在他们遇到危险的时候保护他们的。难道不具备据以取得统治权的"父亲身份"，上帝就不能选择这些人吗？

159

但是，我们的作者说，当上帝赐给以色列人君王的时候，他重新建立了原始而重要的父权统治世袭制。

160

上帝是如何重新建立这一权利的呢？是根据法律，即一种成文的命令吗？我们找不到这样的东西。那么，我们的作者难道是指，上帝在为他们指定君主的过程中"重新建立了这一权利"吗？所谓"在事实上"重新建立父权统治的世袭制，就是让一个人通过世袭，享有其祖先曾经享有的统治权。因为，首先，如果他现在拥有的并非其祖先曾拥有过的统治权，而是另一种统治权，那么这就不是继承一种"古老的权利"，而是建立一种新的权利制度。如果一位君主赐给一个人的，除了他的家族曾被夺走多年的古老遗产，还有其祖先从未拥有过的其他财产，那么，在这里，只有其祖先曾享有过的财产才能被说成是"重新建立世代承袭的权利"，而对于其余部分的财产就不能这样说了。因此，如果以色列诸王享有的权力超过了以撒或雅各曾经拥有的权力，那就不是在他们身上"重新建立"对某一种权力的继承权，而是赋予他们一种新的权力，不管你如何称呼这种权力——"父权"也好，其他权力也罢。至于以色列诸王是否拥有以撒和雅各那样的权力，还是请大家根据以上论述自己判断吧。我想，你肯定会发现，亚伯拉罕、以撒或雅各根本从未拥有过任何王权。

161

其次，除非取得这种权力的人确实享有继承权，是一位真正的继承人，否则根本谈不上"重新建立这种原始而重要的世袭权"。在一个新的家族中开始发生的事情，能说是重新建立吗？即使世袭制从未中断过，把王位赐予一个根本没有继承权，且没有任何理由要求这种权利的人，能说是重新建立了一种古老的世袭权吗？上帝为以色列人选定的第一个国王是便雅悯族的扫罗，在他身上，这种

"原始而重要的世袭权"是否得以重新建立呢？第二个国王是大卫，他是耶西最小的儿子，而耶西是雅各的第三个儿子、犹大的后裔，在他身上，是否也"重新建立了对父权统治的原始而重要的世袭权"呢？是在王位继承者大卫的幼子所罗门身上，在统治十族的耶罗波安身上，还是在虽无王族血统却已在位六年的亚他利雅身上呢？如果"父权统治世代承袭这种原始而重要的权利"重新建立在以上任何一个人或他们的后裔身上，那么，这种权力便既可以属于长兄，也可以属于幼弟，可以在任何活着的人身上得以重新建立。因为，凭借"世代承袭的这种古老而重要的权利"，既然幼弟可以和长兄一样取得这种权利，那么每一个活着的人也可凭此取得这种权利，罗伯特·菲尔默爵士，甚至任何人都可以。我们的作者为了保障王权和王位继承权，重新建立了对"父权"或"王权"的世袭权利，每一个人都可以享有，那么，我们不妨想想，这该是一种多么伟大的权利啊。

162

但是，我们的作者又说："每当上帝选择某一个人为王时，虽然在授予王位的过程中只提到父亲，但实际上他早已规定好其子孙也享有这种权利，这种权利已充分地包含在父亲身上。"但这对解决继承问题还是没有多大帮助。因为，即使按作者所言，君权授予的恩惠也要传给接受者的子孙，这也不能算继承权。因为上帝既然在把某件东西赐予某人及其子孙时，并未指定具体是哪个人，那么，享有这种权利的人就不可能是特定的某一个子孙，这个人家族中的每一个成员都享有同等的权利。如果说我们的作者指的是继承人，只要这种做法有助于达到其目的，我想作者和所有人一样，都非常愿意用这个词。但是，尽管继大卫之后登上王位的所罗门，以及继大卫之后统治十个支派的耶罗波安都不是大卫的继承人，却都是他的后代。所以，当那种说法在继承问题上行不通时，我们的作者就有理由回避上帝早已规定好让继承人继承这一点。对此，我们的作者无法提出异议，于是他的继承权理论讲得十分含混，相当于什么也没有说过。因为，如果上帝把君权授予一个人及其子孙，就像他把迦南的土地赐给了亚伯拉罕及其子孙一样，岂不是他们每个人都可以享有吗？那么我们也可以说，上帝把迦南的土地赐给亚伯拉罕及其子孙，根据上帝的授予，它只属于亚伯拉罕子孙中的某一个，而不包括其他子孙；这相当于说，上帝把统治权授予一个人和"他的子孙"，而根据这一授予，这种统治权只属于他子孙中的某一人，而不包括其他人。

163

但是，我们的作者将如何证明，每当上帝选择某个特定的人做国王的时候，已预先决定让其子孙们也必然享有这种权利呢？他是不是很快就忘记了摩西和约书亚，以及上帝立士师这件事了？他在同一节中说，"上帝因对以色列人特别关心，先后挑选摩西和约书亚做他们的君主，对其进行统治。"这些君主既然具有"至高无上的父亲身份"的权威，难道不应该拥有与君主同样的权力吗？他们既然是上帝亲自选定的，他们的后裔难道不应该像大卫和所罗门的后裔一样，也享有这种选任的权利吗？如果他们的父权直接来自上帝，他们的"子孙"为何不能享有这种恩惠并继承这一权力呢？或者，如果他们是凭借亚当的继承人这一资格取得这种权力的，彼此不能互为继承者，为什么他们自己的继承人在他们死后却不能凭借传给他们的权力而享有这种权力呢？摩西、约书亚和士师们的权力与大卫和以色列诸王的权力是否相同，并且出于同一根源呢？一个人所拥有的权力是否一定不能归另一个人所有呢？如果这种权力不是"父权"，上帝自己的选民也被那些没有"父权"的人所统治，而那些统治者没有这种权力照样治理得很好。如果这种权力是"父权"，而且是由上帝亲自选定的人来行使，那么，我们的作者所说的"每当上帝选择一个人做最高的统治者，他预先规定这个人的子孙也享有这种利益"这条规则便毫无意义了。因为，从以色列人出埃及到大卫时代的这

□ 所罗门王

大卫老迈将死之时,在众多儿子中选立所罗门继承王位。二十岁的所罗门登基以后,在梦中向上帝祈求智慧,上帝不仅赐给他无上的智慧,还赐给他无尽的荣耀、财富和美德。后来,所罗门王正是凭着自己的智慧征服了人民的心,在位四十多年,被誉为犹太人智慧之王。

四百年间,任何一个儿子在他父亲死后,从来不曾拥有他父亲曾拥有的所有权利,而是只能和士师们一同继承自己父亲的统治权,审判以色列人。如果为了回避这一点而说上帝经常选择继位者,并将"父权"赐予他,不让他的子孙继承,那么,耶弗他[1]故事中(《士师记》第十一章)的记载为何不是这样的呢?在这个故事中,耶弗他与人民订立契约,人民立他为士师来统治他们。

164

那么,我们的作者说,"每当上帝选择任何特定的人来行使父权"时(如果这个人不是国王,我想知道国王和行使父权的人之间的区别),"他预先规定这个人的子孙也享有这种利益",这是徒劳的。因为,我们看到士师所拥有的权力只限于自身,不能传给他们的"子孙"。如果士师没有"父权",那就要烦请我们的作者或任何一个信奉其学说的人告诉我们,那时究竟谁拥有"父权",即拥有支配以色列人的统治权和最高权力。我想,他们可能不得不承认,虽然上帝的选民作为一个民族已经存在了几百年,却并不知道或从未想到过这种"父权"或任何"君主统治"。

---

[1] 耶弗他,《圣经》中的人物。据《圣经》记载,耶弗他为争战焦虑,竟然未加思索地许了愿,以致他必须牺牲女儿。

165

为了弄清楚这一点，我们只需读一读《士师记》最后三章中关于利未人的故事，以及由利未人引发的以色列人与便雅悯人之间的战争。我们将看到，当利未人要求为本族报仇时，讨论、决定及指挥行动的，都是以色列的各个支派及其公会。由此，我们便可以得出两种结论：要么上帝并未在其选民中间"小心地保存父权"；要么在没有君主制政府的地方，"父权"也能够被保存下来。如果是后者，那么，即使"父权"能够得到有力的证明，也不能因此而推论出君主制政府的必要性。如果是前者，那么，上帝为何一方面规定"父权"在人类的子民中神圣不可侵犯，没有它就没有权力，也没有政府；另一方面，却在他自己的选民中间，甚至在为他们设立政府，并为一些国家和人民之间的关系规定法则时，完全忽略这一重大而必要的原则，而且还长达四百年之久呢？

166

在结束这个问题之前，我必须问问我们的作者，他是如何知道"当上帝选择一个特定的人做国王的时候，预先规定这个人的子孙也享有这种恩赐"的？上帝是通过自然法则还是什么启示吗？根据同一法则，上帝也必须指明他的哪个"子孙"应该通过继承取得王位，即必须要明确指出他的继承人是谁，否则，便只能让他的"子孙"们去分割或争夺统治权了。这两种情况同样荒谬，这种赐予给"子孙"的利益甚至还会导致损害。如果有人提出确凿的证据，我们肯定相信上帝确实表达过这种意思，但是在这之前，我们的作者必须向我们出示一些更好的依据，然后我们才有义务接受他是上帝旨意的真正启示者。

167

我们的作者说:"在授予王位时,上帝虽然只提及父亲的名字,但其子孙实际上也包括在其中。"当上帝把迦南的土地赐给亚伯拉罕时(《创世记》第十三章第十五节),上帝认为应当把"他的子孙"也包含在内,同样,祭司的职务是赐予"亚伦和他的子孙"的。上帝不仅把王位赐给了大卫,还赐给了"他的子孙"。不管我们的作者怎样强调"当上帝选择一个人做国王的时候,他预先规定这个人的子孙也享有这种恩赐",我们看到的却是,他将王位赐予扫罗时,并没有提到扫罗死后他的子孙应该怎样,而且王位也从来没有归属过他的子孙。为什么在选择一个人做国王时,上帝就预先规定他的子孙也享有这种恩赐,而在选择一个人做以色列的士师时,却不这样做呢?为什么上帝赐予一个国王"父权"时,就包含他的"子孙",而赐予一个士师同样的权力时,就不包含其子孙呢?根据继承权,"父权"是否只应传给一个人的子孙,而不应传给另一个人的子孙呢?对于造成这种区别的原因,我们的作者有必要予以说明。如果上帝赐予的都是"父权",而且赐予的方式也相同,那么,其区别就不仅仅在名称上。因为,我们的作者既然说"上帝立士师",我想他决不会承认士师是由人民选定的。

168

但是,既然我们的作者如此自信地向我们保证上帝保存"父亲身份"这一点,并假装根据《圣经》的权威建立了他所说的一切,那么,我们期望他所说的民族会提供给我们最明确的例子,以证明上帝的确特别关心这个民族中父权的保存。因为我们的作者认为,他们的法律、制度和历史都包含在《圣经》中,而且大家也都承认,上帝对这个民族是特别关爱的。那么,让我们看看,自从犹太人成为一个民族以来，这种"父权"或统治权在他们中间究竟处于什么状态。根据我们的作者的描述，从他们进入埃及到他们脱离埃及的压迫回来这两百多年里，这种权力原本并不存在。至于从那时直到上帝为以色列人立君的四百多年间的情况，我们的作者也只是作了非常简略的叙述。事实上，在这段时间里，确实很难发现犹太人中存在父权或王权统治的蛛丝马迹。但是，我们的作者却说："上帝重新建立了父权统治这一原始而重要的世袭制。"

169

我们已经看到，"父权统治的世袭制"是如何建立的。从建立之初到以色列人被奴役为止，这种情况大约持续了五百年。从那时起，到他们被罗马人灭亡的六百多年间，这一"原始而重要的父权统治的世袭制"又一次消失了。此后，尽管没有了这种权力，他们作为一个民族仍然生活在上帝赐予的土地上。由此可见，在他们作为上帝的特选民族的一千一百五十年里，他们奉行世袭君主制的时间还不足这个时间的三分之一。无论我们认为这种世袭君主制是传自大卫、扫罗、亚伯拉罕等人，还是如我们的作者所言，来自唯一真正的源泉亚当，在这段时期，根本看不到任何"父权统治"的踪迹，也看不到一丝"重新建立父权统治这一原始而重要的世袭制"的迹象。

下 篇

　　《政府论》下篇在批判君权神授的基础上，系统地阐述了公民政府的真正起源、范围和目的。其主要内容包括：

　　一、自然状态。在政府出现以前，人们最初处于一种完全自由、平等的状态。人们可以按照自己认为合适的方式，决定自己的行动和处理自己的财产和个人事务，从而无须征求任何人的许可，也无须遵从任何人的意志。

　　二、政治社会的起源。没有权力约束的自然状态存在种种缺陷：没有公正、确定的法律，缺少权威公正的裁判者，缺乏执行法律的权力。这就使公民政府的出现十分必要。

　　三、政府的目的是为人民的生命、财产和自由提供保障。它不具有神圣或超自然秩序的神秘性质，相比自然的自由状态，它能够为人们的权利提供更有效的保护。

　　四、洛克提出有限政府论，将国家权力分为立法权、执行权和对外权三部分，以此防止国家权力专制。

第一章　导论

1

上篇已经阐明：

（1）亚当既不能凭借父亲身份的自然权利，也不能根据上帝的明确赐予，享有对其子女所谓的任何权威，以及对整个世界的统治权。

（2）即便他享有这种权力，他的继承人也无权享有。

（3）即使他的继承人享有这种权力，但由于没有自然法则或上帝的明文法规来确定在何种情况下谁是合法的继承人，因此也就无法确定谁有继承权，从而也无法确定谁有统治权。

（4）即使前述问题都已确定，但是对于谁是亚当的长房后嗣，却早已无从考证。因此，世界上的人类各种族，都不能自称亚当的长房后裔，从而享有继承权。

我认为，这些前提既已全部交代清楚，那么，当今世界上的统治者都不可能从"亚当的个人统治权和父权是一切权力的根源"这一说法中得到什么好处，更别说从中获得任何权威。因此，不管是谁，只要他无法证明世界上的所有政府都是武力和暴力的产物，人们只是按照弱肉强食的野兽法则生活在一起，从而导致了人类永久的混乱、灾难、暴动和叛乱（这些都是支持那一假设的人们所强烈反对的），他就必须在罗伯特·菲尔默爵士的理论之外，寻找另一种说法来解释政府的产生、政治权力的起源，以及确认这种权力的拥有者的方法。

2

为实现这一目的，我认为现在有必要先讨论一下什么是政治权力。事实上，长官对臣民的权力，同父亲对子女的权力、主人对奴仆的权力、丈夫对妻子的权力及贵族对奴隶的权力，并不相同。有时，一个人可能会同时拥有这些不同的权力，如果我们在这种多重关系下对他加以考察的话，会有助于我们理清这些权力之间的区别，更好地认识一国之君、一家之父和一船之长之间的不同。

3

因此我认为，政治权力就是为了规定和保护财产而制定相关死刑及各种较轻刑法的法律的权利，以及为执行这些法律和保卫国家免受外来侵略而使用共同体的力量的权利，而所有这些都是为了公众的利益。

第二章 论自然状态

4

要正确地理解政治权力,并追溯其起源,我们就必须考虑到人类原来处于何种状态。在自然法的范围内,人们处于一种完好无缺的自由状态,他们可以按照自己认为合适的方式,决定自己的行动和处理自己的财产和个人事务,而无须征求任何人的许可,也无须遵从任何人的意志。

这也是一种平等的状态,其中的所有权力和管辖权都是相互的,没有人比另一个人拥有更多的权力和管辖权。由此可见,同一种族和同等地位的人,既然生来就享有同样的自然权利,使用同样的能力,那么就应该相互平等,不应该有从属或服从,除非他们的主或主人以某种方式宣布将一个人置于另一个人之上,并赋予其明确的统治权和主权。

5

智者胡克[1]认为,毫无疑问,人类基于自然的平等是显而易见的。因此他将它作为人类之间互爱义务的基础,并在这一基础上,建立起人们之间应尽的各种

---

[1] 理查德·胡克(1554—1600年),文艺复兴时期欧洲英国神学家。他在著作《论教会国家组织的法律》中捍卫英国国教,反对罗马天主教和清教主义。本书作者洛克多次借用胡克的观点来支持自己的主张。

义务，且由此引申出正义和仁爱的重要准则。他的原话为：

相同的自然动机使人们认识到，爱别人和爱自己一样，这是他们的责任。因为，既然相等的事物必须使用同一尺度，如果我想得到好处，或者希望得到比任何人手中更多的东西，那么，除非我也满足所有其他人同样的期望，否则怎么能指望我的愿望实现呢？如果给其他人与其愿望相悖的东西，他们肯定会感到不快，如果我处于他们的位置，我的心情一定也会一样。所以，如果我伤害了他人，我就只能接受惩罚，因为我没有任何理由要求别人对我，比我对他们付出更多的爱。因此，如果我希望得到他人更多的爱，我便自然有义务给予他们相同的爱。从我们与他们之间的平等关系中，自然理性引申出了无数众所周知的、指导生活的规则和教义。

□ **理查德·胡克**

理查德·胡克（1554—1600年），文艺复兴时期安立甘宗（英国国教）一位重要的神学家，安立甘宗神学思想的创始人之一。他的多卷本著作《论教会国家组织的法律》为宗教改革时期英国国教的经典著作，并被称为英国圣公会的基石。

6

这是一种自由的状态，但不是放纵的状态。在这种状态中，尽管人们拥有处理其人身或财产的无限自由，但却没有毁灭自身或其所占有的任何生物的自由，除非有某种比仅仅保存它更特殊的用途需要将其毁灭。自然状态由自然法支配，这是一种人人都应遵守的法则。理性，也就是自然法，教导愿意遵从它的全人类：人类是平等而独立的，任何人都无权侵害他人的生命、健康、自由或财产。

既然所有人类都出自全能的、智慧无穷的造物主之手，都是这位至高无上的唯一主宰的仆人，都是遵从他的命令来到这个世界，从事他安排的事务，那么，他们便都是他的财产、他的创造物，也都根据他的意愿，而非主仆彼此的意愿存在着。人类既然被赋予同样的能力，共享同一个自然社会中的一切，就不能假定人与人之间存在这样的从属关系：彼此之间有权相互毁灭，如同生来就可以彼此利用，就像低等动物生来就是供我们利用的一样。因为每一个人都必须保存自己，不能玩忽职守，所以基于同样的理由，当他确保自身无虞的情况下，便应该竭尽所能地去保存其余的人类。他不应该剥夺或伤害另一个人的生命，以及一切有助于保存另一个人的生命、自由、健康、身体或物品的事物，除了惩罚罪犯。

7

为了防止人们侵犯各自的权利和互相伤害，使全人类处于和平与安全的自然法保护之下，人人都有权执行自然法，都有权惩罚违反法律者，其程度以可能会阻止违反自然法为宜。与世界上所有其他的人类法律一样，如果在自然状态中，没有人有权力利用自然法来保护无辜、阻止犯罪，那么自然法就形同虚设。如果处于自然状态中的一个人，有权因为另一个人的任何犯罪行为而惩罚他，那么每个人都可以这样做。因为，在这种完全平等的状态中，没有人比其他人更优越，从而拥有更多的管辖权，所以，一个人在执行自然法时所能做的事情，任何人都有权去做。

8

因此，在自然状态下，"一个人对另一个人具有一种权力"。但是，当他抓住一个罪犯时，却没有绝对的或专断的力量来惩罚他，而只能在理智的冷静和良心的指引下，根据其所犯罪行做出相应的惩罚。因为，只有在纠正过错和防止犯罪的情况下，一个人才可以合法地伤害另一个人，即予以惩罚。罪犯一旦触犯自然法，就表明他没有按照理性和公平的规则生活，而这种规则正是上帝为保障人类的安全所设置的。因此，谁破坏了保护人类不受伤害的规则，谁就成为人类的威胁。这是对整个人类的侵犯，也是对自然法所规定的人类和平与安全的侵犯，因此，任何人基于共同享有的保护全人类的权利，都有权制止或在必要时毁灭对人类有害的东西，并有权对当事人进行惩罚，以使其悔悟，并警示他人。在此种情况下，依据这一理由，人人享有惩罚罪犯和担任自然法的执行者的权力。

9

我相信，某些人必定把这看作一种奇怪的理论。但在他们反驳我之前，我希望他们能解决我的问题：任何君主或国家，具体都有什么权利因外国人在他们国家犯下的任何罪行而处死或惩罚他。可以肯定，他们的法律只有通过立法机关的公布才能获得效力，不会涉及外国人。因为这不是针对外国人制定的，而且即使是针对外国人的，他也不一定会遵守。对本国臣民具有约束力的立法权，对外国人而言是无效的。对于一个印第安人来说，那些在英国、法国或荷兰拥有最高权力的人和世界上其他人一样，没有权威。由此可见，如果说基于自然法，每个人都无权对触犯自然法的行为进行惩罚——虽然理性告诉他应该这么做，那么，我不明白一个国家的法官如何惩罚另一个国家的公民，因为就他而言，他所拥有的权力并不比每个人自然地对另一个人所拥有的权力更大。

□ **大法官法庭**

大法官产生于古罗马，后成为某些国家的最高一级法官，英国的大法官包括内阁成员的大法官和高等法院的大法官。而大法官法庭则是由衡平法院与普通法院合并而来的（1873年），是英国高等法院的法庭之一。1672年，沙夫茨伯里伯爵被指派为英国大法官，洛克随同他一起，参与了各种政治活动。

10

除了违反法律的罪行外，还有不同于理性规则的罪行，即一个人变得堕落，并宣称自己已抛弃人性的原则而成为一个对他人有害的人，这通常包括他对另一个人所施加的伤害，以及他的罪行对另一个人所造成的伤害。在这种情况下，受害者除与别人共同享有处罚权之外，还享有要求罪犯赔偿损失的特殊权利。凡认为这一做法公正的人，都可以协助受害者向罪犯索要相应的赔偿。

11

因此，这里有两种完全不同的权利：一种是人人都享有的，为制止同类罪行的发生而惩罚犯罪行为的权利；另一种是受害者要求赔偿的权利。这两种权利的存在将导致以下情况，即法官基于自己的权威掌握着人人都有的惩罚权，在公共利益不要求执行法律的情况下，往往可以凭借其职权免除对犯罪行为的惩罚，但无权要求受害者放弃其自身应得的赔偿。遭受伤害的人有权以自己的名义提出赔偿要求，只有他自己才能免除赔偿的权利。通过自我保护的权利，受害人有权占有罪犯的物品或劳役，因为人人都有权惩罚犯罪行为，以防止其再次发生，"他有权保护全人类"，并为此做他能做的一切合理的事情。因此，在自然状态中，人人都有权处死一个杀人犯，这既是为防范他人犯同样的、无法弥补的过错，以保护人们不受罪犯的侵害。这个罪犯抛弃了理智，抛弃了上帝给人类的普遍规则和衡量标准，通过他对一个人犯下的不公正的暴力和伤害，向全人类宣战。因此，可以把他当作狮子或老虎等不能与人类共处、威胁人类安全的野兽来加以毁灭。基于此，大自然的伟大法则是这样的："谁使人流血，人亦必使他流血。"该隐深信，每个人都有权消灭这样的罪犯，所以他在杀死自己的兄弟之后喊道："凡遇见我的必杀我。"由此可见，这一法则早已深入人心。

12

出于同样的理由，一个处于自然状态的人也可以惩罚较轻的违法者。有人可能会问，是否有权处以死刑。我认为，对每一种犯罪行为的处罚，应以这种处罚足以使罪犯彻底悔悟，并警戒他人不犯同样的罪行为度。自然状态中的每一种罪行，在自然状态下也可能受到同样的惩罚，甚至在一个国家中也可能受到同样的、同等程度的惩罚。虽然我不打算在此处讨论自然法的细节及其惩罚标准，但可以肯定的是，有这样的法律存在。而且对于一个有理性的人和自然法的研究者来说，这种法律就像各国的明文法一样浅显易懂，甚至可能更容易理解，正如比起人们用文字表达矛盾和隐藏的利益时所作的想象和谋划来，理性的讨论更容易被人理解和接受。各国的大部分法律确实都是这样，这些法律只有建立在自然法的基础上时才是公正的，并通过自然法则加以规范和解释。

13

对于"在自然状态中，人人都拥有执行自然法的权力"这一奇怪的学说，我相信它定会遭到一些人的反对。他们可能会说，让人们在自己的案件中担任法官是不合理的，自爱会使他们偏袒自己和朋友；另一方面，邪恶、冲动和报复都会让人们过度惩罚别人，从而导致各种混乱。因此，上帝确实曾通过政府来约束人们的偏私和暴力。我愿意相信，这是政府解决自然状态下的不便的适当补救办法。人们自己裁断自己的案件，确实存在极大的隐忧，因为很容易想象，一个对自己的兄弟造成伤害的人，很少会坦承自己的罪行。但是，我希望那些提出这一反对意见的人记住，专制君主只不过是人。如果说人们自己裁断自己的案件会产生种种弊端，因而自然状态是不能容忍的，需要设置政府来补救；那么我想知道，如果一个统治者可以自由充当自己案件的裁判者，从而可以任意处置其臣民，任何人不得干涉，而且不论他所做的事情是出于理性、盲目，还是情感，臣民都必须服从，政府会是什么样的呢？会比自然状态好多少呢？在自然状态中，情况自然要好得多，因为人们不必服从另一个人不公正的意志；如果裁判者对他自己或其他的案件作出了错误的判决，他将为此对其他所有人负责。

14

经常有人提出这样的反对意见：在哪里，或曾经在哪里，有这样的自然状态下的人？对此，我们完全可以说：既然全世界一切独立政府的统治者和君主都处于自然状态中，那么，不管过去还是将来，世界上显然都不会没有这种状态的人。我的意思是说，独立政府的所有统治者都生活在自然状态中，不论他们是否同别人结盟。因为，并非所有契约都可以结束人与人之间的自然状态，只有彼此同意进入同一个社会，从而构成一个国家的契约才是这样。在自然状态中，人类也可以相互订立其他协议和契约，就像加西拉梭在他的《秘鲁史》中所提到的荒岛上的两个人，或美洲森林中的一个瑞士人和一个印第安人，尽管他们都处于自然状态中，但他们之间订立的契约对他们都有约束力。因为真理和诚信是一个人作为人就应该具有的品质，而不是作为社会成员才有。

15

对于那些说人类从未处于自然状态的人，我在此将引用智者胡克《论教会国家组织的法律》（第一卷，第十节）中的一段话来驳斥他们："上述法则"，即自然法，"甚至在人类只是以若干个体出现，而没有形成任何固定组织，彼此之间也没有就该做什么或不该做什么形成严肃的协议时，就已经对人类具有绝对的约束力了。但由于我们仅凭自己的力量无法获得足够的物资，以充分满足我们的天性所渴望的生活所必需的东西，以及一种适合人类尊严的生活，因此我们自然而然地寻求与他人的交流和友谊，以克服我们在单独生活时必然会遇到的困难，这是人类最初在政治社会中团结起来的根本原因。"我自己也深信，在人类约定成为某个政治社会的成员之前，他们都自然地处于这种状态，而且一直如此。对于这一点，我在这篇论文的后面部分会论述得更清楚。

第三章 论战争状态

16

战争状态是一种敌对的、毁灭的状态。因此，如果有人通过语言或行动表现出伤害他人生命的企图，而且这种企图不是出于一时冲动，而是一种有条不紊的计划，那么他就使自己和他企图伤害的人处于战争状态。这样一来，他就把自己置于对方及支持或协助对方进行战争的权力之下。我有权利消灭那些威胁我生命的人，这是合理而公正的。因为根据自然的基本法则，人应该尽量保护自己，同时，如果不能保护所有人，也应该首先保护无辜者。一个人有权消灭向他宣战或带给他生命威胁的人，如同他有权杀死一只危险的豺狼或狮子一样。因为这种人无视共同的理性法则，除了强力和暴力的法则以外，没有其他法则可以约束他，人们一旦落入他的手中，就将面临生命危险，因此可以像对待危险的猛兽一样对待他。

17

因此，如果一个人试图将另一个人置于自己的绝对权力之下，那么他就将自己置于与对方交战的状态中，这就可以被理解为企图伤害那个人生命的一种宣告。我有理由断定，一个人在强行将我置于其权力之下以后，会任意处置我，甚至可能随时毁灭我；因为谁也没有权力把我置于他的绝对权力之下，除非是通过强制手段迫使我放弃自己的自由权利，即让我成为他的奴隶。努力摆脱这种强制力，是自我保护的唯一保障。如果有人想剥夺我作为自我保护屏障的自由，理性就会使我把他看作威胁我生命的敌人。因此，凡是企图奴役我的人，便使他自己同我处于战争状态。在自然状态中，一个人若想夺去在同样状态中的另一个人的自由，就必定被认为他企图夺去所有其他的东西，因为这种自由是所有其他东西的基础。同样，在社会状态中，一个人若想夺去这个社会或国家其他人的自由，也一定会被认为企图夺去他们的其他一切东西，所以被视为处于战争状态。

□ 战争

根据考古资料显示，最早的战争可能出现在公元前21世纪初，即石器时代的初期。而早在公元前5世纪中期，早期城邦之间的有组织的战争就已经存在，在安纳托利亚的梅尔辛发掘出了公元前4300年的防御工事和士兵营房。几千年来，世界上各个国家之间的战争从未止息。

18

这就使一个人可以合法地杀死一个盗贼，尽管那个盗贼并未伤害他，也没有威胁他的生命，而只是为了抢夺他的金钱或物品而用武力控制他。因为，盗贼原本就没有权力使用武力将我置于他的控制之下，无论他有什么借口，我都不可能认为，一个想要夺去我的自由的人，在控制住我以后，不会夺去我所有的其他东西。因此，我完全可以把他看作与我处于战争状态的人，也就是说，只要我能够，我就可以杀死他。无论是谁，只要他造成战争状态并成为这一状态中的侵犯者，便都会陷入这种危险的境地。

19

尽管有人将自然状态和战争状态混为一谈，但它们之间的区别还是非常明显的。这种区别，如同友好、善意、和平与保护的状态相对于敌对、恶意、暴力和互相残杀的状态那样明显。人们受理性的支配生活在一起，世界上没有共同的领导者有权对他们进行裁判，这是自然状态；一个人对另一个人使用武力或企图使用武力，而世界上没有共同的领导者可以求助，这是战争状态。因为无处求助，一个人便有权向同为社会主体的另一个侵犯者宣战。因此，当一个盗贼偷走我的全部财产后，我只能诉诸法律而不能伤害他，但是当他正准备抢夺我的马或衣服的时候，我便可以杀他。因为，当用以保护我的法律无法制止当时的武力时，我的生命就得不到保障，而生命一旦失去便无法补偿。因此，我完全可以进行自卫并享有战争的权利，即拥有杀死侵犯者的自由，因为事态紧急，没有时间向我们的共同裁判者提出上诉，也没有时间根据法律提出补救。如果没有共同裁判者，人们就都处于自然状态；而无论有没有共同裁判者，不凭借任何权利就对他人使用武力，都会造成一种战争状态。

20

但是，这种武力一旦结束，社会中的人们彼此间的战争状态便即刻停止，双方都要服从法律的公正判决。因为这样就有了请求处理过去的伤害和防止将来的危害的补救办法。但是如果像在自然状态中那样，没有明文法和可以向其求助的权威裁判者，那么战争状态一旦开始便会持续下去，只要有可能。无论什么时候，被挑衅的一方就有权反击另一方，直到侵犯者妥协并愿意进行和解，且其所提出的和解条件必须能赔偿他所造成的任何损害，并能保障对方以后的安全。不仅如此，就算存在可以诉诸请求的法律和明确的裁判者，但仍会有人公然违反或歪曲法律，使之无法保护或赔偿某些人或某些群体所遭受的损害，这样一来，就只有陷入战争状态了。因为，只要使用了暴力并且造成了伤害，不论是出于法律执行者之手，还是依据法律，它依然是暴力和伤害。法律的目的是使受法律约束的所有人得到公正的对待，以保护和救助无辜者。如果法律不能真正做到这一点，无辜者就会被强行拉入战争中，在这种情况下，他们能够得到的唯一补救，就是向天堂呼吁。

21

人类组成社会和脱离自然状态的一个重要原因，就是避免这种战争状态（在这里，由于没有任何权威可以对争论者进行裁决，任何一点纠纷都会导致这样的结果，因此除了诉诸上天，人们没有其他手段）。如果人世间存在一种权威和权力，人们可以向其诉诸请求，那么战争状态就会终止，任何纠纷就都可以由那种权力来裁决。如果当初就存在这样一种法院，由世间的高级审判者裁断耶弗他和亚扪人之间的权利纷争，他们就绝不会进入战争状态，耶弗他就不会诉诸上天。他说："愿最高审判者耶和华，今日能在以色列人和亚扪人中间作出公断。"（《士师记》第十一章第二十七节）然后他进行了控诉，并凭借这一诉请率领军队投入战斗。因此，在这种纷争中，如果问谁是审判者，并非意味着谁应该对这一纷争进行裁决。很明显，耶弗他在这里告诉我们的是，"审判者耶和华"应当进行裁决。如果人世间没有裁决者，那就只能诉诸天国的上帝了。因此，那个问题并不是指应当由谁来判断别人有没有使他自己与我处于战争状态，也不是问我可否像耶弗他那样诉诸上天。对于这个问题，我只能根据我自己的良心作出判断，因为在最后的审判日，我要对全人类的最高审判者负责。

第四章 论奴役

22

人的天赋自由是指不受世间任何上级权力的约束,不受他人的意志和立法权威的左右,只以自然法为法则。处在社会中的人的自由,就是只受经人们同意在国家内部建立起来的立法权的约束,只遵循立法机关根据人民对它的委托所制定的法律,而不受任何其他意志或法律的约束。因此,自由并非罗伯特·菲尔默爵士告诉我们的那样,"自由就是人们想做什么就做,想怎么生活就怎么生活,不受任何法律的约束。"(《亚里士多德〈政治学〉评述》)处于政府管辖下的人们的自由,应当有长期有效的规则来加以约束,这种规则由社会所建立的立法机关制定,并为社会全体成员共同遵守。在准则未作规定的地方,人们有按照自己的意志来行事的自由,而不受其他人无法预知的、反复武断的意志的支配,正如自然状态下的自由不受除了自然法以外的其他准则约束一样。

23

这种不受绝对的、任意的权力约束的自由,对于一个人的自我保护如此必要而关键,因此他不能失去它,除非他连自卫手段和生命都一起丧失。对于一个人而言,如果没有能力保障自己的生命,那么他就不能通过契约或经过协商将自己交由他人,或置于他人的绝对专制的权力之下,任其夺去自己的生命。谁都不能给予他人多于自己的权力，人们既然不能剥夺自己的生命，也不能把支配自己生命的权力给予别人。但是，当一个人犯了理应被处死的过错而丧失生命权时，他把生命交给谁，谁就可以（当别人有权力支配他时）暂缓夺去他的生命，先让他来为自己服役。这种做法并未对他造成伤害，因为当他认为作为奴役的痛苦超出了生命的价值时，他便有权以死来反抗他的主人的意志。

□ **犹太人与奴隶贸易**

与其他许多人一样，犹太人也参与了跨大西洋的奴隶贸易，一些人是船主，他们进口奴隶，另一些人则是代理人，他们转售奴隶，但他们绝不是奴隶贸易的主宰者。此外，一些犹太人还参与了欧洲加勒比殖民地的贸易。

24

这就是整个奴役状态，这种状态只不过是合法征服者和被征服者之间的战争状态的延续。如果他们双方订立了契约，使一方拥有一定的权力，另一方必须服从，那么在这一契约的有效期内，他们之间的战争和奴役状态便结束了。因为如前所述，任何人都不得通过契约将不属于自己的东西，即支配自己生命的权力，交给另一个人。

我承认，我们确实发现，在犹太人或其他民族中间，确实有过自卖为奴的情况，但显然，这只是为了服劳役，而不是充当奴役。因为，出卖自身者并不受制于绝对专制的权力。不论什么时候，主人都无权杀死他，而且在一定的时候，还必须解除他的服役，恢复他的自由。这类主人没有任意处置奴仆生命的权力，不能随意伤害他，只要伤了他一只眼睛或一颗牙齿，就能使他获得自由（《旧约·出埃及记》第二十一章）。

第五章　论财产权

25

　　自然理性告诉我们，人类生来就享有生存的权利，因此也就有权享用饮食及自然所提供的维持其生存的其他一切物品；上帝的启示也告诉我们，上帝把世界上的东西赐予了亚当、挪亚和他的儿子们。不论从哪方面来看，人类显然可以共同享用这些东西，如大卫王所言，"地，他却给了世人。"（《旧约·诗篇》第一百十五篇第十六节）但假定事实就是这样，有人似乎还是难以理解，人们究竟是如何取得对一切东西的财产权的。我并不满足这样的回答：如果说根据上帝将世界赐予亚当及其后人共有的假设，也很难理解财产权的话，那么，根据上帝只将世界赐予亚当及其继承人，并将他的其他后代都排除在外的假设，除了唯一的世界君主享有财产权外，任何人都不得享有。但是，我还是会尽力阐明，在上帝赐予人类共有的东西中，在未与所有者达成明确的契约的情况下，人们是如何对其中的某些东西享有财产权的。

26

　　上帝将世界赐予了人类，同时也赋予他们理性，使他们能够通过理性过上最好的生活，并为他们提供便利。上帝将土地和土地上的一切都赐予人类，让他们用来维持自己的生存和舒适的生活。土地上自然生长的果实和野兽，都归人类共有，没有人对这些东西拥有私人所有权。然而，既然自然之物赐予人类使用，那么人就必须通过某种方式将其分配下去，这样它们才能为人所用并有利于人。野蛮的印第安人不懂得圈用土地，又居住在无主的土地上，因此必须将维持其生存的鹿肉或果实据为己有，而不能允许别人再对这些东西享有任何权利。

□ **美洲土著印第安人伪装狩猎（16世纪）**

美洲土著印第安人善骑善射，以捕猎大型动物为生。他们以猎物为食，用它们的皮毛来做衣服和搭帐篷，因此在屠宰猎物方面熟悉而专业。他们是四处流浪的游牧民族，几乎没有机会积累财富。图为佛罗里达的印第安人伪装在鹿皮下猎鹿。

27

尽管土地和一切低等动物为人类所共有，但是每个人对自己的人身享有所有权，除他本人以外任何人都没有这种权利。我们可以说，他的身体所从事的劳动和他的双手所做的工作，严格意义上都应该归他所有。所以，只要他使任何东西脱离了其自然存在的状态，并加入了自己的劳动，也就是附加了自己的某些东西，那么它们就变成了他的所有物。既然是他使这种东西脱离了其自然状态，即通过劳动在上面注入了自己的一些东西，那么也就排除了其他人的共有权。因为，既然劳动只能归劳动者所有，那么对于曾经附加了劳动的东西，也就只有他能享有，至少在还有足够的、同样好的东西给其他人共享的情况下是这样。

28

无疑，一个在林中捡拾橡果或采摘苹果充饥的人，就是这样完全将这些东西据为己有了。谁都无法否认，这些食物就是应该由他享用。但我想问的是，这些东西是从什么时候开始属于他的呢？是在他消化的时候，还是在他吃的时候、烹煮的时候？或是把它们带回家的时候，还是在捡起它们的时候呢？但可以肯定的是，在最初捡起它们的时候，如果他没有将其变成自己的财产，其他情况下就更不可能了。劳动使它们与人类所共享的东西区别开来：与作为万物之母的自然赋予它们的相比，劳动又在其上面加入了一些东西，从而使它们成为他的私有财产。难道有谁会说，因为全体人类未同意将橡果或苹果归为他的所有物，他对于这种已占为私有的东西就不能享有权利吗？他将人类共有的东西占为己有，这是否属于盗窃呢？如果必须先要征得这种同意的话，那么，即使上帝赐予人类极为丰富的物产，人类也早就饿死了。我们看到，在通过契约维持共有的情况下，是从共有的东西中取出某一部分并使之脱离自然状态，然后才开始产生财产权的。若非如此，共有的东西就没有任何用处了。至于该从中取出哪一部分，并不需要事先征得所有共有人的同意。因此，我的马所吃的草、我的仆人所割的草皮以及我在同他人共同享有开采权的地方挖出的矿石，都属于我的财产，无须得到任何共有人的同意。我的劳动使它们脱离了原来的共有状态，从而确立了我对于它们的财产权。

29

如果任何人将共有财产的某一部分占为己有，均须得到每一个共有人的明确同意，那么对于父亲或主人为孩子或仆人们准备的肉，如果没有指定如何分配，他们就不能动这块肉了。虽然泉水是每个人都可以享用的，但是谁能否认装进水壶里的水只属于汲水的那个人呢？在自然状态下，它属于共同所有，平等地属于自然中的每一个人，但当某人通过自己的劳动将其从自然手里取出来时，它就归他自己所有了。

30

因此,根据这一理性法则,印第安人可以将自己射杀的鹿据为己有。尽管它原来为人们共同享有,但在他对其付出劳动后,它就成为了他的私有财产。人类中那些文明人已经制定,并增补了一些明文法来确定财产权,但最初的自然法仍旧适用,它规定了共有状态下财产权的产生。根据这一点,人们在仍旧归人类所共有的宽阔的海洋中捕到的鱼,或采集到的龙涎香,由于人们附加的劳动,使它脱离了原来的共有状态,所以谁对它们付出了劳动,它们就是谁的财产。就算打猎时,在我们中间不管是谁对一只野兔穷追不舍,都可以认为这只野兔归他所有。因为野兽仍被看作是人类共有的,不属于任何个人,只要有人在它身上付出了劳动,就使它脱离了自然共有状态,变成一种私有财产。

□ **1622年印第安人大屠杀(詹姆斯顿大屠杀)**

1607年,英国殖民者开始在今天的美国弗吉尼亚州詹姆斯顿定居。起初,这些殖民者尚能与印第安部落和平相处,但是随着他们在当地蚕食鲸吞土地,印第安人的不满情绪逐渐高涨。1622年3月22日,印第安人在酋长奥佩琼科纳夫的率领下,突然袭击了詹姆斯顿及其附近的白人居民点,并捣毁了殖民者在詹姆斯河瀑布附近刚建成的铁工厂。在这次袭击中,约有350名白人男女和儿童丧生。

31

或许有人会反对这种观点,认为如果采集橡果或任何其他果实,就能对这些东西享有所有权的话,那么所有人就都可以尽可能多地占有。我的回答是,并非如此。自然法以这种方式赋予我们财产权的同时，也对这种财产权进行了一定限制。"上帝厚赐百物给我们享受"（《提摩太前书》第六章第十七节），这是已被神的启示所证实的理性之声。但上帝根据什么来判断该给予我们多大的财产权呢？根据我们的生活所需。在某件东西腐坏之前，谁能最大程度地利用它，谁就可以根据他在这件东西上耗费的劳动来确定他的财产权，超出这个限度，就不是他该得到的，应归他人所有。上帝创造的一切东西都不是让人们糟蹋或败坏的。在很长一段时期，世界上自然资源丰富，而消费者却很少，一个人靠自己的劳动所能占有，而不与他人共享的东西只是极小的一部分，那么这样确立的财产权就很少会引起争议了。

32

但是，现在财产的主要问题不再是由土地生产出来的果实和依靠土地赖以生存的野兽，而是土地本身。但我认为土地的所有权显然也是和前者一样取得的。一个人能耕种、改良、开辟多少土地，能利用多少土地的产出，就能将多少土地变成他的财产，就像他通过自己的劳动圈占了一部分共有土地一样。即便有人说，其他人也都享有同等的权利，未征得全体共有人，即全人类的同意，他就不能将土地占为私有，也不能使他的所有权失效。上帝将世界赐予人类共享时，也命令人们要劳动，而贫穷的困境也迫使他不得不从事劳动。上帝和人的理性都要求他开垦土地，即为了维持生存而改良土地，从而把属于他的东西——劳动——渗入土地之中。如同他遵从上帝的命令，对任一部分土地进行开垦、耕耘，他就在这块土地上附加了属于他的财产权，这是他人无权索要的。如果强取豪夺，就会对他造成伤害。

33

　　这种通过开垦的方式占有某块土地的行为，并不会损害其他人的利益，因为这样的土地还足够多，远远超出未取得土地的人的需求。所以，一个人圈占某块土地，实际上并不会导致其他人所需土地的减少。这是因为，只要一个人留给其他人足够使用的土地，就相当于没有占有任何东西。任何人不会因为另一个人喝了河里的水，哪怕他喝得再多，就感到自己有所损失，因为还有一整条河供他解渴。土地和水的情况完全一样，都足够人们使用。

34

　　上帝将世界赐予人类共同享有。上帝的赐予是为了人类的利益，使人们能够从中获取生活的最大便利，但是，我们不能认为上帝的旨意是要一直维持人类共有而不加以垦殖。他是把世界赐予那些勤劳又有理性的人使用的（劳动使人们有权利获得它），而不是给那些好事者用来争抢的。一个人只要还有同样好的其他东西可以使用，就不该抱怨什么，也不该染指别人已经用劳动改进过的东西。如果他这样做了，显然他是想不劳而获，但他根本没有这种权利。这不是上帝赐予他和其他人共有的土地，除了已被占有的土地以外，还有很多同样好的土地可以使用，而且比他所能想象的多得多，仅靠他一人的劳动永远不可能垦殖完。

35

确实，在英国或其他很多国家，政府统治下的人民既有资金，又从事商业活动，但是对于那里的土地，如果未征得全体共有人的同意，任何人不得圈占或私自占有任何公有土地。因为，这些公有土地是国家法律所确定的，是不可侵犯的。这些土地是这个国家或这个教区的共有财产，对某些人而言是公有的，并非针对全人类。此外，对于土地的其他共有者而言，圈占后剩余的土地与可以利用全部土地时候的情况并不一样，因为那时他们都能使用全部土地。人们最初开始在世界广袤的土地上聚居时，就不是这种情况，那时的法律主要鼓励人们开垦并占有土地。上帝的命令和生存的需要迫使人类必须从事劳动。一个人只要占有某块土地，这块土地就成为他的财产，其他人不能将其夺走。因此，开垦或耕种土地与土地的支配权是紧密联系在一起的，前者是后者的根据。所以，上帝命令人们开垦土地，从而授予他们占有这块土地的权力。此外，人类为维持生存需要从事劳动和一定的劳动对象，这就必然会出现私有财产。

36

自然根据人类的劳动和生活需求很好地规定了财产权的范围。任何人都不能通过自己的劳动开垦全部土地或将所有土地占为己有，一小部分土地就能满足他的生活需要。因此，在这种情况下，任何人都不可能侵犯另一个人的权利，也不会为了获取自己的财产而损害邻人的利益。因为，在其他人取走他们想要的一份财产后，他的邻居也有机会得到与别人占有的那块土地一样好、一样多的财产。人类早期，人们生活在荒凉的旷野上，离开群体生活会面临极大的危险，这种危险远大于因缺少土地耕种而带来的不便。那种情况下，每个人的私有财产必须被限制在一个适当的范围内，使他在取得自己的财产时不损害别人的利益。虽然现在的世界人满为患，但上述的财产限度仍然适用，而且不会损害任何人的利益。我们可以想象一下，一个人或一个家族在亚当或挪亚的子孙们最初生活过的地方生活的情形，比如让他在美洲内地的荒野上进行耕种。我们会发现，在我们规定的财产限度内，他所占有的土地并不多。就算在人类已遍布世界每个角落的今天，他的做法也不会损害其他人的利益。不仅如此，如果没有附加劳动，那么广袤的土地就毫无价值了。据说，在西班牙，即使一个人对某块土地没有其他任何权利，但是只要他对这块土地加以利用，他就可以开垦、耕种这块土地，其他人无权干涉。当地的居民们反而还认为该感谢他，因为他在未开垦的荒地上所耗费的劳动为他们提供了更多的粮食。但是不管是否如此，这都不是我要强调的重点。不过，我敢断言，如果不是因为货币的出现及人们对其价值的默许，导致了更大的土地占有和土地所有权的产生，那么这一所有权法则（每个人能利用多少东西就可以占有多少东西）就会仍然有效，而且不会限制任何人，因为世界上还有足够多的土地供更多居民使用。关于货币的形成，我后面会作进一步的说明。

37

可以肯定的是，最初人们占有更多的欲望超出了人们实际所需要的，而在这种欲望改变事物的真实价值之前，这一价值原本取决于事物对人类生活的用途；或者，人们已经同意使一小块不会耗损、不会腐坏的黄色金属的价值等同于一大块肉或一大堆粮食的价值。虽然人们有权基于自己的劳动，将其所能利用的自然界的一切东西占为己有，但也不会占有太多，也不会损害他人的利益，因为还有大量丰富的资源可供同样勤劳的人们使用。对此，我还要补充一点，一个人依靠自己的劳动占有土地，这样做并未减少而是增加了人类的共同财富。因为，一英亩被圈占和耕种的土地所生产出来的产品，至少要比一英亩同样肥沃却无人开垦的土地多十倍。所以，那个圈占土地的人从十英亩土地上所得到的东西，比从一百英亩未开垦的土地上得到的还要多，可以说他为人类创造了"九十英亩土地"。在这里，我将改良土地的粮食产量定得很低，定量为10∶1，而实际接近100∶1。想想看，对于没有经过修整或耕种的美洲森林和未经开垦的荒地，一千英亩土地为贫苦居民提供的生活必需品，能有德文郡十英亩同样肥沃且改良耕耘过的土地提供的多吗？

在占有土地之前，人们可以随意采集野果，猎捕或驯养野兽，只要他能通过自己的劳动改变它们所处的状态，他就能取得对这些东西的所有权。但是，如果这些东西在他手里因为没有得到适当利用而毁坏了，例如野果或鹿肉在食用之前就腐烂了，他就违反了自然的共同法则，就会受到惩罚。这样的话，他就损害了邻人的利益，因为当这些东西超出了他的必要需求时，他就不再对其享有权利了。

38

这一限定范围同样适用于对土地的占有。凡是某人通过耕种，收获并储存起来的东西，在其尚未腐坏前加以利用，这是他特有的权利；凡是他圈占、饲养和利用的牲畜和产品也都是他的财产。但是，如果他圈占的土地上的草腐烂了，或是他种植的果实尚未采摘和储藏就腐坏了，那么，尽管他圈占了这块土地，人们仍然可以将其视为荒地，任何人都可以将其据为己有。所以，最初该隐能耕种多少土地，就能占有多少土地，同时还可以留下足够多的土地让亚伯放牧羊群，他们两人只需占有几英亩土地就够了。但随着家庭数量的增多，他们通过辛勤的劳动不断增加他们的牲畜，他们对土地的占有也随之增加。但是，在他们联合起来建造城市并聚居在一起之前，他们所使用的土地还是公有的，谁都没有确定的财产权。后来，经过大家协商，他们开始划定各自领地的界限，并在他们内部通过法律确定同一社会中人们的财产权。因为我们知道，在人类最初居住的地方，也可能就是最佳的居住地，直到亚伯拉罕时期，人们还是赶着他们的牛羊四处游牧，而亚伯拉罕确实是作为异乡人在别人的土地上游牧。显然，那里的大部分土地是公有的，人们并不是太重视，也不会对他们无权使用的东西提出财产权。但是当一个地方容纳不了他们和他们的羊群时，他们就会像亚伯拉罕和罗得那样（《旧约·创世记》第十三章第五节），通过协商彼此分开，到更适合的地方去生活。以扫就是这样离开他的父亲和兄弟，到西珥山去建立新家园的（《旧约·创世记》第三十六章第六节）。

□ 亚伯拉罕

上帝选择通过亚伯拉罕来实现他的计划。当上帝呼召亚伯拉罕上路的时候，他75岁；当他的第一个儿子以实玛利通过夏甲出生的时候，他86岁；当他受割礼的时候，他99岁；当他的儿子以撒通过他的妻子撒拉出生的时候，他正好100岁。

39

由此可见，我们无须假定只有亚当拥有对全世界的个人统治权和财产权，而将其他人排除在外，因为这种权利既无法证明，也不能派生出任何人的财产权。我们只需要假定世界是上帝赐予人类共有的，我们就能看到，劳动是如何使人们取得对世界上一部分土地的明确财产权的。依照法律，这种权利是毋庸置疑，无可争辩的。

40

劳动带来的财产权应该比土地的公有状态更吸引人,这种说法听起来也许会有些奇怪,但仔细一想,并非如此。其实,正是劳动赋予一切东西不同的价值。一英亩种植烟草、甘蔗、小麦或大麦的土地同一英亩公有的、未加开垦的土地之间的区别,任何人只要考虑一下就会明白是劳动创造了绝大部分的价值。如果说土地生产出来的、对人类生活有用的产品中,有十分之九是劳动的结果,我认为还有点保守。不仅如此,如果我们对所使用的东西进行公平的评估,将相关的各项费用加在一起,并区分出哪些是从自然得来的,哪些是由劳动创造的,我们就会发现,几乎百分之九十九的价值要归于劳动。

41

关于这一点,美洲几个部落的情况就是最好的例证。这些部落拥有最广阔的土地,却过着最贫困的生活。自然提供给他们能生产出足够的产品,可以满足其一切生活所需的土地,但是由于他们没有通过劳动改善这些土地,因此他们能享用的东西还不及我们的百分之一。在那里,一个拥有大片肥沃土地的统治者,其衣食住行还不如英国的一个工人。

42

为了说得更清楚一些,让我们研究一下几件日常生活用品的情况,看看它们的价值有多少是从人类的辛勤劳动中得来的。面包、酒和布匹是人们日常需要量很大的东西，但如果不是劳动为我们提供了这些更为实用的物品，我们还只能用橡果、水、树叶或兽皮这些东西。面包的价值高于橡果的价值，酒的价值高于水的价值，布匹或丝绸的价值高于树叶、兽皮或苔藓的价值，这都是通过人类的辛勤劳动得来的。这两类物品，一种完全由自然提供，另一种则是由我们的辛勤劳动所创造而来的。只要比较一下这两者的价值，我们就能看出，劳动创造了我们所享用的东西的绝大部分价值，而生产这些东西的土地几乎没有创造什么价值，有时甚至不会将其计算在内。因此我们才会将那些完全听任自然，未经放牧、耕种或栽培的土地称为荒地，它们的用途微乎其微。这就说明，人口众多优于领土广阔，改良土地和正确利用土地是统治者施政的一门重要的治理艺术。一个君主如果足够贤明，就应该用明确的法律来保护和鼓励人们的正当劳动，反对权力的压制和党派的偏狭，那么，他很快就会给邻国带来压力。但是这个问题暂且不谈，还是回到我们正在进行的论证上来。

43

一英亩土地在这里年产二十蒲式耳小麦，而在美洲，同样是一英亩土地，如果投入相同的劳动，使用相同的方法耕种，便可以获得相同的收成，显然，它们具有相同的自然内在价值。人们从英国这块土地上一年所得的收益是五英镑，而一个印第安人从那块土地上所得的一切在这里估价出售的话，可能分文不值，即使有价值，也不及这里土地收益的千分之一。可见，土地的绝大部分价值是由劳动创造的，没有劳动土地几乎一文不值，我们所得到的绝大多数有用的产品都应归于劳动。因为一英亩小麦生产出来的麦秆、麸皮和面包的价值，之所以高于一英亩同样肥沃而荒芜的土地生产出来的产品的价值，都是劳动的结果。不仅耕种者、收割者和打麦人的汗水及面包师的辛劳，要算进我们吃的面包里，而且那些驯化耕牛、采掘、冶炼铁和矿石、砍伐树木制造犁、磨盘、烤炉等工具的人的劳动，以及从粮食播种到制成面包所需的其他一切劳动，都必须计算在内。自然和土地只提供了本身不具有任何价值的材料。如果我们能将每一块可供我们食用的面包所需要付出和使用的劳动列出来，那将是一张不可思议的物品清单：铁、树木、皮革、树皮、木材、石头、砖头、煤、石灰、布、染料、沥青、焦油、桅杆、绳索以及船上需要的一切其他材料（船只运来了工人们所需要的一切物品），想要将这些东西完全列举出来是不可能的，实在是数不胜数。

44

由此可见，虽然自然物归人类共有，但人类是自己的主人，是自身和自身行动的所有者，本身就具备拥有财产的基础。当各类发明和技术改善了人类生活的方方面面时，人类用来维持自身生存和享受生活的大部分东西都属于他自己，并不与他人共同享用。

45

所以，最初只要有人愿意对原来属于大家共有的东西付出劳动，劳动就会给予他财产权。但很长一段时期里，绝大部分东西依然是共有的，这些东西至今仍比人类所能利用的要多得多。在人类社会早期，人们大多数时候还是满足于自然提供给他们的、未经加工的必需品。后来，在世界上的一些地区，随着人口和家畜的增多，以及货币的使用，土地变得越来越稀缺，也因而开始具有一定价值。许多部落划定了自己的属地范围，并依照自己的法律确定了部落内部的私人财产，于是人们就通过契约和协议确定了由劳动创造的财产权。一些国家和王国之间通过缔结的盟约，明确或者默认放弃了对于另一方所占有的土地的所有要求和权利，从而放弃了他们对那些国家原有的共同所有权。于是，世界上的一些地区通过明确的协议，确定了它们各自的财产权。尽管如此，世界上仍有大片荒芜的土地（那里的居民因不同意使用其他人的通用货币而未与他们融合在一起），比在此居住的人们所能开垦或利用的还要多，所以它们仍然是公有的。不过，这种情况几乎不会在已同意使用货币的那些人中间发生。

46

对人类生活真正有用的绝大部分东西，以及最初共有者追求的那些生活必需品，像现在的美洲人所寻求的那样，一般都是不能持久存放的东西，人们如果不予以利用，它就会慢慢腐坏。人们出于个人喜好或通过协议，赋予金、银和钻石极高的价值，远远超出其满足人类实际生活需要的价值。如前所述，对于自然提供给大家共享的好东西，每个人都有能用多少就占有多少的财产权。只要是他对其付出过劳动，或改变了其原来所处的自然状态的东西，都属于他所有。谁采集到一百蒲式耳橡果或苹果，谁就对这些东西拥有财产权。他只需注意，必须在它们腐坏前就对其加以使用，否则就说明他取得的东西超出了他的实际需要，就是对他人的掠夺。自己用不了那么多东西，却硬将其储存起来，是件既愚蠢又不诚实的事。哪怕他把一部分东西送给别人，使它不致在自己手中白白腐坏，也算是对它的利用；或者他用再过一星期就会腐烂的梅子换取能保存一年之久的干果，也说明他没有毁坏什么。只要没有东西在他手里未加使用就毁坏，他就没有浪费公共财物，也就没有毁坏其他人的任何东西。又比如，他拿自己的干果换取一块自己喜欢的金属，拿绵羊换取一些贝壳，或拿羊毛换取一块晶莹的水晶或钻石，永久予以收藏，也不会侵犯他人的权利。这些能持久存放的东西，他想储存多少都可以。判断一个人是否超出合理财产权范围，不是看他占有多少东西，而是看是否有东西在他手里白白毁掉。

47

自此，人们开始使用货币。它是一种人们可以长久保存且不易毁坏的东西，人们达成一致，用它来交换对他们真正有用却容易损坏的生活必需品。

□ 天然海贝

在原始社会，人们为了各自的需要，进入了物物交换的时代，但物物交换存在着诸多不便，于是人们开始寻找一种媒介充当货币的角色。这时，天然海贝就成为了世界上最早的钱币形式。然而随着社会的不断发展，天然海贝又逐渐被金属货币、纸币所取代。

48

正如付出多少劳动就会得到多少财产，货币的出现也给了人们继续积累和扩大财产的机会。假如有一个海岛，与世界其他地方完全贸易隔绝，岛上只有一百户家庭，但这里有羊、马、奶牛和其他有用的动物，还有营养丰富的水果，岛上的土地生产出来的粮食所能养活的人口是现在的成千上万倍。但是岛上的所有东西，不是因为太普通，就是因为太容易毁坏，都不适合用作货币。这样一来，那里的人们只靠劳动生产的东西，或与他人交换的同样易于损坏却有用的东西，就能满足自己家庭的生活所需，完全没必要扩大他们的财产。不管在什么地方，只要那里没有耐久又稀缺和非常贵重值得贮藏的东西，人们就不会扩大他们已占有的土地，即便那里的土地很肥沃，他们也可以自由地使用土地。如果一个人在美洲内陆中部拥有一万英亩或十万英亩肥沃的土地，耕种得很好，而且还有很多牛羊，但他无法和世界上其他地区的人们进行贸易，无法通过出卖产品来换取货币，那么他将会如何评价自己的这块土地呢？圈占这些土地显然不划算，他只会保留一块能够供应全家生活必需品的土地，而放弃多余的部分，使其恢复自然共有状态。

49

因此，全世界最初和美洲一样，而且更像以前的美洲，因为那时候任何地方都不知道有货币这种东西。如果一个人在他邻人中间发现可以用作货币和具有货币价值的东西，那么你会发现，他就会立即开始扩大自己的财产。

50

但是，既然与衣服、食物和车马相比，金银对人们的生活用处不大，其价值只源于人们的某种契约，而且还主要取决于劳动的尺度，这就说明，人们已经同意了对土地不均等地占有。他们默许了一种方法，使一个人可以占有超出其消费能力的更多土地，这种方法就是拿剩余产品去换可以储存又不会损害他人利益的金银。这些金属在占有者手中不会损毁或腐坏。在超出社会允许的限度和没有契约的情况下，人们将物品分成不均等的私有财产，只是因为他们赋予金银一种价值，并默认了金银可以作为货币使用。而政府则通过法律对财产权做了规定，用成文宪法确定了对土地的占有。

51

这样一来，我们很容易看出，最初劳动是如何在自然界的共有物中开始确立财产权的，为了满足我们的需要而消费财产这一点又是如何限制财产权的。在知晓其中的原委后，人们就没有理由在财产权问题上发生争执，也无须对财产权让一个人占有物品的数量产生怀疑。权利和生活需要是紧密相连的，当一个人有权享受他能通过劳动得到的一切东西时，他就不想再为他无法享用的东西花费精力了。这样人们就不会为了财产权而发生争执，也不会轻易侵犯他人的权利。一个人已经占有多少东西是很容易看出来的，如果占有得过多，既没有什么用处，也是不诚实的行为。

第六章 论父权

52

在这类文章中挑剔世界上通用的一些字词,或许会被人斥为一种非难,但是当这些旧名词容易误导读者时,提出一些新名词应该没什么问题。或许"父权"就是这样一个词,它似乎将父母对子女的权力完全归于父亲,把母亲排除在外。然而,只要我们请教一下理性或上帝的启示,我们就会发现,母亲享有同等权利。有人便会提出,将其称作"亲权"应该更合适一些。无论自然和传宗接代的权利赋予了子女什么义务,它必定会要求他们平等地对待共同给予其生命的父母。因此我们看到,上帝的明文法处处都要求子女对父母同样服从。如"当孝敬父母"(《旧约·出埃及记》第二十章第十二节),"凡咒骂父母的"(《利未记》第二十章第九节),"你们人人都要孝敬父母"(《利未记》第十九章第三节),"子女要听从父母"(《以弗所书》第六章第一节)等,这些都是《旧约全书》和《新约全书》里的说法。

53

如果最初仅就这一点认真加以思考,而不对问题的实质作更深入的探讨,也许就不会使人们在权力问题上犯下后来的大错。然而,在"父权"这一名称下,尽管父母双方的这种权力在父权的名义下由父亲独占时,绝对统治权和王权这些说法听起来并无不妥之处；可如果将这种假定的对子女的绝对权力称为亲权，并由此发现这种权力也是属于母亲的，那么，"父权"这一名称听起来就不是多么顺耳了，而且本身还显得很荒谬。因为，如果承认母亲也有这种权力，对于那些依据他们所谓的父亲身份而极力主张绝对权力和权威的人们来说，是非常不利的。而且这还会推翻他们所主张的君主政体的根基，因为这个名词显然表明，他们所依据的作为一人统治基础的基本权威，并非只属于一个人，而是为二人所共有。不过，我们还是暂且不谈这个名词的问题。

54

尽管我在第二章曾说，人人生来都是平等的，但我的意思并不是指人们在所有方面的平等。一个人的年龄或德行可以让其享有某些正当的优先地位，优点和才能可以让另一些人居于一般水平之上，出身、关系或利益可以使某些人尊敬那些由于自然、恩惠或其他原因应予尊敬的人。就所有人现在所处的管辖或统治的主从方面的平等而言，上述种种都是与之相一致的。这就是我在本书所说的那种平等，即每一个人都对其天赋的自由享有平等权利，不受任何人的意志或权威的制约。

55

我承认，子女并非生来就处于这种完全平等的状态中，虽然他们应当如此。孩子出生后的一段时间里，他们的父母对其享有一种统治和管辖权，但这种权力只是暂时的。他们所受的这种约束，就像他们婴儿期的襁褓一样，是用来保护他们的。伴随着他们的成长，年龄和理性会使他们逐渐摆脱这种束缚，直到他们将其完全甩掉，独立处理自己的一切事情为止。

56

亚当一被创造出来就是一个完美的人，他体力充沛、头脑理智，因此他一创生就能自己供养自己，并能按照上帝赋予他的理性法则来从事一切活动。此后，他的后代就生活在这个世界上，但他们生下来时都是孱弱的婴儿，没有任何知识和理解能力。为了弥补成年前这种身心不健全的缺陷，亚当和夏娃以及他们之后的所有父母，根据自然法，都有保护、养育和教育其子女的责任。他们不能把子女看作自己的作品，而应该看作他们自己的造物主即万能上帝的作品，他们要为上帝负责。

57

亚当及其后裔受同种法律，即理性法则的约束。但是他的后代的出生情况和他不同，他们是自然分娩出生的，这就使得他们既无知又缺乏理性，因此还不能受这一法则的约束。任何人都不受不是针对自己的法律的约束，而这种法律必须通过理性来制定，所以当他还不具备运用理性的能力时，就不能受这种法律的约束。亚当的子女不是一生下来就受理性法则的约束，因此这时还不能说他们是自由的。法律的真正意义，并不是限制人们的行为，而是指导一个自由而又聪明的人去追求他自己的正当利益，而且它的规定也不会超出受其约束的人们的一般福利范围。假如没有法律人们会生活得更幸福，那么法律就会自行消失；假如法律仅仅是为了防止我们坠入泥坑或悬崖，它就不应被称为限制。因此，不论这会引起人们多大的误解，法律的目的不是废除或限制自由，而是保护和扩大自由。这

□ 没有胡须的圣约瑟夫圣家族　拉斐尔
藏于艾尔米塔什博物馆

洛克主张，母亲对子女应当有与父亲同等的权力，父母对子女的权力不能完全归属于父亲。此外，他还认为，父母对子女有暂时的统治权和管辖权，而年龄和理性将使子女最终摆脱这些限制，直到最后完全解脱而一个人自由地处理一切。画面中，坐着的圣母将婴儿耶稣抱在膝上，看着站在旁边的无胡须的圣约瑟夫，后者注视着小耶稣。

是因为，在所有受法律支配的人类状态中，哪里没有法律，哪里就没有自由。因为自由意味着不受他人的约束和压制，而在没有法律的地方，是没有这种自由的。但是，我们都很清楚，自由并非可以为所欲为，如果一个人因一时兴起就可以支配别人，那谁还能享有自由呢？我们在这所说的自由，是指一个人在他所遵守的法律范围内，可以自由处置或安排自己的财产和行动，而不受他人意志的支配。

58

由此可见，父母对子女的权力来自他们对其应尽的义务，在子女未成年前，他们有义务抚养他们。在子女们年幼无知的时候，父母应当培养他们的心智并管教他们的行为，直到他们具备了理性，可以对自己负责。这是因为，上帝赋予人类一种指导自己行动的理解能力，只要在法律许可的范围内，人类就享有一种意志的自由和行动的自由。但是，当一个人还不具备能指导自己意志的理解能力时，他就没有自己的意志可以遵循。谁替他运用理解能力，谁就应当替他拿主意，就必须规定他的意志，并指导他的行动。但是当儿子能够使他的父亲成为一个自由人时，他自己也就成为了一个自由人。

59

　　这一点适用于约束人类的一切法律，不论是自然法，还是国家法。人受自然法的约束吗？是什么使他摆脱了这种法律？什么东西可以让他在自然法的范围内，按照自己的意志自由地处置他的财产？答案是，成熟的状态。一个人自认为能够理解自然法的成熟状态，他的行为便须限制在法律范围内。当他达到这一状态时，他应该会明白应如何遵守法律，如何应用自由，从而得到自己的自由。但在此之前，必须有一个熟知法律所容许的自由程度的人对他进行指导。如果这种理性和成年的状态能使一个人获得自由，那么同样也能使他的儿子获得自由。一个人是否受英国法律的约束？是什么使他免受法律约束的？即在这种法律允许的范围内，能按照他自己的意志来处置或安排他的财产和行动？我的答案是理解那种法律的能力。那种法律所假定的具有这种理解能力的年龄为21岁，在某些情况下还会更早些。如果父亲在这个年龄获得了自由，儿子也不能例外。在达到这个年龄之前，法律不允许儿子有自己的意志，他要受父亲或监护人意志的指导，由他们替他运用理解能力。假如父亲去世，又没有委托他人来替自己指导未成年和缺乏判断力的儿子，那么法律将负责做这件事情。当一个人还未达到自由状态，他的理解能力还不足以驾驭他的意志，就必须有人来教导他。但是在这一阶段之后，父亲和儿子，就像老师和已成年的学生一样，都享有同等的自由。他们都要遵守同样的法律，不论是自然状态下的自然法，还是某个政府的明文法，父亲对儿子的生命、自由或财产，都不再享有任何权力。

60

　　但是，如果一个人因为某些缺陷不具备理解法律、遵循法律生活的能力，这样他就永远也不能成为自由人,也不能让他按照他自己的意志行事(因为他不知道约束自己的意志,也不具备正确指导自己意志的判断力)。如果他凭自己的理解能力一直无法承担这种责任,就必须接受他人的监护和教导。所以,精神病患者和白痴永远离不开他们父母的管束。胡克在《论教会国家组织的法律》第一卷第七节中说:"年纪尚幼而缺乏理性的儿童,因自然缺陷而缺乏理性的傻子,以及现在还不能正确运用理性来指导自己的精神病人,只能由他们的监护人用指导自己行动的理性来指导他们,为他们谋求福利。"所有这些,似乎只不过是上帝和自然赋予人类以及其他生物的一种责任,以保护他们的后代,直到他们能自食其力。这能不能算是父母享有王权的一个例证,很难判断。

61

我们是生而自由的,也是生而具有理性的,但这并不意味着我们生来就能运用自由或理性。年龄不仅带来了自由,也带来了理性。由此可见,生而自由和服从父母是一致的,两者都以同一原则为基础。一个孩子依靠他父亲的权利和理解力而获得自由,他父亲的理解力将一直管束着他,直到他具有自己的理解能力。一个成年人的自由和一个尚未成年的孩子对其父母的服从,二者既相互一致又相互区别,以至于那些依据父权盲目地主张君主制的人也不能无视这一区别,那些最顽固的人也不能不承认它们之间的一致性。如果他们的学说完全正确,假如亚当的合法继承人现在已经确定,并依据这一权利被立为君主,拥有罗伯特·菲尔默爵士所说的一切绝对的无限权力;假如他在他的继承人一出生时就死去,这个孩童不论享有怎样的自由和多么至高无上的权力,在他尚未成年又缺乏教育,因而不具备管理自己和他人的理性及能力之前,难道就可以不服从他的母亲和保姆,或导师和监护人的管教吗?他生活上的各种需要,身体的健康和心智的成熟都需要他接受他人意志的指导,而不能按照自己的意志任意妄为。然而,会不会有人认为，这种约束和服从有悖于他所享有的自由和主权，或者是对两者的剥夺，或者将会把他的王国拱手让给那些在他未成年期间对他进行管教的人呢？事实上，对他的管教只会让他可以更好更快地享有自由和君主权。如果有人问我，我的儿子在什么年龄可以享有自由，我会回答说，他的君主当政的年龄。睿智的胡克在《论教会国家组织的法律》第一卷第六节中说："但是什么时候才能说一个人对理性的运用，已经足以使他理解他必须遵守的那些法律，凭感觉来判断远比用技能和知识来确定更容易。"

62

国家也意识到并承认，只有到了一定年龄，人们才会像自由人那样行动。所以在此之前，他们不需要对国家做出效忠或忠诚的誓言，也不需要向他们国家的政府公开表示承认或服从。

63

由此可见，人的自由和按照自己意志行动的自由，是以他具有理性为前提的。理性能帮助他理解约束其行动的法律，并让他知道他可以在多大程度上按照自己的意志行事。在他学会用理性指导自己之前，任由他享有无限的自由，并不是让他拥有生而自由的自然权利，而是把他扔进野兽之中，让他处于和野兽一样悲惨且远远低于人类的状态。这就是将管束未成年子女的权力交给父母的原因。上帝要求他们将管教子女作为己任，并以适度的慈爱和关心来调和这一权力。在子女仍需受这一权力约束期间，父母必须按照上帝的安排，为子女的利益行使这一权力。

64

但是,根据什么把父母对子女的这种管教上升为父亲的一种绝对的专制权力呢?父亲的权力最多只是采用他认为最有效的教导方式,使子女获得健康的体魄和成熟的心智,从而使他们成为对自己和他人都极其有用的人。在这种情况下,如果条件许可,也可以让他们开始自食其力。但是,这项权力是由母亲父亲共同享有的。

65

此外,父亲之所以享有这种权力,并不是因为任何特殊的自然权利,而仅是由于他对子女的监护权。因此,当他不再管教子女时,他就失去了对他们的权力。这种权力来自对子女的抚养和教育,它们是紧密相连、不可分割的。一个被遗弃的孩子的养父也可以拥有这种权力,就像一个孩子的亲生父亲对其拥有这种权力一样。尽管一个男人享有父亲的名义和权威,但如果他只是生育了子女,却并未照顾和管教他们,那么他对自己的子女是没有任何权力的。在世界上某些地区,一个妇女同时有好几个丈夫,这里的父权是什么样的呢?在美洲有些地区,夫妇分离的情况时常发生,子女一般都跟着母亲,完全由母亲抚养,这里的父权又是什么情形呢?如果父亲去世时,子女还年幼,他们成年之前难道不应该同样服从母亲,就像此前对父亲的服从一样吗?也许有人会问,母亲对她的子女是否拥有一种立法权?她能否制定一种永久性的规则,要求子女按照这些规则来处理与他们的财产有关的一切事情,并凭此限制他们一生的自由呢?可能还会有人问,为了履行这些规则,她能使用死刑吗?判决死刑是法官的正当权力,而父亲根本没有这种权力。他支配自己子女的权力只是暂时的,并不包括他们的生命或财产，而只不过是对处于弱势的未成年子女的一种帮助，以及为培养他们而施加的必要约束。尽管在子女的生存没有受到任何威胁时，父亲可以随意处置自己的财产，但他的权力不能涉及子女的生命或财产，不论这些财产是由自己的劳动创造的还是他人赠予的。而且当子女的年龄一旦达到享有公民权以后，父亲的权力也不能干涉他们的自由。这时，父亲的支配权便告终止，他再也不能限制子女的自由，就像他不能限制其他任何人的自由一样。而且，我们还可以肯定的一点是，这种权力并不是一种绝对或永久的管辖权，一个男子完全可以摆脱它的束缚，因为根据神权，他可以离开父母而和他的妻子生活在一起。

66

到了一定时期，子女便不用再服从父亲的意志和命令，就像他们的父亲不用服从其他任何人的意志一样，他们只需遵守自然法或他们国家的内部法律。但这并不意味着子女可以免除上帝和自然法所规定的、孝敬自己父母的义务。上帝把人世间的父母当作他延续人类大业的工具，并使他们成为自己子女的依靠。他既要求父母承担抚养、保护和教育自己子女的义务，又要求子女承担永远孝敬自己父母的义务。子女对父母的孝顺包括通过一切实际行动来表达内心对父母的尊重和敬爱。因此，这种义务可以有效避免子女做出任何冒犯、扰乱或危害自己父母的事情，使他们能够尽心保护、帮助和安慰父母，让父母快乐地生活。任何国家，任何一种自由都没有理由免除子女的这项义务。但是，这并不是说赋予了父母支配子女生命或自由的权力，或一种可以制定法律并随意处置子女生命或自由的权威。子女感激、尊重和孝敬父母是一回事，父母要求子女绝对服从和顺从他们是另一回事。一个在位的君主对自己的母亲也要履行应尽的孝敬义务，但这丝毫不会减少他的权威，也不会使他受她的统治。

67

　　未成年人的服从，使父亲享有一种临时统治权，这种权力随着子女的成年而告终。子女对父母应尽的孝敬义务，使父母享有受到尊敬、赡养和孝顺的永久权利，这种权利与父亲为照顾和教育子女而付出的心力基本相当。孝敬父母的这种义务并不会因为子女的成年而终止，而是伴随一个人的一生。父亲对未成年子女的管教权和终生应受子女孝敬的权利是不同的，如果不对它们进行区别，在这个问题上很容易造成极大的错误。准确说来，与其说第一种权利是父权的特权，还不如说子女的特殊权利和父母的责任。养育子女是父母为了子女的幸福理应承担的责任，任何理由都不能免除他们的这种责任。尽管父母同时还有命令和责罚子女的权力，但是上帝已经把人类对子女的爱注入人性的原则之中，因此完全不必担心父母会滥用他们的权力。所以，当全能的上帝在说明他对以色列人的宽容时，他对他们说，虽然他惩罚他们，但是他对他们的惩罚就像一个人对自己儿子的惩罚一样（《旧约·申命记》第八章第五节）。也就是说，要仁慈地对待他们，除了最有利于他们成长的管教之外，不对其施行更严厉的惩罚，但是过于纵容就不是慈爱了。这就是要求子女服从的那种权力，既不会使父母过分操心，也不会让他们的付出一无所获。

68

　　另一方面，尊重和孝敬父母是子女对他们养育之恩的报答，是子女必须承担的责任，是父母应当享有的基本公民权。这是为了保障父母的利益，就像父母的抚养义务是为了子女的幸福一样。然而，教育作为父母的责任之一，似乎具有非常大的权力，因为子女未成年时期的无知和不足需要教育加以约束和纠正，这是一种看得见的统治权的行使，是一种支配权。而孝敬一词所包含的责任，并未要求过多的服从，但是这种义务对成年子女的要求比对未成年子女的高些。"子女应遵从父母"，有谁会认为这条训令要求一个有子女的人对他父亲的服从，要和他未成年的子女对他的服从一样呢？如果他的父亲凭着自己的权威感，还要把他当作孩子来看待，根据这条训令，谁又会认为他必须服从他父亲的一切命令呢？

□ 穿越红海

上帝恩待以色列人，挑选他们作为自己的子民，对他们寄予厚望，怀抱不变的爱。然而，正所谓爱之深，责之切，当以色列人犯罪时，他也会像惩罚自己的儿子一样惩罚他们。图为摩西在上帝的指引下，将杖高举在水上，一夜之间，有大东风将红海分开，以色列人就从海的两边过了水墙，逃脱了埃及人的追赶。以色列人见识了上帝的大能，从此信仰上帝和摩西。

69

因此，父权或者说父亲的责任的首要部分是教育，这是属于父亲的，而且到一定时期就会结束。但在教育的任务结束之前，这种权力也是可以出让的。因为父亲可以将自己的子女交给其他人教育，这期间子女们对他和母亲的大部分服从义务就可以暂时免除了。但是父权的另一部分，即子女孝敬父母的义务，仍属于他们，这种义务是无法消除的，父母同时享有，父亲的权威不能剥夺母亲的这种权利，而且也没有谁能免除子女孝敬自己母亲的义务。不过，这两部分父权既不是制定法律的权力，也不是当涉及对财产、自由、身体和生命的处罚时来执行这些法律的权力。支配子女的权力随着子女的成年后而宣告结束，但此后子女仍要对自己的父母尽到尊重、孝敬、赡养和保护的义务，以及为报答父母的养育之恩而尽的其他一切义务。但是，所有这些并没有给予父亲王权和君主的命令权。他对儿子的财产或行动没有支配权，也无权将自己的意志施加给儿子，但是儿子在很多事情上尊重父亲的意志是恰当的，不会给自己和家庭带来不便。

70

为了尊敬长者或贤者，保护子女或朋友，救济和帮助困苦的人，感谢施与他恩惠的人，一个人可能倾其所有也不足以应付这一切。但是，所有这些并不能使那些要求他履行义务的人享有任何权威，或享有对他制定法律的权力。很明显，所有这些义务不是仅仅因为父亲的权利，也不是因为前面所说的母亲的生养之恩，而是因为子女对父母应尽的这些义务和父母对子女的要求程度是有所区别的，两者会随着父母的养育、关爱、辛劳和花费的不同而有所变化，某个孩子所得到的东西往往会比另一个孩子多。

71

这恰恰说明了，处在社会中的父母（他们本身也是社会成员）何以对子女保持着一种权力，而且享有与自然状态中的父母对子女享有的同样多的权力。如果说一切政治权力只是父权，两者其实是一回事，那么情况就不可能是这样了。因为这样一来，所有的父权便只属于君主，臣民就不能享有这种权力。但是，政治权力和父权是两种截然不同的权力，建立在不同的基础上，各自的目的也不尽相同。因此，作为臣民的父亲对其子女享有的父权，与君主对其子女享有的父权同样多，而且每一个有父母的君主，对自己父母应尽的孝敬和服从义务，和他最卑贱的臣民对其父母应尽的义务也同样多。因此，父权不包括任何君主或最高统治者对臣民拥有的那种统治权的任何程度或部分。

72

父母养育子女的义务和子女孝敬父母的义务，都意味着一方享有全部权力，而另一方必须服从，且这种关系都是正当的。尽管如此，但父亲通常还有另外一种权力，他可以凭借这种权力迫使子女服从他。虽然他和别人都享有这种权利，但一般都是在自己的家庭中行使，很少在其他地方实施，也极少引起他人注意。因此，它现在已经被当作父权的一部分，这就是人们所具有的将他们的财产给予自己最喜欢的人的权力。子女们通常可以继承或有可能继承父亲的财产，只是根据各国法律和习惯的差异，继承的比例各不相同。但是，父亲通常有权根据子女的行为，来决定该分给哪个子女多少财产。

□ **浪子回头的比喻**

上帝向法利赛人设了一个比喻：一个人有两个儿子，小儿子将父亲给他的那一份财产带到远方挥霍一空后决定回家，请求父亲的原谅。当他回家时，他的父亲远远看见了他，便动了慈心，跑上前去热切地亲吻他，并宰了肥牛犊庆祝他的回归。那人的大儿子见了，便感到生气嫉妒。这时他父亲就出来劝他："孩子，你始终与我同在，我所有的都是你的。只是你这个兄弟是死而复活，失而又得的，所以我们理当欢喜快乐。"显然，上帝在比喻中所说的父亲，就是指仁爱、慈悲的天父耶和华上帝。

73

这对于子女服从有很大的约束作用。由于土地是国家的一部分，对土地的享用总是和对一国政府的服从紧密联系在一起，因此人们通常认为，父亲能够迫使其子孙后代服从他自己所服从的政府，能用约束他自己的契约来约束子女。其实，这只不过是附加在土地上的一个必要条件，只有那些愿意服从这一条件的人，才能继承这个政府所管理的土地。因此，这并不是一种与生俱来的约束或义务，而是一种自愿的顺从。因为，既然每一个人的子女和他自己，以及他的祖先，都是生而自由的，那么当他们处于这种自由状态时，他们就可以选择自己愿意加入的社会和国家。但是，如果他们想拥有他们祖先的遗产，就必须接受他们的祖先当初所接受的条件，遵守附加在财产上的一切条件。尽管子女成年后，父亲仍然可以运用这种权力迫使子女服从他，甚至服从某种政治权力，但是这些都不是来自父亲的任何特殊权利，而是利用他们拥有的财产来迫使子女服从，并对其服从做出补偿。他享有的这种权力，并不比一个法国人对一个英国人所享有的权力多，如果后者要想得到前者留给他的一笔财产，他就必须强迫自己服从。传给他的财产中如果有一块土地，而且他也想拥有这块土地，那么他就必须接受该土地所在国对此所规定的附加条件，不论是在法国还是英国。

74

我们由此可以推论出：即使父亲只在子女未成年时期对他们行使支配权，且权力的行使必须符合这个时期对子女进行的约束和管教；不论什么情况下，子女们终其一生都必须对父母尽到尊重、孝敬和拉丁人所谓的"孝道"，以及一切保护和赡养的义务；但是这并未赋予父亲统治的权力，即对他的子女制定法律和进行处罚的权力。虽然所有这些都不能使父亲对儿子的财产或行动享有支配权，但在人类早期以及现在仍人烟稀少的地方，一些家庭可以散居于无主之地，也可以迁到尚未被占有的地方生活，在这种情况下，父亲很容易成为一个家庭中的"君主"。从子女的孩童时期开始，他就是一个统治者。如果没有某种统治权，大家在一起生活肯定会困难重重，因此当子女们成年后，他们可能就明确同意或默认父亲享有统治权。这种统治权其实只是原有情况的继续，没有任何变化，仅仅意味着由父亲一人来行使每个家庭成员生来就享有的自然权利，这也就赋予了父亲一种君权。很明显，这种"君权"并非来自于任何父权，而是仅仅基于子女的同意。因此，毫无疑问，假如一个陌生人偶然或专门来到某人家中，并杀死了他的一个孩子或做了其他任何坏事，没有人会质疑他有权定侵犯者的罪并将其处死，或者像惩罚他自己的子女那样惩罚他。对于一个不是他子女的陌生人，他的这种做法不可能是根据任何父权，而是基于他作为一个人而享有的自然法的执行权。在他家里只有他一人能惩罚这个陌生人，是因为他的子女出于尊重而将这一执行权交给了父亲，从而使他可以拥有这种权力。

75

因此，子女们明确同意或默认父亲享有权威和统治权，这是很容易的，而且自然而然地发生。他们从童年时期起就习惯于服从父亲的管教，让他来处理他们之间的小矛盾，因此当他们成年后，谁比他更适合统治他们呢？他们没有多少财产，也没有多少贪心私欲，很少会出现较大的纷争。当他们之间发生争执时，除了抚养他们长大并深爱他们每个人的父亲以外，还能从哪里找到更合适的裁断者呢？所以，他们对未成年和成年不加区分也就没什么稀奇的了。当他们想继续做被保护者时，也不会期盼21岁或其他年龄的到来，这个年龄可以使他们享有人身自由和财产处理权。他们在未成年时所处的那种被统治状态，更多的是一种保护——只有父亲的统治能给他们的安宁、自由和财产带来更可靠的保障。

76

因此，作为一家之主的父亲，自然而然地变成了政治上的君主。如果他们碰巧寿命很长，连续几代继承人都非常能干，或由于其他原因，他们就凭着某些机会或计划，为各种组织形式和形态的世袭或选举的王国奠定了基础。但是，如果君主是凭借父权而享有君权的话，这足以证明父亲自然享有政治权力，因为统治权通常是由父亲行使的。如果这个论断正确，那么它同样也能有力地证明：所有的君主，而且只有君主，应当成为祭司。因为可以确定，最初父亲既是家庭中的祭司，也是全家的统治者。

第七章　论政治社会或公民社会

77

根据上帝自己的理解，他将人类创造成一种不适宜独自生活的物种，通过使他担负起生产生活必需品、改善生活条件及满足自身需要的义务，从而迫使他加入社会，并赋予他理智和语言，以便他能继续社会生活并享受社会生活。最初的社会是由丈夫和妻子组成的社会，父母和子女之间的社会也由此而来，最终形成了由主人和奴仆组成的社会。尽管所有这些关系可以合在一起而构成一个家庭（通常确实如此），男主人或女主人拥有某种适合于家庭的统治权，但是，如果我们仔细分析每种社会的目的、关系和范围的话，就会发现，这三种社会中的任何一种或整体都不足以形成政治社会。

78

夫妻社会是通过男女双方间达成的契约而形成的。它所包含的内容，除了双方为实现生育目的对双方身体的相互占有和权利，还包括互相供养、互相帮助及利益共享等。这不但是巩固夫妻间互助互利的亲密感情所必需的，而且对他们抚养共同的后代也是必要的，因为子女们在能够自立之前，有权得到他们的养育和帮助。

□ **商人阿诺尔菲尼和他的妻子**

《圣经》中说，婚姻是神圣的，双方必须尊重婚姻。上帝为亚当和夏娃设立的婚姻制度是一夫一妻制，这是人类婚姻的开始。"因此，人要离开父母与妻子连合，二人成为一体。"二人同生活，互相帮助，但不可互相离弃，同时要互敬互爱，彼此顺服和包容。图为画家扬·范·艾克的作品《商人阿诺尔菲尼和他的妻子》。图中的狗代表婚姻的忠诚，脱去的鞋子代表婚姻的纯洁，这显然是夫妻二人虔诚对待上帝的象征。

79

男女双方结合的目的不仅仅是为了生育，还为了延续种族。所以，即使生育任务完成后，只要孩子还需要他们的养育和扶持，男女间的这种结合就应延续下去。因为子女在能够自力更生以前，应该得到自己父母的养育和扶持。智慧无边的创世主为他亲手创造的作品所制定的这条规则，得到了低等动物的坚决服从。在那些食草哺乳动物中，雌雄之间的结合在交配行为结束后就不再持续，因为在幼兽自己能吃草以前母乳足够供给其营养，雄兽传完种后就不再关心雌兽或幼兽，对幼兽不尽任何抚养义务。但是在肉食动物中，雌雄结合的时间比较长，因为雌兽仅靠它自己捕获的猎物无法养活它自己和众多幼兽。与食草相比，捕食是一种更费力也更危险的生存方式，雄兽和雌兽只有齐心协力才能供养它们的家庭。在自己能够捕食以前，幼兽只有依靠雌兽和雄兽的共同照顾才能生存下来。在所有鸟类中情况也是如此（除了某些被饲养的家禽），雌鸟和雄鸟一直结合在一起，共同为巢内的幼鸟捕食，直到幼鸟能够展翅翱翔和供养自己为止。

80

我想，这就是人类男女间的结合比其他动物的结合持续时间更为长久的主要原因。因为当一个孩子还不能自力更生，仍需要父母的帮助和扶持时，他的母亲很可能再次怀孕，又生出一个孩子来（确实经常出现这种情况），在这种情况下，有责任照顾所生子女的父亲，也就有义务和一个女人继续维持夫妻关系。这种关系的持续时间要比其他动物的更长，因为在下一次生育季节来临前，其他动物的幼崽已能够供养自己，雌雄间的结合便自然而然地结束了。此后它们就完全自由了，直到婚姻之神在每年中的同一个季节里再次召唤它们选择配偶为止。对于这一点，我们不得不对伟大造物主的智慧钦佩之至，他赋予人类一种先见和能力，使他们既能维持目前的生活，又能为将来做准备，这就使夫妻关系必然要比其他动物的两性结合得更为长久。而且这还可以激励他们努力工作，使他们的利益结合得更加紧密，以便供养他们的子女并积累财产。如果夫妻关系可以随意结成或解散，他们的子女无疑就会受到极大的伤害。

81

然而，尽管对人类的这些约束使夫妻关系比其他动物更为牢固和持久，人们仍有理由质疑，为什么这种保障生育和教育并考虑到继承的契约，不能像其他任何自愿达成的契约那样，基于契约双方的协商，或在一定时间，或根据一定条件而终止呢？因为，不管就事情的性质而言，还是就其目的而言，这个契约都没有被规定必须是终身制的。当然，我在这里所指的是不受任何明文法约束的契约，根据明文法的规定，有些契约是永久性的。

82

但是,尽管夫妻双方只有一件共同关心的事,但由于各自理解的不同,他们有时难免会产生分歧。因此,最终决定权(统治权)归谁所有的问题就亟待解决,自然而然,这一权力就落在了聪明能干、身强力壮的丈夫身上。但是这只涉及有关他们共同利益和共同财产的事情,妻子仍然享有契约赋予她的特殊权利,至少丈夫支配她生命的权力不会超过她支配丈夫生命的权力。既然丈夫的权力远不及专制君主的权力,那么在某些情况下,在自然权利或他们的契约所许可的范围内,妻子就可以按照自己的意志和他分离,不论那个契约是在自然状态中签订的,还是依据他们所在国家的习惯或法律签订的;他们分离时,子女应归属父亲还是母亲,由这一契约来决定。

□ 巴比伦的婚姻市场

《圣经》中说:"你们做妻子的,当顺服自己的丈夫,如同顺服主。因为丈夫是妻子的头,如同基督是教会的头,他又是教会全体的救主。"然后又说:"妻子没有权柄主张自己的身子,乃在丈夫;丈夫也没有权柄主张自己的身子,乃在妻子。"也就是说,丈夫虽然拥有某些事情的最终决定权,但妻子仍然享有婚姻契约赋予她的特殊权利。图为《巴比伦的婚姻市场》,在古巴比伦这个神秘的国度,婚姻是从拍卖新娘开始的。

83

婚姻的全部目的——生育子女和夫妻共同生活时相互扶持——不论是在政府统治下,还是在自然状态中都能实现。政府官员无权剥夺夫妻任何一方为达到这些目的而享有的必要的权利或权力,而只能在夫妻双方对这些事情发生分歧时进行裁断。若非如此,假如丈夫理应拥有绝对主权和生杀之权,并且对于夫妻社会是必要的，那么在不允许丈夫拥有这种权力的国家，就不可能存在婚姻。既然婚姻目的的实现并不需要丈夫拥有这种权力，结成夫妻关系的条件中就不包括对这种权力的拥有，它对婚姻状态就根本没有任何存在的必要。至于财产的共有及处理财产的权力、互相扶持以及夫妻关系中的其他问题，都可以依据契约进行调整和规范，只要不违背生育和扶养子女，直到他们能自力更生为止的精神就行。凡是对任何其他社会没有必要的，对实现社会目的也是毫无用处的。

84

关于父母和子女之间的社会，以及他们各自拥有的不同权利和权力，我在前一章中已经详细论述过，这里不再赘述。我认为，这种社会明显与政治社会截然不同。

85

主人和仆人这类名称同历史一样古老，但是拥有这些名称的人的条件各不相同。在一定时期内，一个自由人通过为另一个人服劳役而换取工资，从而使自己成为那个人的仆人。虽然这样通常会将他置于主人的家庭之中，受一般的纪律约束，但这只能给予主人暂时支配他的权力，而且这种权力必须在他们之间的契约所规定的范围内。还有一种仆人，他们有特定的称呼，我们称其为奴隶，他们是在正义战争中被俘获的俘虏，根据自然权利，他们要绝对服从主人的专制权力。正如我所说的，这些人既然已经丧失了他们的生命权，因而也就丧失了他们的自由和财产，成为奴隶。在这种状态中，他们就不能被认为是政治社会的任何部分，因为政治社会的首要目的是保护财产。

86

为此，让我们来考察一下一家之主与在这个家庭的内部统治下的妻子、子女、仆人和奴隶的一切从属关系。尽管这种家庭在其秩序、职能和人数方面类似一个小国家，但它在组织、权力和目的等方面又与之截然不同。或者说，如果一定要将一个家庭看作君主制国家，家长就是专制君主，那么这种"君主专制政体"所拥有的将只是一种不稳定且短暂的权力。因为如前所述，从时间和范围来看，一个家庭的主人显然对家中的几名成员拥有明确而又不尽相同的有限权力。除了奴隶以外（无论家中是否有奴隶，他作为家长的权力还是一样大，家庭依然是家庭），他对家庭中的任何成员都没有生杀之权，而且家庭中的女主人也拥有和他同样的权力。既然他对家庭中每一个成员的权力都极其有限，他当然就不能对全家享有绝对权力。然而，一个家庭或人类的任何其他社会与真正的政治社会究竟有何区别，我们在探讨政治社会的构成时会看得更清楚。

87

前文已经证明，人类生来就享有完全的自由，在享有自然法规定的一切权利和利益时不受任何约束。他生来就享有一种权利，即自己的生命、自由和土地不受他人损害和侵犯，而且还可以对他所认为的违法行为进行裁断和处罚，甚至在认为别人罪行严重时，对违法者处以死刑。但是，如果政治社会不具有保护财产的权力，不能对这个社会中的一切犯罪行为进行处罚，就不能成其为政治社会，也无法继续存在下去。在真正的政治社会中，每个成员都放弃了这一自然权利，把可以诉诸法律来保护的一切事情都交给社会处理。于是，社会所有特定成员的私人判决就被排除在外，社会成了仲裁者，固定不变的法规对所有当事人毫不偏祖，一视同仁。社会授权某些人来执行这些法律，由他们裁断社会成员之间可能发生的在权利方面的一切纷争，并根据法律规定的惩罚措施来处罚社会成员所犯的一切罪行。由此很容易就能判断，谁与谁共处于一个政治社会中，谁与谁没有处于一个政治社会中。凡是结合为一个整体的人们，只要拥有共同制定的法律，以及可以向其申诉、有权裁断他们之间的纠纷，并能对罪犯做出惩罚的司法机关，他们就都处在公民社会中。而那些没有这种共同申诉机构的人们（就世间而言），则还是处于自然状态中。因为既然没有其他的仲裁者，所以每个人都是自己的仲裁者和执行者。如前所述，这种情况就是纯粹的自然状态。

□ 詹姆斯一世（苏格兰詹姆斯六世）与《论自由君主国的真正法律》

1598年，苏格兰国王詹姆斯六世首次发表了关于王权理论的"论文"，即自由君主制的真正意义——自由君主与他的自然王国之间的互惠互利。詹姆斯自1567年（1岁时）起一直是苏格兰国王。《论自由君主国的真正法律》最初在爱丁堡出版时是八开的版本。1603年，詹姆斯六世加冕为英格兰国王即詹姆斯一世，另一个八开版本在伦敦出版。它后来被收录在詹姆斯的著作（1616年）的大型开本中。

88

由此可见，国家有权对社会成员所犯的各种罪行规定相应的惩罚（这就是制定法律的权力），也有权惩罚社会之外的人对其任何社会成员造成的一切损害行为（这是宣战媾和的权力），所有这些都是为了尽可能地保护该社会成员的财产。尽管一个人加入政治社会并成为某个国家的成员时，放弃了他的私人判决权以及惩罚违反自然法的行为的权力，但由于人们已将所有案件的犯罪行为的仲裁权交给立法机关，他就赋予了国家在执行裁决时使用其强制力的权利，即当国家对他有此需要时，就可以使用他的力量去执行国家的判决。这实际上就是他自己的裁决，是由他自己或者他的代表做出的裁决。公民社会的立法权和执行权就起源于此。这种权力需根据长期有效的法律，来决定应如何处罚发生在国家内部的犯罪行为，对于外来的侵害行为，则应根据当时的实际情况做出临时裁决。在上述两种情况下，如有必要，完全可以动用全体成员的全部力量。

89

因此，无论在什么地方，只要有人这样结合成一个社会，每个人都放弃了自己对自然法的执行权，把它交给公众，就能形成一个政治社会或公民社会。它的形成有两种情形：一种是，处于自然状态中的人们（不论数量多少）成为社会的一部分，并形成一个民族，接受一个有最高统治权的政府的管辖；另一种是，个人自己加入并参与一个已经成立的政府。这样，他就授权给社会，或者授权给社会的立法机关（两者的性质其实一样）根据社会公共福利的要求为他制定法律，而他本人也需要协助执行这些法律。在人世间设立的裁判者有权裁判一切争端和救济那些可能受到伤害的任何国家成员，这个裁判者就是立法机关或立法机关所委任的行政长官。这种裁判者的设立，就使人们脱离自然状态而进入国家状态。反之，不论在什么地方，也不论有多少人已经结合起来，如果没有这样一种可以向其申诉的裁判权，他们就仍处于自然状态中。

90

由此可见，尽管有人将君主专制政体看作世界上唯一的政体，但它实际上和公民社会是不相调和的，因此它根本不可能是公民政府的形式。因为公民社会的目的是避免并弥补自然状态下的种种缺陷，而这些缺陷正是由于人人都是自己案件的裁判者而产生的。所以通过设立一种明确的权威，使每个社会成员在受到任何伤害或发生任何争执时，可以向它申诉，而且所有社会成员都必须对它服从。如果没有这样的权威可以向其申诉，并对人们之间的纠纷进行裁判，那么这些人就仍旧处于自然状态中。因此，就那些处于专制君主统治之下的人而言，每一个专制君主都仍处于自然状态中。

91

只要有人被认为独揽了全部立法权和执行权，那就不存在什么裁判者。对于由君主或他的命令所造成的伤害或损失，人们就无法向公正无私、有权裁判的人提出申诉，不能期望可以通过他的裁决得到解决或补偿。因此，这样的人——不论使用什么称号，沙皇、大帝或任何你喜欢的称呼——及其统治下的所有人，同其余的人类一样，都处于自然状态中。在任何两个人的生活中，如果既没有长期有效的法律，也没有可以向其申诉的共同裁判者来裁判他们之间的纠纷，那么他们就仍然处于有诸多不便的自然状态中。专制君主的臣民，确切地说应该是奴隶，最可悲的区别就是：在通常的自然状态下，他享有对自己的权利做出裁决并尽力维护它的自由，而如今，当他的财产权受到君主的意志和命令的侵犯时，他不但不能像处在社会中的人那样享有申诉的权利，而且他作为理性人的共有状态遭到了贬低，被剥夺了裁判或维护自己权利的自由，从而陷入各种灾难和不幸的威胁之中。造成这些灾难和不幸的人，很可能掌握着权力，处在不受约束的自然状态中，并且因他人的阿谀逢迎而堕落。

92

如果有谁认为绝对权力能纠正人性中的劣根性，并能使人们的品质变纯洁，那么他只要读一读当代或其他任何时代的历史，就会得出相反的结论。一个在美洲森林里横行恣肆的人，即使登上王位也不会收敛多少。当他身居王位时，很可能会拿出各种学说和宗教来为他对其臣民所做的一切进行辩解，而一把刀剑就能立刻让胆敢质疑其权威的人噤若寒蝉。当这种君主政体发展到成熟阶段时，君主专制下的保护将会怎样？它会使君主成为怎样的一国之主？它能给公民带来多大程度的幸福和安全？我们只要研究一下锡兰近来的情况就能了然于心。

93

事实上，与世界上其他政体一样，君主专制政府统治下的臣民，确实有权向法官们申诉，通过法律手段来解决他们之间可能发生的一切纠纷，以防止任何暴行的发生。每个人都认为这是必要的，而且相信，任何想要剥夺这种权利的人都应当被视为社会和人类的公敌。但是，这是否出于对社会和人类真正的爱心，是否出于大家彼此间应有的博爱，仍值得怀疑。其实这只不过是一个热衷于自己的权力、利益和名声的人，可能而且必然会做出的选择，他使得那些只为自己的快乐和利益而默默劳作的牲畜不互相伤害或残杀。但是，他之所以这么做，并非出于对它们的爱心，而是为了自己的切身利益。可能会有人问，这种情况下，有什么安全和保障措施可以防止这个专制统治者的暴行和压迫呢？这一问题令人无法容忍。有人会立刻告诉你，只要对安全保障问题提出疑问就罪该万死。但他们将承认，为了他们彼此间的安全与和平，在臣民与臣民之间必须要有措施、法律和法官；而对统治者来说，他应该拥有绝对的权威，并超越所有这些情况之上。因为他有权做更多坏事，他这样做是合法的。如果有人问，当他使用最强硬的手段这样做时，怎样才能防范他可能施加的暴行呢？这当即就会成为谋反和叛变的证据。这就如同，人们在摆脱自然状态进入社会时就一致同意，所有人都应当受到法律的约束，除了某一个人，只有这个人可以继续保留自然状态中的一切自由，而且这种自由还因为他握有权力而得以扩大，他因为可以免于惩罚而变得更有恃无恐。这相当于说，人们竟愚蠢到只防备狸猫或狐狸的侵扰，而甘愿被狮子吞食，甚至还认为这是安全的。

94

但是，不论花言巧语如何试图迷惑人们的心智，都无法蒙蔽人们的感受。当人们察觉，有人不论处于什么地位，都已经不再受他们所处的公民社会的约束，他们很可能会遭到他的伤害却无处申诉时，他们就会认为，对于这个人而言，他们都处于自然状态中，而且他自己也处于这种状态。他们一旦有机会，就会尽快争取获得公民社会中的安全和保障，因为这两点是建立公民社会的首要目的，也是他们加入公民社会的目的。因此，尽管最初在人们中间或许有一个人品行端正、德高望重，出于对其善良和美德的敬仰，人们几乎把他看作一种自然的权威，从而默许他享有裁判他们之间纷争的权力，但这只是基于人们对他的信任，并没有其他任何保证。但久而久之，人们早期由于粗心大意、目光短浅和天真幼稚而形成的一些惯例，便开始具有权威性和神圣性，并由此催生了另一类继承者。这时，人们发觉在这个政府的统治下，他们的财产不像以前那样有保障了（政府除了保护财产之外，没有其他目的）。因此，他们除非把立法权交给人们的集合体（可称之为参议院、议会等），才会感到安全和放心，才会觉得自己是处在公民社会中的。通过这种方法，人人都要受到他所属的立法机关所制定的法律的约束，任何人都不能凭借自己的权威逃避法律的制裁，也不能依仗自己优越的地位，放任自己或下属肆意妄为，并为此请求豁免。在公民社会中，任何人都不能脱离法律的约束。因为，如果一个人可以肆意妄为，那么不论他对其他人造成怎样的伤害，人们在世间就无法通过申诉而获得赔偿。这样的话，他就仍旧完全处于自然状态中，不能成为公民社会的一分子，除非有人认为自然状态和公民社会是一回事。然而，我还从未发现，那些狂妄之徒敢作出如此断言。

第八章　论政治社会的起源

95

如前所述，人类生来都是自由、平等和独立的，不经本人同意，谁也无权将他人置于这种状态之外，使其受制于另一个人的政治权力。一个人放弃其天赋自由并接受公民社会的各种限制的唯一方法，就是同其他人通过协商组成一个共同体，以便谋求他们彼此间舒适、安全、和平的生活，安心地享用他们的财产，并为防止共同体以外任何人的侵犯，寻求更可靠的保障。不论人数多少，他们都可以这样做，因为它并不会损害其他人的自由，这些人还可以像从前一样享有自然状态中的自由。当某些人同意通过这种方式建立一个共同体或政府时，他们就立刻结合起来并组成一个政治实体，其中的大多数人拥有采取行动和限制其他人的权力。

96

这是因为，当有些人一致同意组成一个共同体时，他们也由此形成了一个整体，拥有作为一个整体行动的权力，而这只能在征得大多数人的同意后才能实现。既然任何共同体都要在其全体成员的允许下采取行动，而它作为一个整体又必须行动一致，这就要求整体的行动听从较大力量的指挥，这个较大的力量就是大多数人的许可。否则它就不可能作为一个整体或一个共同体而采取行动或继续存在，所以人人都应基于这种许可而接受大多数人的决定。因此我们看到，明文法只授予议会行动的权力，而未规定其采取行动的法定人数，在这种情况下，大多数人的行为被视为全体成员的行为，那么根据自然法则和理性法则，大多数人的决定当然也可以算是全体成员的决定了。

97

因此，当某些人同意建立一个由一个政府统治的国家时，他们就使自己对社会全体成员负有一种服从大多数人的决定的义务，否则他们为组成一个社会而订立的那个原始契约便彻底失去了意义。如果他们仍然像在自然状态下那么自由，只受当时的一些约束，这个契约就不是契约了。而且，如果他只受那些自己认为适合且确实经其同意的法令约束，而不受这个社会其他任何法令的约束，那还能算承担新义务吗？这样的话，他现在的自由仍然和订立契约前他所享有的，或自然状态下的任何人所享有的自由一样多，而自然状态下的人可以服从和同意自己认为合适的任何法令。

98

出于理性，如果有人不承认"大多数人的同意"就是"全体须遵守的法令"，且对每个人都有约束力，那么，只有经过每个人同意方能使之成为全体遵守的法令。但要想取得这种同意几乎是不可能的，因为现实中肯定会有很多人因病或因事无法出席集会，尽管缺席的人数仅是一个国家总人数的极小部分。此外，在各种人类集合体中，永远都存在必不可少的意见分歧和利害冲突，因此如果要在这种情况下进入社会,就只能像加图[1]走进戏院那样,一进场就出来。强大的利维坦也会变得比最弱小的生物更加脆弱,出生的第一天便会夭亡。这简直无法想象,除非我们认为理性的生物要求组成社会的目的只是使它们解体。因为,如果大多数人不能替其他人作出决定,他们便不能作为一个整体行动,其结果只能是立刻解散。

□ 让-雅克·卢梭的《社会契约论》

让-雅克·卢梭作为18世纪最重要的政治思想家之一,其早期的作品认为,文明的发展实际上导致了幸福感的下降,人类应该尽可能地生活在接近自然的状态中。1762年,他发表了《社会契约论》,该书著名的开篇句是:"人生而自由,处处为枷锁所束缚。"他转而指出,只有生活在保障公民权利和福祉的文明社会中,人们才能体验到真正的自由。成为这样一个社会的一部分,就意味着要服从大众的意志——这是一种超越个人、旨在维护共同利益的力量。《社会契约论》被视为现代政治哲学的定义文本之一,它强调,如果个人希望自己的自由得到保障,就必须在公民社会中扮演负责任的角色。

99

因此,只要人们脱离自然状态联合为一个共同体,就必须被理解为,他们把这一行动所需的一切权力都交给了这个共同体的大多数人,除非他们明确同意将权力交给多于多数人的任何人数。只要一致同意联合成为一个政治社会,这一点就能实现,而这种同意完全可以作为加入或组成一个国家的成员之间所订立的或应该订立的契约。因此,开始组织并已经组成任何政治社会的,只能是一些能够服从大多数人的意见的自由人,只有这样,世界上的合法政府才得以创立或能够创立。

---

[1] 马尔库斯·波尔基乌斯·加图(前234—前149年),为了与其曾孙小加图区别开来,通常称为老加图,或监察官加图,罗马共和国时期的政治家、国务活动家、演说家,前195年的执政官。他也是罗马历史上第一个重要的拉丁语散文作家。

100

对于这一点,似乎存在两种反对意见:

第一,人类历史上没有这样的例子:一群彼此独立和平等的人聚集在一起,以这种方式组成了一个政府。

第二,人们不可能拥有这样做的权力,因为每个人生来就处在政府的统治之下,他们只能服从那个政府,不能随意建立一个新政府。

101

对于第一种反对意见,我可以这样回答:关于人们在自然状态中群居的历史记载极少,这根本不足为奇。考虑到自然状态下的种种不便和人们偏好群居并且需要交流,一旦将一群人聚集在一起,如果他们想继续过群居生活,就会立即组成一个社会。如果我们因为很少听说人们处于自然状态,就认为他们不曾处于这种状态,那我们也可以说,萨尔曼那塞尔或塞克西斯的军队里的军人根本没有童年,因为我们对他们幼年时期和加入军队之前的情况不甚了解。不论在哪,都是先有政府,然后才有文字记载,而文字则是在一个民族经过长期的公民社会,拥有了安全、便利和富足的生活之后才出现的。自此,他们才开始探究先祖的历史,才开始追本溯源,而这时他们已经几乎完全淡忘了这段历史。国家也和个人一样,通常对自己出生和幼年时的情况一无所知。即便他们对自己的起源有所了解,也是从别人不经意保存下来的相关资料中得来的。除了上帝曾直接干预过的犹太民族外(该民族完全不赞成父亲的统治权),世界上所有国家的起源情况都像我所说的那样,或至少在这方面有明显的迹象。

102

　　罗马和威尼斯就是由一些自由独立的人结合而成的，他们没有高低贵贱之分。如果有谁否认这一点，我们必定会说，在确凿事实与主观臆测不吻合时，他的倾向令人匪夷所思。如果引证阿科斯塔的话，他会告诉我们，美洲的很多地方以前根本没有政府。他说："根据推测，在较长一段时期里，这些人（秘鲁的土著）既没有国王，也没有国家，而是过着群居的生活，就像今天的佛罗里达人、巴西的吉里夸纳人及许多其他民族那样，没有固定的国王，只有到了和平或战争的关头，他们才根据意愿选出一位首领。"（《印第安人的自然和道德历史》第一卷第二十五章）即使那里的每一个人生来就从属于他的父亲或家长，孩子的这种从属并不能剥夺他按照自己的意志加入某个政治社会的自由，这在前面已经证明过了。不管怎样，这些人显然都是自由的。尽管现在有些政治家想让他们中的一些人享有某种优越地位，这些人自己却并没有这种要求，而是根据协商，大家都一律平等，直到他们一致同意选出一位支配自己的统治者为止。因此，他们的政治社会都以人们的自愿结合为前提，都是基于人们自由选择他们的统治者和政府形式的协议。

103

　　希望人们能够肯定《查士丁》第一卷第三部分第四章中的记载，即跟巴兰杜斯一起离开斯巴达的人都曾是彼此独立的自由人，他们通过协商建立了一个统治自己的政府。至此，这些自由的和处于自然状态的民族的历史已经告诉我们，他们聚集在一起，联合创建了一个国家。如果因为缺少这种例子就认定政府不是也不能这样建立起来，那我建议主张父权帝国的人们还是尽早放弃这种观点，不要企图用它来反对天赋自由。因为，如果他们也能从历史中找出我所举的那么多例子，来证明政府起源于父权，那么我想，在这个问题上对他们做出一些让步应该不会造成多大危险。如果在这个问题上我可以提出建议的话，那么我劝他们最好不要过于深入地探寻政府的起源（他们已经开始这样做了），以免在大部分政府的基础上，发现一些对他们所倡导的方案和主张的那种权力极为不利的东西。

104

我们完全可以肯定，我们的论证显然是有理可循的。人类生而自由，历史上的诸多实例也证明，世界上所有建立于和平时期的政府都以上述基础为开端，以人民的同意为前提。因此，对于最初建立政府时的权利源自何处，或者当时人类的意见或行动是什么，都是无法怀疑的。

105

我并不否认，如果我们沿着历史的线索去探寻国家的起源，通常会发现国家处于一个人的统治和管理之下。我也愿意相信，当一个家族成员众多，完全可以自给自足，并继续生活在一起而不与其他人聚居时（在地广人稀的地方比较常见），政府往往起源于父亲。因为基于自然法，父亲既然享有和其他所有人同样的权力，即对任何违反自然法的行为进行惩罚，因此他也可以惩罚那些有过错的子女，即便他们已经成年，摆脱了监护。他们也甘愿接受父亲的惩罚，而且还会与他一起对付犯罪者，这样他们就赋予了父亲惩罚任何犯罪行为的权力，从而使其成为这个家族的真正立法者和统治者。他是最值得信任的人。父亲对子女的爱，使他们的财产和利益得到保障；他们成年前对他服从的习惯，使他们更容易顺从他，而不是其他任何人。聚居者中间不可避免地出现政府，因此必然需要一个人来统治他们，除了父亲，还有更合适的人选吗？除非他们的父亲因粗心、残忍或其他任何身心缺陷不适合担此重任。然而，如果父亲去世了，他的继承人又尚未成年，不具备一个统治者应有的智慧、勇气或任何其他品质，或者几个家族聚集起来想要过群居生活，这时他们显然就要行使自己天赋自由的权利，选出他们认为最能干和最具统治潜能的人统治他们。尚未受到秘鲁和墨西哥两大帝国的武力征服和扩张统治影响的美洲，就存在这种相似情况，那里的人们依然享有他们的天赋自由，尽管他们通常推选已故国王的继承人为统治者。但是，如果他们发现他软弱无能的话，就会放弃他，重新选择一位最坚定、最勇敢的人做他们的统治者。

106

因此，尽管我们在考察有关聚居和各民族历史的记载时，往往发现统治权被一个人掌握着，但这并不能推翻我的观点，即政治社会的建立是以某些人同意加入并创建一个社会为前提的。当他们联合在一起的时候，就可以建立他们认为合适的政府形式。但是这种情况可能会引起一些人的误解，认为政府本来就是君主制的，本来就归父亲所有。因此我们在这里有必要考虑一下，为什么人们最初一般都采用这种政府形式。有些国家最初建立时，也许是父亲的优越地位在起作用，并使权力在最初阶段集中到某个人手中，但这种一人独揽大权的政府形式之所以能够持续下去，显然并不是出于对父权的尊重和敬畏。因为所有小君主国，确切地说，几乎所有君主国在建立之初，其君主通常或至少有时候是选举出来的。

107

首先，父亲对子女在幼年时期的统治，使他们习惯于受一个人的统治，并使他们明白只要这种统治的前提是关怀、和蔼与慈爱，它就足以取得和保护人们想在政治社会中寻求的一切幸福。他们之所以要选择采用这种政府形式，是因为他们从小已经习惯了，而且经验告诉他们这种形式既方便又安全。还有一点就是，君主制对于人们来说是最常见的，因为他们对政府形式既没有经验可以借鉴，也没有经历过帝国的扩张或暴行，不懂得提防君主特权的侵犯或专制权力的迫害。这些特权和专制权力都是后来的君主政体所主张并施加于人民的。所以他们当时将统治的权力交给那些人时，并未考虑到要限制这些人可能出现的专横，也没有将权力分为几个部分，交由不同的人掌握，从而制衡政府的权力。他们没有经历过专制君主的压迫，在当时的时代风气下，他们的财产或生活方式又不足以使他们产生贪念或野心，因此他们没有任何理由担忧或防范它。因此，他们安然生活于这种政府形式下就不足为奇了。因为他们当时最要紧的事情是防御外来侵犯，而不是追求法律的多样性。简朴贫穷生活方式之下的平等，将他们的欲望局限在各自极少的财产范围内，他们之间便很少出现纠纷，因此不需要太多法律来进行裁决。此外，由于侵害行为和犯罪者的数量都不多，人们也就不需要各种仲裁者。既然人们是约定好一起加入社会的，就只能认为他们了解彼此且互相信任，即使有所忧惧，也是针对外人。所以他们首先考虑的只能是怎样防御外来侵犯，保护自己。这样，他们自然会将自己置于某种最能实现这种目的的政府结构之下，推选最英明、最勇敢的人做战争的指挥者，率领他们去攻打敌人，在这方面做他们的统治者。

108

因此我们看到，美洲印第安人的国王只不过是他们军队的统帅而已。美洲现在仍是亚洲和欧洲原始时期的样子，那里地广人稀，人力和财力都极度匮乏，因此人们也没有扩张土地的欲望，也不会因此而引发争斗。尽管他们在战争中享有绝对的指挥权，但在国内以及和平时期，他们行使的统治权非常少，拥有的主权也非常有限。选择和平还是战争，一般由人民或议会决定。战争本身不允许有多个首领，指挥权便自然归于国王一人。

□ 撒母耳膏大卫

当以色列人厌弃神直接统治为王的时候，神仍未抛弃他们，而是拣选其他人来代表自己，按自己的旨意执行王权，治理属于神的国度，这最后要应验在基督身上。但当时以色列已经国势衰微，宗教腐败，道德沦丧，社会扰乱，民不聊生，人心思变，所以这时候撒母耳的崛起极其重要。他是以色列最后的士师，也是以色列立国后的第一位先知，是以色列国复兴的中心人物，扫罗和大卫都是他所立的王。

109

以色列民族的士师和早期国王的主要职责，似乎就是在战时担任军队的统帅（从他们出征和归来时都走在队伍的前面就能看出这一点），这在耶弗他的故事中描述得很清楚。亚扪人发兵攻打以色列，基列族出于害怕而派人去请耶弗他回来。耶弗他本是基列族的私生子，他们早已与他断绝了关系。他们与耶弗他订立契约，如果他愿意帮助他们抵抗亚扪人，就立他做他们的统治者。《圣经》中的相关记载是这样的："百姓拥立他为首领和统帅。"（《士师记》第十一章第十一节）这就等同于立他做士师。《圣经》中也说，"他做以色列的士师"（《士师记》第十二章第七节），也就是说，他曾做了他们六年的统帅。又如，基甸曾做示剑人的士师和统治者，后来，约坦责备示剑人对基甸忘恩负义时说道："从前我父冒死为你们争战，救了你们脱离米甸人的手。"（《士师记》第九章第十七节）《圣经》除了提到耶弗他曾担任军队统帅外，没有提到有关他的其他任何事情。这确实是在他的历史中，或其他任何士师的历史中所能看到的全部。尽管亚比米勒被特别尊称为国王，但他也就只是示剑人的军队统帅。以色列的子民对撒母耳儿子的恶行深恶痛绝，他们渴望有一个国王，"使我们像列国一样，有王治理我们，统领我们，为我们争战。"（《撒母耳记上》第八章第二十节）上帝便答应了他们的请求，对撒母耳说："我必使一个人从便雅悯之地到你这里来，你要膏他做我民以色列的君，他必救我民脱离非利士人的手。"（《撒母耳记上》第九章第十六节）国王的唯一职责似乎就是率领他们的军队，为保卫他们而战斗。因此，在扫罗登基时，撒母耳将一瓶膏油倒在他的头上，并对他说："这不是耶和华膏你做他产业的君吗？"（《撒母耳记上》第十章第一节）所以当以色列各族人在米斯巴庄严地推选扫罗为国王并向他致敬时，那些不愿意立他为国王的人也只是反对道："这个人如何拯救我们呢？"（《撒母耳记上》第十章第二十七节）他们也许是想说："这人不适合做我们的王，他不具备指挥战争的才干和谋略，保卫不了我们。"当上帝决定把统治权移交给大卫时，他说："现在你的王位必不长久。耶和华已经寻着一个合他心意的人，立他做百姓的君。"（《撒母耳记上》第十三章第十四节）国王的全部权威似乎只是做他们的统帅。因此，那些仍忠于扫罗家族，反对大卫登基的以色列各族来到希伯仑那，说明了他们顺从的条件，并对他说，他们不得不像服从他们的国王一样服从他；因为当扫罗在位时，他实际上已经是他们的国王，所以他们现在没有理由不立他做国王。他们说："从前扫罗做我们王的时候，率领以色列人出入的是你，耶和华也曾应许你说，你必牧养我的民以色列，做以色列的君。"（《撒母耳记下》第五章第二节）

110

因此，在一个家族逐步演变为国家时，父亲的权威由长子承袭下去，在这一权威下成长的每个人都自然而然地服从它，而这种继承的便利和平等不会伤害任何人，每个人都同意它，直到这种方式历经考验得到确立，并以法律的形式确定了继承的权利；还有一种情况是，几个家族的后代因毗邻而居、有事务往来或其他原因而联合成为社会。不论哪种情况，人们在战时都需要一位统帅来率领他们抵御敌人，而且在那个艰苦而高尚的年代，朴拙和诚实培养出人们彼此间深厚的信任感（世界上能够存在下来的政府，在建立之初几乎都是这种情况）。这种信任使国家的最初创立者通常把统治权交给一个人，除了根本性的问题和事关政府目的的事务外，对他没有其他任何明确的限制或约束。不论什么原因使统治权最初由一人掌握，可以肯定的是，这样做只是为了公众的福利和安全。在国家建立之初，拥有统治权的人通常也是为了这些目的而行使手中的权力。如果他们不这样做，新生国家就很难存在下去。如果对公共福利没有这种父亲般的细心呵护，那么所有政府都会在孱弱的幼年时期便告终结，君主和人民也会随之灭亡。

111

野心、贪欲和邪念腐蚀人心，权力和荣誉的真正意义被人们曲解之前的这段时期，真可谓是黄金时代。这个时代的人们更看重美德，因而统治者比较贤明，臣民也并不顽劣，而且当时既没有不断扩张的特权压制人民，也没有任何争夺特权的行为削减或限制行政长官的权力，因此统治者和人民之间也没有关于统治者或政府问题的斗争。可到了后来，在野心和贪婪的驱使下，统治者只想要保持和扩大权力，而不去做分内之事，再加上谄媚逢迎，使君主认为自己享有与人民的利益截然不同的利益，于是人们意识到必须更加审慎地考察政府的起源和权力，并采取有力的措施来防止权力的滥用和扩张。他们最初只是为了自己的利益而将权力交给另一个人，结果却发现这权力被用来损害他们的利益。

112

由此可见，以下情形是极有可能的，生而自由的人们根据自己的意志顺从他们父亲的统治，或不同家族联合起来成立一个政府，他们通常把统治权交给一个人，自愿接受他的统治，而且认为权力在他手中相当安全，因此没有以明确的条件限制或控制他的权力。他们从未想过君主政体是神授的，在近代神学提出这一说法之前，人们完全没有这种观念；他们也从未允许父权可以享有一种统治权或作为一切政权的基础。根据历史提供给我们的大量线索，我们有理由得出结论：所有以和平的方式建立起来的政府都是以人民的同意为前提的。我之所以在这里说"以和平的方式"，是因为我后面将会谈到"征服"，有些人认为征服也是建立政府的一种方式。

113

对于我提出的有关政府起源的观点，还有一种反对意见，即：

"既然人人生来都处在这个或那个政府的统治之下，他们就不可能自由和随意地联合起来创立一个新的政府，或具备建立一个合法政府的条件。"

如果这种观点正确的话，那么我就要问，世界上为何会有那么多合法的君主政体呢？如果有人能据此论断向我证明，任何一个人在任何时代都可以自由建立一个合法的君主政体，那么，我肯定会告诉他，其他自由人也可以自由地联合起来建立一个君主政体或任何其他形式的新政府。很明显，如果一个生来就受另一个人统治的人可以如此自由，以至有权在另一个新的王国里支配他人，那么，每一个生来就受另一个人统治的人也可以那么自由，也可以成为另一个政府的统治者或臣民。因此，根据他们自己的这一原则，要么无论人们出生如何，他都是自由的，要么全世界只有一个合法的君主，一个合法的政府。这样，他们什么都不用做，只要告诉我们哪种情况是正确的就行了。他们指明以后，我相信全人类都会不假思索地同意服从于他。

□ **古埃及文明**

埃及是四大文明古国之一。古埃及的诺姆是迄今为止世界上最早的文明。它源于尼罗河流域，约公元前3100年建立奴隶制国家，之后才建立了城邦。公元前11—前1世纪，古埃及陆续被亚述、巴比伦、波斯、古代马其顿和罗马帝国征服，一共经历了31个王朝，于公元4—7世纪并入东罗马帝国，古埃及文明灭亡。

114

尽管这充分地反驳了他们提出的反对意见，并使他们反对的那些人，连同他们自己，都陷入了同样的困境。但我还是要尽力揭露出这一论点的不足之处。

他们说："人人生来都处于政府的统治之下，因此他们不能随意建立一个新政府。每一个人生来就是他的父亲或君主的臣民，因此他永远处于臣服和顺从的状态。"而实际上，人类从未承认或考虑过这种自然的臣服状态，即他们生来就要受某个人的支配，且被强制臣服于这些人或他们的后代。

115

在宗教史和世俗史中,这样的事例比比皆是。人们摆脱从出生以来就受到的管辖,以及成长的家族或社会,不再服从于他们,而在其他地方建立一个新的政府。因此在早期产生了很多的小国家,而且只要有足够的空间,小国家还会不断涌现,直到更加强大富有的国家将其吞并,而这些强大的国家又会分裂成许多小国。所有这些都是对父权统治权的否定,它们清楚地表明,政府的最初形成并不是基于世代传袭的父亲的自然权利。因为,这种论点如果正确的话,世界上就不可能有那么多的小国家。如果人们不能自由脱离他们的家族或任何性质的政府,不能按照他们的意志建立不同的国家或政府,那么必然就只能有一个统治全世界的君主国了。

116

这就是历史自有记载以来的真实状况。现在人类生来就处于古老国家的统治之下,而且这些国家有既定的法律和固定的政府形式,但是和那些在森林中出生并过着无拘无束的人们相比,他们的自由并未受到更多限制。有人试图让我们相信,我们生来就处在某个政府的统治之下,因而自然就是它的臣民,不再享有自然状态的自由,但是除了我们已经反驳过的父权的理由以外,他们又找不出其他根据。他们仅有的依据就是,因为我们的父亲或祖先放弃了他们的天赋自由,从而使他们自己及其后裔永远臣服于他们自己曾服从的政府。尽管每个人都有义务履行自己所作的一切约定或承诺,但不能以此来约束其子女或后裔。这是因为,儿子成年后和他的父亲一样自由,父亲无权剥夺儿子的自由,正如他无权剥夺其他任何人的自由一样。但是,父亲作为一个国家的臣民可以享有土地,他可以把某些条件附加在这些土地上，如果儿子想要享有父亲的财产，他就可以迫使儿子也成为这个国家的臣民。因为那些土地既然是父亲的财产，他就有权任意处置它。

117

这一点常常误导人们。因为国家不允许分裂它的任何一部分领土，也不允许本国以外的任何人享有，那么儿子只有处于与父亲相同的条件之下，即成为这个国家的一员，才能继承他父亲的财产。这样，他就和这个国家的其他臣民一样，处于这个已经建立的政府的统治之下。由此可见，那些生来就处在政府统治之下的自由人，都是自愿成为国家一员的，而这种意愿是在他们成年时各自分别表示的，而不是共同表示的。人们根本没有注意到这一事实，并且认为那些人并未表示过这种意愿或认为没有必要表示，就断定他们自然就是这个国家的臣民，就像他们生来就是人一样。

118

但是，政府自身对于这个问题的理解显然并非如此。政府并不会因为对父亲拥有权力便要求对他的儿子也享有同样的权力，也不会因为父亲是自己的臣民，就把其他的子女也归为自己的臣民。如果一个英国臣民在法国和一个英国妇女生了一个孩子，那么这个孩子应该属于哪国的臣民呢？他不是英国国王的臣民，因为他必须得到恩准后才能获得作为英国臣民的权利。他也不是法国国王的臣民，因为如果是的话，他的父亲怎么能够随便把他带走并养育他呢？无论谁，如果他离开了一个国家或对其宣战，那么，是否可以仅凭他在这个国家出生时他的父母是外国人就判他为叛逆者或逃亡者吗？显然，不论基于政府自身的实际还是基于理性法则，一个孩子生来并不就是某个国家或政府的臣民。在他成年之前，他处在父亲的权威之下，成年后，他便是一个自由人，可以自由选择服从哪个政府，加入哪个国家。因为，如果一个出生在法国的英国人的儿子可以享有这种自由，那么，他的父亲是英国的臣民这一点显然对他没有任何约束作用，他也不受其祖先订立的任何契约的约束。那么，根据同样的理由，不论他的儿子在哪里出生，为何不能享有同样的自由呢？因为，不论子女在什么地方出生，父亲对其自然拥有的权力是不变的，而自然的义务关系并不受国家界限的限制。

119

如上所述，既然人人生而自由，不经本人同意，任何东西都不能使他臣服于任何世俗的权力，那么我们就要思考一下，怎样才能被认为是充分表示一个人同意服从政府法律。通常有明确同意和默认同意这两种形式，这与我们所探讨的问题有关。毋庸置疑的是，只有明确同意加入某个社会，才能使自己成为该社会的正式一员和该政府的臣民。但令人困扰的是，什么行为可以被视为默认同意，它的约束力又有多大？也就是说，当一个人没有做出任何明确的表示时，怎样判断他已经同意，并由此接受某个政府的统治？我认为，一个人只要占有或享用了某个政府的土地，那么他就表示了默示同意，在他享用这块土地期间，他就和这个政府的所有臣民一样，必须服从这个政府的法律。不管他占有的是属于他及其后代的土地，还是只暂住一个星期的住所，或者只是沿着公路自由旅行，事实上，只要一个人踏入这个政府的领土就可以视为默认同意。

120

　　为了更好地理解这个问题，我们可以这样认为，每个人最初加入某个国家时，就通过这一行为本身，把自己现有的或将要得到的并不属于其他任何政府的财产带进这个共同体中。因为人们都是为了确定和保护自己的财产权，而和其他人一起加入社会的，其财产权理应由社会的法律予以规定。拥有土地的臣民如果认为他自己的土地可以免受该政府的管辖，这显然自相矛盾。因此，当一个自由人加入某个国家时，同时也把自由的财产带入了这个国家。只要这个国家一直存在，他本人和他的财产就一直受到这个国家的统治和支配。所以，对于以这种方式并入这个国家的土地，任何人若想通过继承、购买、许可或其他途径享有财产，就必须接受支配该土地的条件，也就是要像这个国家的臣民一样，服从对该土地有管辖权的政府。

121

　　但是，既然政府只是对那块土地拥有直接的管辖权，而且只有在其占有者（在他事实上加入这个社会以前）居住在那块土地上并使用它的时候才会被管辖，那么任何人由此而承担的服从政府的义务，就始终和这种享用相伴随。因此，土地所有者只要对政府表示默认同意，以赠予、出售或其他方式放弃他的土地后，就可以自由加入其他国家或与其他人订立契约，在空旷的地方，在他们能够找到的尚未被他人占有的任何土地上建立一个新的国家。但是，那些明确同意加入某个国家的人，就永远要做这个国家的臣民，永远不能再享有自然状态下的自由，除非他所服从的政府由于某种原因而解体，或因某些公共行为使他失去继续作为该国臣民的资格。

122

但是，遵守一个国家的法律，在这些法律的保护下安宁地生活并享有某些权利，并不足以使一个人成为这个社会的成员。因为，这只是那些未处于战争状态中的人们，踏入某个政府的领土，来到其法律所管辖的范围之内时，应该受到的地方保护和他们对政府应有的尊重。但这并不能使他成为这个社会的一员，成为这个国家的永久臣民，尽管当他在那里生活时，必须遵守法律并服从那里的政府，就像一个人出于方便而寄居在别人家中，并不能使他从属于那个人一样。因此，有些终身生活在另一个国家，并受其保护、享受其权利的外国人，尽管要像所有公民一样服从它的管理，却并不能因此成为该国的臣民或成员。一个人若要成为某个国家的臣民或成员，只能通过明确的约定、契约或正式的承诺而真正加入这个国家。这就是我对有关政治社会的起源，以及一个人如何才能成为某个国家成员的看法。

第九章　论政治社会和政府的目的

123

如果自然状态中的人真的像前面所说的那样自由，如果他真是其自身和财产的绝对主人，与身份最尊贵的人平等，不受制于任何人，那他为什么愿意放弃自己的自由呢？为什么愿意放弃这个王国，使自己处于其他任何权力的统治和支配下呢？显然，他在自然状态中享有的那种自由并不稳定，时常受到他人的侵犯。因为人人都和他一样是自己的国王，都是彼此平等的，而很多人又不严格遵守公平和正义的原则，所以他在这种状态中享有的财产权就很不安全，并无保障。因此他情愿放弃这种尽管自由却时刻令他忧惧的状态，转而同已经或打算联合起来的其他人一起加入社会，以便互相保护自己的生命、特权和地产，即财产权。

124

可见，人们联合起来建立国家并服从政府统治的最重要目的，就是保护他们的财产。而自然状态在这一方面存在诸多缺陷。

首先，在自然状态中，人们之间缺少一种明确的、固定的法律，而这种法律是大家共同承认和接受，成为评判他们之间是非曲直的标准以及裁判他们之间一切纠纷的共同尺度。尽管在一切有理性的动物看来，自然法浅显易懂，但有些人为了自己的利益对自然法存有偏见，还有些人对自然法不甚了解，因此当自己遇

□ 贝尔神庙

古巴比伦是四大文明古国之一，发源于约公元前18世纪的幼发拉底河与底格里斯河。两河流域目前发现的最早的古文明距今已有6000多年。虽然巴比伦早已消失，但它的影响，尤其是在宗教方面的影响，却留存至今。图为贝尔神庙，建于公元1世纪，供奉帕米拉人民所敬仰的贝尔神，也是巴比伦的天地之神，是帕米拉的守护神。

到某些问题时，不愿意承认这种法律对他们有约束力。

125

其次，在自然状态中，缺少一个众所周知的、公正的裁判者依据法律来裁判一切纠纷。因为，自然状态下的每个人既是自然法的裁判者，又是执行者，而人们的私心很容易使他们走得很远，对自己的事情过于关注，对他人的事情漫不经心。

126

第三，在自然状态中，往往缺少一种权力来支持正确的判决，保证它顺利得以执行。凡是受到不公正行为侵害的人，只要他们有能力，就会用武力手段来弥补他们所受到的侵害。这种惩罚行为往往变得很危险，很可能会使那些试图施行惩罚的人受到伤害。

127

因此，尽管人类在自然状态中享有诸多权利，但继续停留在这种状态又每况愈下，他们只好寻求机会尽快加入社会。所以，我们看到很少有人能长期生活在这种状态下。在这种状态中，每个人都有权惩罚别人的侵害行为，但这种权力的行使既不正规又不稳定，会使他们陷入种种危险，从而促使他们寻求政府法律的庇护，以期使自己的财产得到保护。正因为如此，他们甘愿放弃自己单独行使的惩罚权力，将这种权力交由他们当中被指定的人单独行使，而且还要按照某种规则来行使，这一规则必须是社会全体成员或他们为此目的而授权的那些人一致同意和承认的。在这里，我们讨论了立法权、行政权的起源和最初权利，这也是政府、社会的起源和最初权利。

128

在自然状态中，一个人除了享有不受约束的自由之外，还有两种权利。

第一种权利，为了保护自己和他人，一个人可以在自然法许可的范围内做他认为适当的任何事情。基于适用于全人类的自然法，他和其他所有人都属于一个共同体，构成一个社会，从而有别于其他一切生物。如果不是那些堕落者的腐化，人们原本没有必要再组成一个社会，从这个庞大的自然社会中脱离出来，通过订立契约结成相互独立的小组织。

第二种权利，惩罚违反自然法的任何行为。当一个人加入一个私人的（如果可以这样说的话）或特定的政治社会，脱离其他人成为某个国家的一员时，他便放弃了这两种权利。

129

他把第一种权利交给了社会，由社会根据保护他自己和其他人的要求制定相应的法律。社会的这些法律在许多方面限制了他基于自然法所享有的自由。

130

第二种权利他也放弃了，并按照社会法律的要求，利用他的自然力量来协助社会行使执行权。在这一新状态中，他既可以从该社会其他人的劳动、帮助和交往中享受到许多便利，还可以享受整个社会力量的保护。因此，为了继续安定地生活下去，他也应该根据社会的幸福、繁荣和安全的需要，放弃自己的某些自然权利。这不仅是必要的，而且也是公平的，因为其他社会成员也都是这样做的。

131

在加入社会时，尽管人们放弃了他们在自然状态中享有的平等、自由和执行权，将它们交给社会，由立法机关根据社会利益的需要进行处理，但这只是为了更好地保护他们自己及其自由和财产（没有人会相信，某种理性动物改变现状的目的是降低生活水平）。社会权力或由他们建立的立法机关的权力绝不能超出公众福利的需要，而应该弥补自然状态中存在的三种缺陷，使每个人的财产安全得到保障。所以，不论谁拥有国家的立法权或最高权力，他都应该根据正式公布且长期有效的既定法律，而不能以临时的命令来实行统治，并且应该由公正无私的法官依据这些法律来裁决纠纷。此外，只有在对内执行这些法律，对外防止侵害或索取赔偿时，才能使用社会的力量。而所有这一切的目的，只是维护人民的和平、安全和公共福利。

第十章　论国家的形式

132

如前所述，当人们最初联合起来组建社会时，大多数人自然拥有属于共同体的全部权力，他们可以随时运用这些权力来为社会制定法律，并通过他们自己推选的官员来执行这些法律，这种政府形式就是完善的民主政体；如果把制定法律的权力交给选举出来的少数人和他们的后代或继任者，这就是寡头政体；如果把这种权力交给某一个特定的人，这就是君主政体；如果交给他和他的继承人，这就是世袭君主制；如果只是交给一个人在世时使用，在他死后，推选继任者的权力仍归大多数人所有，这就是选任君主制。因此，共同体可以参照这些形式，选择他们认为适当的复合或混合的政府形式。如果大多数人起初将立法权交给一个人或几个人终身或在一定期限内行使，然后再将最高权力收归到多数人手中，那么在权力收回后，共同体就可以重新把它交给使他们满意的人，组成一个新的政府形式。政府形式由最高权力，即立法权的归属而定，不可能出现下级权力规定上级权力的现象，而且除了最高权力，谁也不

□ 雅典

公元前8世纪，希腊半岛和小亚细亚西海岸出现了希腊人建立的城邦，雅典是其中最重要的城邦之一。在这些古希腊城邦中，雅典民主政体的建立先于其他城邦，因此可以说它是古希腊民主政体的发源地。同时，它也是欧洲哲学的发源地，对欧洲以及世界文化产生过重大影响，被誉为"西方文明的摇篮"。

能制定法律。因此，制定法律的权力的归属决定了国家的形式。

133

  本书中多次出现的"commonwealth"（国家）一词，并非指民主制或任何政府形式，而应理解为任何独立的社会，拉丁人用"civitas"（城邦）一词来表示这种社会，这与我们语言中"commonwealth"一词的意思最为接近，该词最确切地表达了这种社会。英语中的"community"（共同体）或"city"（城市）都不适合用来表达这种意思，因为一个政府之下可以有各种附属的共同体，而城市与"commonwealth"的意思则完全不同。因此，为了避免语义含糊，我请求读者允许我在这种意义上使用"commonwealth"一词来表达。詹姆斯一世曾经在这一意义上使用过该词的这种意思，我想这才是它的真正含义。如果有人不喜欢这个词，可以用一个更好的词来代替。

第十一章　论立法权的范围

134

既然人们加入社会的主要目的是保障自己的财产权，而实现这一目的的主要工具和途径就是这个社会制定的法律，因此确立立法权就是所有国家最初、最根本的明文法，它就像可以支配立法权的最初的根本自然法一样，目的是保护社会及其成员。这种立法权不仅是国家的最高权力，而且一旦共同体把它交给某个人后，它就变得神圣而不可改变。如果没有公众所选举和委任的立法机关的批准，其他任何人的任何命令，不论采取什么形式，或以什么权力作为后盾，都不具有法律效力和强制性。因为如果没有这种准许，法律就不具备成为法律所必需的条件，即社会的同意。除非基于人们的同意和他们的授权，否则任何人都没有制定社会法律的权力。因此，每个人在最严肃的约束下不得不接受的一切服从，最终都要归结到这个最高权力，并受其制定的法律的指导。立法机关依照社会成员的委托行事，任何人对任何外国权力或国内任何下级权力所立的誓约，都不能解除其对立法机关的服从，也不能迫使他接受与立法机关所制定的法律相违背或超越其许可范围的服从。强迫一个人最终服从并非最高权力的任何其他权力，都是十分荒谬的。

135

不论立法权属于一个人还是多个人，也不论它是长期存在还是偶或出现，它都是每个国家的最高权力。但是：

第一，对于人民的生命和财产，它不是也不可能是绝对专制的。因为，它只是每个社会成员交给立法者或立法机关的联合权力，不可能超过那些人加入社会之前处于自然状态中所享有的、后来让渡给社会的权利。因为，任何人都不能将自己未曾拥有的权力转让给别人；也没有人对自己或他人拥有一种绝对专断的权力，无权毁灭自己的生命或剥夺他人的生命或财产。正如前面已经证明的，一个人不能将自己置于另一个人的专断权力之下。在自然状态中，不存在支配他人生命、自由或财产的权力，而只享有自然法所授予他的保护自己和其他人的权利。这就是他能放弃或交给国家的全部权力，国家转而把它交给立法机关，因此立法机关的权力也不能超出这个限度。他们的最大权力，也不能超出社会公众福利的范围。除了实施保护以外，这种权力并无其他目的，所以绝不可能有毁灭、奴役或故意使臣民陷于贫困的权力。自然法所规定的义务在社会中不但没有消失，反而在很多场合中变得更加清楚，并通过人类制定的、附有明确的惩罚措施的法律迫使人们遵守。由此可见，自然法是所有人的永恒法则，不论他是立法者还是其他什么人。立法者所制定的用以规范其他人行为的法则，以及他们自己和其他人的行为，都必须符合自然法即上帝的意志。自然法就是上帝意志的宣示。自然法的根本目的是保护人类，凡是与之相违背的人类制裁都是不正确的或无效的。

136

第二，立法机关或最高权力机关不能依据临时专制命令夺取统治权，而必须根据已经颁布的、长期有效的法律，授权一位具有权威的法官来执行法律和判定臣民的权利。因为，自然法是没有明文规定的，只存在于人们的意识中，如果未设立裁决者，人们很可能因私欲而错误地加以引用或运用，从而难以意识到自己所犯的错误。如此一来，自然法便无法起到它应有的作用，不能用来决定那些受其约束的人们的权利，并保护他们的财产，尤其是在每个人都是自然法和他自己案件的裁判者、解释者和执行者的情况下。正义的一方通常只能依靠自己一个人的力量，而没有足够的力量防范他人的侵害或惩罚犯罪者。为了弥补自然状态中的这些缺陷，人类联合组成社会，借用整个社会的力量来保护他们的财产，并用长期有效的规则来加以界定，从而使每个人都明确哪些东西是属于自己的。为此，人们才放弃他们所有的自然权利而交给他们所加入的社会，社会转而把立法权交给他们认为合适的人，通过授权，使其根据正式公布的法律来治理他们。这样，他们的生命和财产才能摆脱自然状态中不稳定因素的影响。

□ 亨利八世

英王亨利八世，是继其父亨利七世之后的第二位铎王朝君主（1509—1547年），也是爱尔兰领主。亨利八世推行宗教改革，对国家政府机构做了全面改革，在欧洲以均势外交政策保障英国的政治经济利益。他的一番改革促使英国的经济社会状况发生了巨大变化，并最终成为一个统一集权国家，为资本主义的进一步发展创造了有利条件。在此过程中，亨利八世作为拥有空前权力的专制君主，起了重要的作用。

137

独断专行，或不根据明确且长期有效的法律来进行统治，都是违背社会和政府目的的。如果不是为了保护他们的生命、财产和权利，如果没有关于权利和财产的有效法律来保障他们的和平与安定，人们就不会放弃自然状态中的自由而加入社会，并甘愿受其约束。即使他们有权力这样做，也很难想象他们会愿意把支配自己人身和财产的绝对权力交给一个人或多个人，并赋予行政长官某种权力，任由他把自己的意志强加于他们身上。这样做比处于自然状态中更糟糕。在自然状态中，他们尚且享有保卫自己的权利不受他人侵犯的自由，并能以平等的力量维护自己的权利，不论这种侵犯是来自个人还是许多人。但是，如果他们使自己受制于一个立法者的绝对权力和意志，就等于解除了自己的武装，而把立法者武装起来，并使自己任其宰割。一个人受制于能支配十万人的行政长官的权力之下，比受制于十万个个人的专断权力更加糟糕。尽管拥有这种支配权的人的权力是其他人的十万倍，但谁也无法保证他的意志会比别人的意志更好。因此，无论国家采取什么形式，统治者都应该根据正式颁布且为人们所接受的法律，而不是以临时的命令或未确定的决议进行统治。如果人们把集体的力量赋予一个人或几个人，却未制定任何规定来约束这些人的行为，放任他们按照自己的意志随意对人们发号施令，那么人类所处的境地就会比自然状态下的更加糟糕。因为，既然政府所拥有的一切权力只是为社会谋福利，那么它就不应该任意而为，而必须根据已经颁布的明确法律来行使。这样一来，既可以使臣民明确自己的职责所在，并在法律规定的范围内得到安全和保障，又可以将统治者限制在适当的范围内，使其不会为权力所诱惑，为了实现上述目的而以此为手段行使权力，而这些手段则是他们本来不熟悉或不愿承认的。

138

第三，未经本人同意，不能凭借最高权力剥夺任何人的任何财产。因为，既然保护财产是建立政府的目的，也是人们加入社会的目的，那么人们理应享有财产权,否则就必须假定他们因加入社会而丧失了加入的初衷。没有人会承认这种公然的谬论。因此,在社会中享有财产权的人们,对于法律指定属于他们的财产,就享有这样一种权利,即未经他们本人许可,任何人无权剥夺他们的任何财产,否则他们就根本没有财产权。因为,如果未经我的同意,别人就可以随意拿走我的东西,那么我对这些东西显然没有财产权。因此,认为一个国家的最高权力或立法权能够随意处置人民的财产,或肆意剥夺其中的一部分财产,这样的看法无疑是错误的。如果政府的立法权全部或部分地属于可以改选的议会,议会解散后,其成员同他人一样受国家共同法律的约束,那就无须担心上述情况的发生。但是,如果政府的立法权属于一个长期存在的议会,或像在专制君主国那样属于一个人,那么危险依然存在。因为他们会认为,自己的利益比社会其他成员的更特殊,因而为增加自己的财富和权力,便会随意向人民夺取他喜欢的东西。因为,如果一个统治臣民的人有权向任何人索取他喜欢的东西,并可以随意加以处置,那么即使有明确而公正的法律来规定他和一般臣民之间的财产权的界限,一个人的财产权仍旧没有保障。

139

但是,如前所述,不论政府掌握在谁手中,既然接受了保证人们能享有和保护他的财产这一委托,那么君主或议会即使有权制定法律来规定臣民之间的财产权,但未经臣民同意,也永远无权将臣民的全部或部分财产据为己有。因为,这种做法,无疑说明臣民根本没有财产权。在某些情况下,即使有必要设立绝对权力,也不能因为它是绝对的就变成专断的,它还要受一定条件及所要达到的目的的限制。只要看看军队纪律的实际运用情况就能一目了然。为了保护军队从而保护整个国家,每个士兵都要绝对服从每位上级长官的命令,即使他们的命令极端危险或不合理,士兵也不得违抗或提出异议,否则理应处死。但是我们可以看到，尽管一个士官有权命令一个士兵冲向炮口或独守阵地，将这个士兵置于必死无疑的境地，但是他不能命令士兵给他一分钱。同样，尽管一个将军有权处死一个擅离职守或违抗生死攸关的命令的士兵，却不能凭借这种权力处置或占有这个士兵的任何财产。尽管他能够命令一切——士兵如不服从便可立即处死——那也不能这么做。因为对于司令官拥有权力的目的，即保护其他人，这种无条件的服从是必要的，但处置士兵的财产与这一目的毫无关系。

140

如果没有巨额经费，政府就难以维持，因此，凡是享受保护的人都理所应当地从自己的财产中拿出一部分来维持政府的运转。但是，这必须得到他本人的同意，即由他们自己或他们所选出的代表所表示的多数人的同意。如果任何人不经人民同意，仅凭自己的权势就向人民征收赋税，他就侵犯了有关财产权的基本法律，破坏了政府的目的。因为，如果别人有权随意拿走我的东西，那我还享有什么财产权呢？

141

第四，立法机关不能把制定法律的权力转让给任何人。因为这种权力是人民授予的，所以享有这种权力的人不能把它转交给其他人。只有人民才能通过组成立法机关并指定立法权行使者来选定国家的形式。当人民已经表示愿意服从规定，接受那些人所制定的法律的支配时，没有人可以再让别人替他们制定法律。除了那些法律外，他们不受任何其他法律的约束。立法机关的权力来自于人民的授予，只限于明确授予所表达的范围，即它只能制定法律，不能产生立法者，因此立法机关无权把制定法律的权力转交给其他人。

142

以下四点就是关于社会对他们的委托，以及上帝和自然法对每个国家立法机关的权力所做的限制：

第一，它们应该根据正式颁布的明确法律来进行统治。不论穷人、富人，也不论贵胄、农夫，一视同仁，不因情况特殊而有所变化。

第二，除了为人民谋福利这一最终目的外，这些法律没有其他目的。

第三，未经民众自己或其代表同意，绝不能对人民的财产征税。当然，这一点只是针对长期存在立法机关的政府，或至少是在民众并未将立法权的任何部分留给他们选举出来的代表们的情况下。

第四，立法机关不应也不能把制定法律的权力转让给其他任何人，或把它置于并非民众所安排的其他任何地方。

第十二章　论国家的立法权、执行权和对外权

143

立法权是指引导国家如何运用强制力来保护这个社会及其成员的权力。尽管法律制定好后需要长期予以执行，且长期有效，但制定法律只需要很短的时间，也就是说，立法机关不是一直在工作，因此并没有必要长期存在。如果同一批人同时拥有制定法律和执行法律的权力，就会给人性的弱点构成极大的诱惑，使他们心生夺取权力的野心。他们会凭借这些权力使自己免受他们所制定的法律的约束，并且在制定和执行法律时，更倾向于保护他们自己的私人利益。这样一来，他们就有了不同于社会其他成员的利益，违背了社会和政府的目的。因此，在组织完善的国家，立法机关应重视全体社会成员的利益；掌握立法权的人定期开会，拥有自己或同其他人一起制定法律的权力，法律制定完毕，他们便再次解散，且自己也要受他们所制定的法律的约束。这是对他们自身的一种新约束，促使他们在制定法律时重视公众的利益。

144

但是，由于这些在短时间内制定的法律具有持续的效力，需要有人长期予以执行和关注，因此就需要有一种长期存在的权力来具体负责，因此立法权和执行权通常是分开的。

145

一个国家还存在另一种权利，可以称之为自然的权利，因为它与每个人在加入社会前自然享有的权利相似。在一个国家中，就成员彼此间的关系而言，他们仍是独立的个人，并以这种身份接受社会法律的统治，但就他们和其他人的关系而论，他们就是一个整体。这个整体仍和其他人处在自然状态中，就像它的成员加入社会之前那样。因此，社会中的任何一个成员与社会之外的任何人发生争执时，就应由公众来解决；而对于他们整体中的一员所造成的伤害，全体成员都要参与赔偿索求事宜。所以，基于这种考虑，就整个社会与其他所有国家或这个社会之外的人们的关系而论，它是处在自然状态中的一个整体。

□ 威斯敏斯特议会

威斯敏斯特议会即英国议会，是英国的最高立法机关。政府从议会中产生，并对其负责。议会为两院制，由上院（贵族院）、下院（平民院）和国王共同组成，行使国家的最高立法权。英国议会创建于13世纪，迄今已有700多年的历史，被称为"议会之母"。自创立以来，英国议会通常在伦敦的威斯敏斯特宫（议会大厦）举行会议。图为17世纪初期，詹姆斯一世统治时期的议会会议。

146

因此，这就包括战争与和平、联合与结盟以及同国外所有个人和社会进行事务往来的权力，如果人们愿意，我们可以将其称为"对外权"。我对它的名称并无特别要求，只要它有助于大家对这件事的理解。

147

执行权和对外权有明显区别,前者指在社会内部对其所有成员执行社会的国内法的权力,而后者是指对外处理公共安全和利益的相关事情的权力,其中包括一切可能得到的利益或受到的侵害。尽管有区别,这两种权力却几乎总是连在一起的。这种对外权行使的情况,对国家影响重大,但由于不能像执行权那样受到事先制定的、长期有效的明文法的指导,所以必须要由掌握这种权力的人谨慎行使,以实现公共福利。涉及臣民之间相互关系的法律,是用来指导其行为的,完全可以预先制定。至于对外国人的做法,则在很大程度上取决于外国人的行动、企图和利益的变化,因此这种权力必须要由颇具智谋的人来掌握,凭借他们的才能实现国家的利益。

148

虽然每个社会的执行权和对外权确实存在差异,但很难把它们分离开来交给不同的人掌握。因为这两种权力的行使都需要社会的力量,而把国家的力量交给不同的、互不隶属的人行使是不现实的。如果将执行权和对外权交给各自为政的人,就会使公众的强制力置于不同的支配之下,必然会导致混乱和灾难。

第十三章　论国家权力的统属

149

以自身为基础并按照自己的性质（保护社会）而行动的、有组织的国家，只存在一种最高权力，即立法权，其他一切权力都处于从属地位。但是立法权只是一种受委托的权力，是为了实现某种目的而行使的，如果民众发现立法机关的行为违背了他们的委托，仍然有权撤销或重新组织立法机关。因为，既然这种权力是受人们的委托以达到某种目的的，那它就要受这种目的的限制；当这一目的明显被忽视或违背时，民众必然会取消这种委托，收回权力并重新授予他们认为最有利于自己安全和保障的人。因此，共同体始终保留着一种最高权力，以保护自己免受任何人甚至是他们的立法机关的攻击和谋害，他们有时确实会愚蠢到侵占民众的权利和财产。任何个人或社会都无权将保护他们或相应的保护手段交给另一个人，将自己置于他的绝对意志和专断权力的统治之下。如果有人企图使他们处于这种奴役状态，就是在侵犯这一根本的、神圣而不可变更的自卫法则，他们就有权保护他们没有权力放弃的东西，因为他们正是为了自我保护才加入社会的。从这一点来看，共同体一直是最高的权力，但并非在任何政体下都是如此，因为人民的这种最高权力只有在政府解体时才能产生。

150

不论在哪种情况下，只要政府存在，立法权就是最高权力。因为一个人只有当他居于另一个人之上时，才有权力为对方制定法律。立法权之所以是社会的立法权，是因为它有权为社会的所有方面和每个成员制定法律，规定他们的行为准则，并在出现违反法律的行为时，授权执行法律。所以，立法权必须是最高权力，任何社会成员或社会阶层所拥有的其他一切权力都源自它或从属它。

151

在有些国家，立法机关不是长期存在的，执行权被授予某一个人，这个人也参与立法。在这种情况下，他也可以被称为至高无上的权力者。这并不是因为他拥有一切最高权力，即制定法律的权力，而是因为他拥有最高的执行权，下级官员的全部或大部分权力都来自于他。而且没有立法机关凌驾于他之上，也没有未经他同意而制定的法律，他更不可能甘愿受立法机关其他部分的约束，所以在这个意义上来说他是至高无上的。不过，值得注意的是，人们对他宣誓效忠，并不是把他当作最高立法者，而是当作法律的最高执行者。效忠仅仅是遵从法律，当他自己违反法律，他就无权要求别人服从；而且他之所以能够要求别人服从，是因为他是被赋予法律权力的公众人物，所以他应该被视为国家的象征、化身或代表，按照国家法律所宣示的社会意志而行事。因此他没有自己的意志和权力，有的只是法律的意志和权力。但是，如果他放弃所代表的身份和公共意志，而只能凭其私人意志行动时，那他就是自贬身份，并因此失去要求他人服从的权力，因为除了服从社会的公共意志外，社会成员并无其他服从的义务。

□ 1689年《权利法案》

1689年10月，英国议会通过了《权利法案》，以法律的形式确立了议会所拥有的权力高于王权的原则，标志着英国君主立宪制政体的建立。图为1688年，苏格兰斯图亚特王朝女王玛丽和继任者威廉来到英国，接受了议会的《权利法案》，并从议员的手中接过了王冠。从此，议会取代了国王，成为了权力的中心。

152

如果执行权没有授予参与立法的人，而是归于其他机构，那么显而易见的是，执行权隶属于立法机关并对其负责，而且立法机关还可以随时进行调整。因此，不是拥有最高执行权的人就可以免于从属于他人，而是只有当参与立法的人被授予最高执行权时才能这样。除了所参加和同意的立法机关外，参与立法者不从属于其他更高的立法机关，更不对其负责。

可见，只有他自己认为需要时才会从属于他人，但是可以断定，这种情况几乎是微乎其微的。至于一个国家的其他辅助性和从属性权力，我们就没有必要再谈论了，因为由于各国习惯和组织体系的不同，它们也存在千差万别，要想逐一论述是不可能的。在这里，我们只关注与我们的讨论目的相关的必要部分就足够了，即它们除了根据明确授予和委任而获得的权力之外，没有其他权力，而且它们都要对国家的其他某些权力负责。

153

立法机关没有必要长期存在，而且长期存在也会带来诸多不便。但执行机关是必须要长期存在的，因为不需要经常制定新的法律，却需要经常执行所制定的法律。尽管立法机关把执行他们所制定的法律的权力交给了其他人，但当他们认为有必要时，仍有权收回这一权力，并对任何违法行为进行处罚。对外权也是如此，它和执行权都从属于立法权，是一种辅助权力。如前所述，立法权则是一个有组织的国家的最高权力。在这种情况下，立法机关还应当由多个人组成（因为如果它只是单独一个人，它就必须长期存在，作为最高权力，它自然就同时拥有立法权和最高执行权），这些人可以根据他们最初的组织法所规定的时间，或根据他们休会时约定的时间集会，也可以在他们认为合适的时间集会，并行使他们的立法权。既然民众已经把最高权力授予他们，他们就可以在自己认为适当的时间予以行使，除非根据最初的组织法，他们只能在一定时期内行使权力，或者根据他们最高权力的某条规定休会到一定时间后，才有权力召集会议并制定法律。

154

如果立法机关或它的任何部分是由人民选举的代表组成，这些代表都有一定任期，期满后仍恢复普通臣民的身份，除非再次当选，否则不能再享有立法权。这种选举权也必须由人民在指定时间内，或被召集时行使。在后一种情况下，召集立法机关的权力通常属于执行机关，但在召集时间上要受以下某一条件的限制：或者是最初的组织法规定立法机关每隔一段时间集会并行使职权，这样执行权只是从行政上发出指令，要求根据约定的形式进行选举和集会；或是根据情况或公众的要求修改旧法律或制定新法律，或当必须清除威胁人民的任何障碍时，可以由执行机关审慎决定是否通过重新选举来召集他们。

155

也许有人会问：既然执行权掌握着国家的强制力，如果它利用这种力量来阻碍立法机关根据最初的组织法或公众要求进行集会并行使职权,会是什么样呢?我认为,这是对人民滥用职权,违背了人民对他的委托,是与人民为敌,而人民有权恢复立法机关,让它重新行使权力。因为,人民之所以设置一个立法机关,就是为了使它能在某一时间或某种情况下行使制定法律的权力。这一权力的行使关系到人民的安全和保障,关系到社会的稳定,当社会需要它们而他们却受到武力的阻碍时,人民就有权使用武力来予以清除。不论在什么情况下,对滥用武力最有效的办法,就是用武力对付武力。滥用武力,常会使滥用者处于战争状态,进而成为侵略者,所以人们必须把他当作侵略者来对待。

156

执行机关虽然拥有召集和解散立法机关的权力,但这并不能使其高于立法机关,因为这种权力只是为了人民的安全而对它的一种委托,是为了弥补不能用固定的规则来处理变化多端的人类事务的缺陷。因为,政府的最初创建者不可能有先见之明,完全预料到未来事件,因此也就不能预先为未来很长时期立法机关集会的召开和会议的期限制定出恰当的规定,以完全适用于国家的一切紧急情况。弥补这一缺陷的最好方法就是把这种权力委托给一个长期任职,并负责公众福利事宜的人,由他来根据需要做出决定。立法机关如果经常集会或在毫无必要的情况下频繁集会,不但对人民是一种负担,有时甚至还会引发更危险的情况。如果延期召集会议,公众也可能面临很多危险,有时由于任务繁重,他们在有限的会议时间内很难完成他们的工作,以至于公众得不到只有他们的审慎决定才能带来的益处。那么在这种情况下,为了避免前述因素可能导致的各种危险,除了把这种权力委托给一些长期在任且熟悉国家情况的人,让其利用这种特权来为公众谋福利外,还有什么办法呢?如果正好有人已经受托为同样的目的而执行法律,这一权力难道不正应该交给他吗?因此,如果最初的组织法未对立法机关开会的时间和期限作出规定，那么自然就会由执行机关承担。但这并非一种专断权力，而是担负的一种委托，即只能为了公共福利根据事态的变化来行使这一权力。无论立法机关的集会时间是预先规定，还是授权君主随时召集立法机关，或是两种方式混合使用，以及究竟哪种方式更为便利，不是我在这里要探讨的问题。我只想说明的是，尽管执行机关拥有召开和解散立法机关会议的特权，但是这并不能使它因此而高于立法机关。

157

事物总是处于变化之中，任何事物都不可能长期处于同一状态。因此，人民、财富、贸易、权力等时刻都在发生变化，繁荣的大都市会走向衰败，逐渐变成人迹罕至的荒凉之地，而原本荒无人烟的地方却发展成为富庶地区。不过，事物并不总是如此均衡地变化，习惯和权利虽然已经失去存在的理由，却又常因私人利益而保存下来。因此，在一些政府中，立法机关的有些部分是由人民选出的代表组成的，随着时间的流逝，这种代表的分配变得很不均衡，逐渐背离了最初分配代表的目的。有些地方已徒有虚名，放眼望去只是一片废墟，在那里你至多只能看到几个羊栏和几个牧羊人，但它们仍像那些人口密集、富裕繁荣的城镇那样，选出同样多的代表出席立法者大会。沿袭已经失去存在理由的习俗实在荒谬，外人对此也会感到难以理解。不得不承认，这确实需要纠正，尽管大多数人认为很难找到纠正的办法；因为立法机关的组织法是社会最初的、最高的法律，先于社会中的一切明文法，且完全依赖于人民，任何下级权力都不能改变它。因此，立法机关成立后，只要政府还继续存在，人民在前面所提到的这种政府中就没有行动的权力，这种缺陷便被认为是无法弥补的。

158

人民的福利被认为是最高的法律，也是一条基本且公正的法则，人们只要认真遵守就不会犯严重的错误。因此，如果有权召集立法机关的执行机关，遵照代表分配的真正比例而不是它的形式，就应按照理性而不是旧习俗来确定各地有权被选为议员的代表数目，赋予这种权利时不以人民是否联合起来为标准，而是以其对公众的贡献为准绳。这种做法并不是建立了一个新的立法机关，而只是恢复了原有的真正的立法机关，纠正了随着时间的推移而出现的一些混乱。公正平等的代议制最符合人民的利益和本意，谁能使它更接近这一目的，谁就是政府的真正朋友和创立者，就必然能得到社会的认同和赞许。所谓特权，只不过是授予君主的一种权力，当出现某些无法预见的和不稳定的情况，事先制定的、不可变更的法律又发挥不了效力时，君主便可以凭借这种权力为公众谋福利。凡是明确为人民谋福利，为把政府建立在其真正基础之上的做法，都是而且永远是公正的特权。建立新选区并且据此分配新代表的权力往往基于以下假设，即分配代表的规定必然会发生变化，以前没有代表选举权的地方，可以获得这一正当权利；而以前享有选举代表权利的地方也可能失去这一权利，并且已无必要再考虑这一基本权利。对政府造成损害的，并不是腐败或衰落可能带来的社会现状的变化，而是政府欺压或迫害人民的倾向，以及使一部分人或一个党派有别于其他人，从而形成地位不平等现象的做法。无论做什么，凡是被认为是以公正和长久的方式进行的，且有利于社会和人民的行为就是正当的。人民以公正和真正平等的方式来选举他们的代表的做法，符合政府的最初构架，那么毫无疑问，正是社会的意志允许并要求他们这样做的。

第十四章　论特权

159

如果立法权和执行权分别由不同的人掌握（如所有温和的君主国家和组织完善的政府），出于对社会福利的考虑，许多事务应当交给掌握执行权的人来处理。因为，既然立法者无法预见并用法律规定一切有利于社会的事务，那么拥有执行权的法律执行者，在国内法尚未做出规定的很多方面，就可以根据一般的自然法为社会谋福利，直到立法机关集会做出规定为止。对于那些法律确实难以规定的事务，必须要由掌握执行权的人根据公共利益的要求自行裁决。在某些情况下，法律本身应该让位于执行权，或者说让位于自然和政府的这一根本法则，即应当最大限度地保护社会所有成员。社会上经常有许多偶然事件发生，如果一味严格而死板地遵守法律反而会造成伤害（例如，邻居家失火时，却不去拆掉其隔壁人家的房屋以阻止火势蔓延），而一个人如果做了一件值得奖励和宽恕的事情，由于法律不加区别地对待，有时反而会受到法律的制裁。因此在许多情况下，统治者应当有权减轻法律的惩罚力度或赦免某些罪犯；因为政府的目的是尽可能地保护所有人，只要能证明一个人不会伤害无辜者，即使有罪也可以得到宽恕。

160

这种没有法律依据甚至违背法律，但为了公众福利可以自行处理的权力，被

□ 伟大的审判

1670年，贵格会会员威廉·佩恩和威廉·米德因在格雷斯丘奇大街上向非法集会的人布道而遭受审判。在伦敦中央刑事法院大厅，爱德华·布谢尔等十二名陪审员拒绝做出佩恩和米德有罪的裁决，最后两名被告和十二名陪审员一起锒铛入狱。再后来，经过王座法院的判决，陪审员获得了自由，两名被告也被判无罪。这场审判开创了对司法权力进行最大审查的先例。而被告之一威廉·佩恩，后来成为宾夕法尼亚州和费城的缔造者。

称为特权。因为在一些政府中，制定法律的权力并非一直存在，而且由于其成员过多，执行速度也相当缓慢。此外，立法者不可能预见所有与公众有关的偶然事件和紧急情况，因此也不可能全都通过法律予以规定。而且，如果对符合规定的所有情况或所有人都严格执行法律，那也难免将造成伤害。因此，对于法律尚未做出规定的很多方面，仍需要执行权来酌情处理。

161

毫无疑问，当这种权力被用于谋求社会福利，并符合政府所受的委托及创建的目的时，就是真正的特权。因为，只要特权的使用在可容忍的程度上是为了实现它的本来目的，即为人民谋福利，而不是明显地与其相悖，人民就很少会或从不会过分苛求细节，更不会对特权进行审查。但是，如果执行权和人民对于被称作特权的权力产生分歧，只要看一看这种特权的行使是否有利于人民，就能很容易地解决这一问题。

162

不难想象，政府建立之初，无论是在人口规模还是法律的种类上，国家与家族并没有多大区别。统治者作为一家之主，为了他们的幸福而照管他们，政府的统治几乎完全靠特权进行。因此，制定几种法律就足够了，其他事务都可以由统治者来裁断和处理。但是，当懦弱的君主行使这种权力是由于自己的过错或被人迷惑，是为了自己的利益而不是为了公共福利时，人民就不得不以明确的法律来规定那些他们认为不利于自己的特权。因此，人民认为，在某些情况下对特权进行明确限制是必要的，这些特权是他们及其祖先留给君主，让其凭借自己的智慧来为人民谋福利的。

163

因此，认为人民用明文法对特权进行任何限定就是侵犯特权的看法，显然是对政府的一种错误认识。因为，人民这样做并未剥夺君主应享有的任何权利，只是以此警示君主，他们以前交给他或其祖先的权力，虽然没有任何限定，但都是用来为他们谋福利的，如果将其用于其他方面，显然违背了他们的本意。既然创立政府的目的是为社会谋福利，那么只要是为了实现这一目的而做的变革，就不能算是对他人的侵犯，因为政府中的任何人都必须坚守这一目的。只有那些损害或妨碍公众利益公众福利的变革才算是侵犯。那些反对该观点的人们似乎认为，君主的利益有别于且独立于社会福利，君主的利益不在于为共同体谋福利，这种观点就是君主制政府中出现的所有弊端和混乱的根源。如果确实像他们说的那样，那么受其统治的人民就不是为了彼此的利益而加入社会的理性动物，他们推选出统治者来统治自己，也不是为了保护和促进这种利益，而是甘愿将自己卑微地置于主人的统治之下，满足主人的乐趣或利益。如果人类真是这样缺乏理性和粗鄙，竟会以这种条件加入社会，那么可能确实会像有些人所想的那样，特权是一种伤害人民的专断权力。

164

但是，既然一个理性的人不会为了伤害自己，而在自由之时自愿臣服于另一个人（尽管当他的统治者是一个善良贤明的人时，他也许认为没有必要对他的权力进行明确的限制），那么特权就只能是人民同意他们的统治者，在法律没有做出规定的领域，甚至当违背法律的明文规定时，为了公众福利而自行处理某些事务。一个贤明的君主会时刻牢记人民对他的委托，并真正关心人民的福利，所以给予这样的君主多少特权（造福人民的权力）都不过分。相反，一个懦弱昏庸的君主常会要求享有其祖先曾行使过的特权，尤其是未经法律规定的特权，其目的是获得与公众福利不同的利益。这样一来，人民便有理由重申他们的权利并限制这种权力，而如果行使这种权力是为了他们的福利，那么人民就愿意默认。

165

因此，只要我们读一下《英国史》就会看到，最贤明善良的君主享有的特权往往最大。这是因为，人民注意到他们行动的总体趋向是为公众谋福利，所以能容忍他们那些没有法律依据的做法；即使由于人类的任何弱点或过失（因为君主也只是人），使得君主的行为与这一目的稍有背离，但他们行动的主要趋向只要仍然是关心公众，人民也是能够容忍的。所以，只要人民认可君主在没有法律规定或与法律相抵触的领域的行为，就会予以默认，并且允许他们随意扩大自己的特权。他们断定，君主不会做损害他们利益的事情，因为君主的行动符合一切法律的基础和目的，即公共福利。

166

根据君主专制政体是最好的政体这一论点，这些如同神明一般的君主应该享有专断的权力，正如上帝就是用专断权力来统治宇宙一样，因为这些君主都具有上帝的睿智和贤良。据此，有些人便会说，对于人民的自由而言，贤明君主的统治总会带来最大的危险。因为，如果他们的继任者以不同的理念管理政府，就会把贤君的行动作为他们特权的标准，以前只是为了人民福利而做的事情，就会被他们当作可以随意伤害人民的权利。这往往会引起纷争，有时甚至会扰乱公共秩序，直到人民收回他们原来的权利，并宣布这从来就不是真正的特权，因为任何人都不可能曾经拥有伤害人民的权利。对于那些并未逾越公共福利界限的君主或统治者的特权，人民很可能不会加以限制，因为特权只不过是在没有法律规定的情况下谋求公共福利的权力。

167

在英国，召集议会的权力自然包括确定召开议会的时间、地点和期限等。尽管这是国王的一种特权，但他仍要受到人民委托的约束，即必须随着社会情势的变化，利用这一权力为国家谋福利。因为无法预见何时何地召集议会是最适当的，所以将其交由执行权来决定，以便能做出最符合公共福利和议会目的的选择。

168

关于特权,一个经常被提到的问题是:由谁来判定这一权力的行使是否恰当?我的意见是:在拥有特权且长期存在的执行权和由执行权来决定召集的立法机关之间,根本不可能有裁决者。同样,如果执行机关或立法机关掌握权力后,企图或已经开始奴役或残害人民,那么在立法机关和人民之间也不可能有裁决者。同没有裁决者的一切其他情况一样,除了诉诸上天,人民别无他法。因为,统治者的这种做法,完全是在用一种人民从未授予他们的权力,做他们无权做的事情(无法想象人民会同意有人为了伤害他们而统治他们)。如果所有人民或某个人被剥夺了权利,或受制于无权统治他们的人,却在世间无处申诉,那么当他们有重大问题需要处理时,就有权诉诸上天。因此,在这种情况下,虽然人民不能成为裁决者,不能根据社会的组织法拥有更高的权力来处理这种问题,但他们根据先于且高于人类一切明文法的法律,为自己保留了属于全人类的最后决定权,即决定是否有正当理由诉诸上天。他们绝不能放弃这种决定权,因为人没有权利让自己受制于他人,并赋予别人毁灭自己的权力,而且上帝和自然也从不允许人类自暴自弃,放弃对自我的保护。既然人类无权剥夺自己的生命,也就无权让他人剥夺自己的生命。这种做法并不会埋下祸根,因为只有在大多数人对麻烦忍无可忍,并且认为有必要予以纠正时,人们才会行使这种决定权。这是执行权或贤明的君主应该永远警惕、避免的事情,也是最危险的事情。

第十五章　论父权、政治权力和专制权力

169

尽管我在之前已经分别讨论过这几种权力，但是我认为，近年来有关政府理论的重大错误都是由于对这几种权力的混淆而引起的。因此，我认为有必要将它们放在一起讨论。

170

第一，父权或亲权，其实就是父母支配子女的权力，父母为了子女的幸福而管教他们，直到他们能够运用理性或拥有足够多的知识，就能够理解那些用来规范他们行为的准则，包括自然法和他们的国内法等。我说"能够"，是指像受法律约束的其他自由人一样理解这些法律。上帝使父母对子女怀有天然的关爱，可见他并不想让父母对子女的这种支配变成严苛的专断统治，而仅仅是为了养育、帮助和保护他们的后代。但是无论如何，正如我在前面已经证明的，我们没有理由认为这种权力可以使父母握有对子女的生杀之权，就像他们不能对其他人拥有这种权力一样。我们也找不出任何证据来证明，子女成年后，不是为了报答父母的养育之恩而承担起赡养他们的义务，而是基于这种父权服从父母的意志。由此可见，父权虽然是一种自然统治权，但绝不能延伸到政治领域，也不能涉及子女的财产，子女的财产只能由他们自己处理。

□ 瓦实提

《圣经》中，亚哈随鲁是波斯帝国一位强横专制的君王，他的王后瓦实提容貌甚美。后来，由于瓦实提拒绝在亚哈随鲁王的宴席上让臣民一睹她的风采和美貌，触怒了亚哈随鲁王，为了不让此等藐视丈夫的行为被众妇人效仿，亚哈随鲁王废除了瓦实提，另立王后。在"所有妇人……无论丈夫贵贱都必尊敬他"的社会，瓦实提无疑成为触犯父权的牺牲品。

171

第二，政治权力是每个人交给社会的权力，是人民在自然状态中享有的。社会又将其交给它为自己设置的统治者，并附以明确的或默认的委托，即规定这种权力只能用来为人民谋福利和保护他们的财产。既然这一权力是每个人在自然状态中所享有的，并在社会能够给予他保障的各种情况下交给社会的，那他就理应通过他认为适当且为自然所允许的手段来保护他的财产，并惩罚他人违反自然法的行为，以便能最有力地保护自己和其他人。因此，当人人在自然状态下掌握这一权力时，它的目的和标准是保护社会的所有成员（全人类）；当它为行政长官享有时，也只能以保护社会全体成员的生命、权利和财产为目的或标准。因此，它不可能是一种支配他们的生命和财产的绝对的、专断的权力，因为生命和财产应该要尽可能地受到保护。它只是为人们制定法律的权力，并附带一些刑罚，通过去除某些部分来保护整体，去除的是那些对全体成员的生命和安全有威胁的部分。若非如此，无论什么刑罚都是不合法的。此外，这种权力只能通过契约或协议来约定，并以组成社会的人们的一致同意为前提。

172

　　第三，专制权力是一个人对另一个人的一种绝对的、专断的权力，凭此可以随意剥夺另一个人的生命。这种权力不是自然授予的，因为自然并未在人与人之间造成这种差别。这也不是通过契约所能转让的权力，因为人类对自己的生命没有这种专断的权力，所以不能将这一权力赋予另一个人。这只是放弃权利的结果，当侵犯者使自己与他人处于战争状态时，他就放弃了自己的生命权。他抛弃了上帝赋予人类作为人与人之间关系准则的理性，摆脱了使人类结为一个团体和社会的共同约束，放弃了理性所指示的和平之路，企图用战争的暴力来达到他无权强加于他人的非正义目的。这种行为使他背离人类而沦为野兽，将野兽的暴力作为自己的权利准则，从而使自己陷于被受害人和与受害者一起匡扶正义的人毁灭的境地。这类人就像野兽或毒虫一样，人类无法和他们一起生活，因为安全无法得到保障。因此，只有在正义和合法战争中捕获的俘虏才受制于专制权力。这种权力既不是来源于契约，也不能订立任何契约，它只是战争状态的延续。因为，与一个连自己的生命都无法主宰的人能订立什么契约呢？他能履行什么条件呢？他一旦获得可以主宰自己生命的自由，那么他主人的专断权力就不复存在了。凡是能主宰自己和自己生命的人，也有权保护自己的生命。因此，一旦订立契约，奴役就随即终止。一个人只要同其俘虏谈好条件，就是放弃了对他的绝对权力，并终止了战争状态。

173

　　父权，自然赋予父母的第一种权力，即让父母在子女未成年时扶助他们，以弥补他们在处置自己的财产方面的各种不足（我在这里所说的财产，同样是指人们在身心和物质方面的财产）。统治者们通过自愿签订协议获得第二种权力，即政治权力，并用这一权力为其臣民谋利益，保障他们拥有和使用自己的财产。放弃权利赋予了主人第三种权力，即专制权力，他们利用这一权力为自己谋利益，并统治那些被剥夺了所有财产的人。

174

只要考察一下这几种权力各自的起源、范围和目的，人们就能清楚地看到，父权远不如统治者的权力，统治者的权力又不及专制权力；而绝对统治权不论掌握在谁的手中，都绝不是公民社会中的一种权力，它和公民社会毫不相容，就像奴役地位与财产权毫不相容一样。父权只是在子女因年幼而无法处置自己的财产时才会存在；政治权力只在人们拥有可以自己处置的财产时才会存在；而专制权力是支配那些没有任何财产的人的权力。

第十六章 论征服

175

除了前面提到的最初起源，政府根本没有别的起源，社会也只能建立在人民同意的基础之上。但是人的野心使世界混乱不堪，以至于人类历史中长期充满了战争，而战争的喧嚣使人们极少注意到这种同意。因此，许多人错将武力当作人民的同意，认为征服也是政府的一种起源。但是，征服并不意味着建立新政府，就像拆除房屋并不意味着在原处建造一座新房屋一样。当然，摧毁旧的国家往往会为建立新的国家结构铺平道路，但若不事先征得人民的同意，新的国家永远无法建立起来。

176

征服者使自己同另一个人处于战争状态，不正当地侵犯了他的权利，因此他决不能通过这种非正义的战争获得支配被征服者的权力。对于这一点，人们通常没有什么异议，因为没有人会同意强盗有权支配他们用武力征服的人，或同意人们应该遵守他们在武力威胁下做出的承诺。如果一个强盗闯入我的家中，用刺刀对着我的喉咙，逼迫我签订契约将我的财产转让给他，这能赋予他任何权利吗？即使可以，也只是一个卑劣的征服者用利剑逼我服从时所取得的权利。不论是王公贵族还是贫贱卑微者所为，其造成的一切伤害和罪行都是一样的。罪犯的地位及其同伙的数目,除了加重罪行之外,并不会使罪行有任何其他不同。唯一的区别就是,大盗可以惩罚小盗,使他们服从自己。由于大盗往往过于强大,软弱的司法力量根本无力惩罚他们,因此他们不但成为了胜利者,还掌握了惩罚罪犯的权力。对于这样一个闯入我家的强盗,我该采取什么办法好呢?只能诉诸法律来寻求公道。但是,正义可能得不到伸张,或者因为我自身残疾无法行动,在遭到抢劫时不能及时诉诸法律。如果上帝剥夺了我寻求帮助的一切途径,那我就只能容忍了。不过,我的儿子一旦有能力,就可以寻求我本应该得到的法律救助;他或他的儿子还可以重新起诉,直到收回他本该拥有的权利。被征服者或他们的子女,在世间如果找不到可以申诉的法庭或仲裁者,就可以像耶弗他一样反复向上天申诉,直到重新享有他们祖先原来的权利,这个权利就是要有一个得到大多数人明确同意或默认的立法机关来统治他们。如果有人认为,这会引起无穷无尽的纠纷,我会告诉他,这不会多过司法引起的纠纷,如果司法机关会受理所有申诉案件的话。如果一个人无端骚扰他的邻居,他的邻居就可以请求法庭惩罚他。若要诉诸上天,当事人必须确信自己有充分的理由,而且还要证明他为此付出的精力和财力是值得的。因为他必须对自己在法庭上的一切言行负责,而法庭肯定会根据每个人对其他社会成员所造成的伤害予以惩罚。由此可见,非正义战争中的征服者不能因此而迫使被征服者臣服和顺从他。

177

如果战争是合法的,胜利属于正义的一方,那么我们就来考察一下征服者最终得到了什么权力,以及对谁享有这种权力。

第一,显而易见的是,他不能通过征服而对那些与他一起征战的人享有权力。和他同一阵营的这些人,不能因为征服而遭受损失,他们至少应该继续享受以前的自由。最常见的情况是,他们根据合同条款服役,或与他们的领袖分享一部分战利品或其他利益,或者至少应该得到被征服的国家的一部分土地。我希望,参与征服的人不会因此而成为奴隶,他们戴上桂冠并不是为了显示他们是其领袖取得胜利的牺牲品。那些通过武力建立专制君主统治的人,使他们的英雄——这种君主国家的创立者——变成肆意妄为的德洛坎塞[1]之徒,忘记了那些同他们一起并肩作战的将士,以及帮助他们征服或与他们共同占有

□ 诺曼人的征服

1066年初,英王忏悔者爱德华死后无嗣,诺曼底公爵威廉要求获得王位。9月末,"征服者"威廉召集诺曼底等地封建主,入侵英格兰,大败英军。12月,威廉在伦敦威斯敏斯特教堂加冕为英国国王,即威廉一世,拉开了诺曼王朝的序幕,诺曼底法国人取代了盎格鲁-撒克逊人主导的社会。

被征服国家的人。据说,英国的君主制建立于诺曼人的征服时期,我们的君主因而获得享有绝对统治权的依据。如果真是这样(但历史记载并非如此),而且威廉有正当权力对英伦岛发起战争的话,那么他凭征服取得的统治权也只能及于当时生活在岛上的撒克逊人和不列颠人。不论征服使威廉获得了哪种统治权,那些和他一同战斗并帮助他取得胜利的诺曼人及其子孙,都是自由人,并不会因此而变成他的臣民。如果我或其他任何人作为他们的后代要求自由的权利,这将很难找到理由拒绝。很明显,既然法律没有区别对待这些人,就无意区分他们的自由或基本权利。

---

〔1〕德洛坎塞(Drawcansirs),17世纪英国剧作家韦勒尔所著的笑剧《预演》(*The Rehearsal*)中的一个人物。他性情残暴,在战场上不分敌我,乱杀一气。这里指代"刽子手"。

178

我们不妨假设一下——虽然很少出现这种情况——征服者和被征服者没有合为一个国家，他们不受同种法律的约束，享有的自由也各不相同。这种情况下，一个合法的征服者对被征服者会享有什么权力呢？我认为很可能是一种纯粹的专制权力。他对那些因参加非正义战争而丧失生命权的人，享有绝对的生命支配权。但是对于那些未参加战争的人的生命或财产，甚至那些事实上参加了战争的人的财产，他却不能享有这种权力。

179

第二，征服者只能对那些实际上帮助、赞成或同意用武力来反击他的人拥有支配权。既然人民没有授权他们的统治者去做非正义的事情，例如发动非正义战争，那么他们就不应该对统治者在非正义战争中的暴行和不道德行为负责，除非是他们实际上煽动了这一非正义的战争。这就好比，人民不应对统治者对人民或其他任何臣民施加暴行或压迫的行为负责一样，因为他们从未授权统治者去做这样的事情。征服者很少对此加以区别，而是有意利用战争的混乱将一切搅和在一起。但是这并不会改变正义，因为征服者之所以有权支配被征服者的生命，只是由于被征服者曾用武力施行或支持非正义的行动。所以，他只能对那些赞同使用这种武力的人拥有支配权，其他人则是无辜的。对于那个国家中没有对他造成伤害的人，即没有放弃自己生命权的人，征服者是没有统治权的，就像他无权统治那些没有侵犯他或威胁他，而是与他和平共处的人一样。

180

　　第三，征服者在正义战争中取得了对战败者的支配权，这是一种完全专制的权力。战败者由于使自己处于战争状态而放弃了自己的生命权，因此征服者对他们的生命拥有绝对权力，但这并不意味着他对他们的财产享有任何权利。我承认，这似乎是一个怪异的学说，因为它与世界上的惯常做法截然不同。在谈到国家的领地时，人们通常指的是通过征服所取得的土地，好像一经征服，征服者就能轻易转移土地的占有权。但是，如果我们仔细考虑就会发现，不论征服者的做法多么普遍，最终都很难成为正义的准则，尽管被征服者对征服者表示顺从的一种表现就是，默默接受其用利剑强加给他们的境遇。

181

　　在一切战争中，武力和损失总是交织在一起的，当侵略者使用武力来对付那些反抗他们的人时，通常会对其财产造成损害。但是，只有使用武力才会使一个人处于战争状态。因为，不论他是用武力还是用欺诈的手段造成损害，他都拒绝予以赔偿，而且还用武力来维持这些损害（这与最初使用武力造成损害没有区别），而非正义战争的爆发正是由于这种武力的不正当使用。因为，一个人不论是强行闯入后用武力把我赶出家门，还是骗我将他们迎进门后用武力把我赶出去，他们的行为实际上没有什么差别。我现在讲的其实是一种假定状态下的情况，即我们在世间找不到可以向其申诉且双方都必须对其服从的共同裁决者。所以，正是武力的不正当使用将一个人与另一个人置于战争状态之下，犯罪者因此放弃了自己的生命权。因为，一个人如果脱离作为人与人之间关系准则的理性，而像野兽一样使用暴力侵犯他人，他就易于被对方毁灭，就像任何威胁人们生命的饥饿的野兽一样。

182

但是，父亲的过错并不能加诸子女身上。即使父亲凶狠歹毒，其子女也可能是理性且拥护和平的。因此，父亲所犯的过错和暴行只能使他自己放弃生命权，而不会累及他的子女。为了尽可能地保护全人类，自然法已经将父亲的财产赐予他的子女，所以他的财产仍然只属于他的子女。因为，如果子女由于年幼、不在场或自愿选择而未曾参加战争，那么他们就没有表示过要放弃财产，征服者便不能仅仅因为已经制服那个企图以武力毁灭他的人，就享有剥夺其子女财产的任何权利。征服者对这些财产也许拥有某些权利，以补偿在战争中和捍卫自己的权利时所遭受的损失，至于他能因此占有被征服者多少财产，我们以后再详细讨论。由此可见，一个人通过征服可以取得支配另一个人的人身权利，可以随意毁灭他，但并不能因此拥有支配其财产的权利。因为，使对方有权把侵略者当作野兽一样随意毁灭的，正是侵略者所使用的暴力；而能使一个人享有支配另一个人的财产的权利的，只能是他所遭受的损失。虽然我可以杀死一个拦路抢劫的盗贼，却不能抢走他的金钱，然后把他放走（这种情况似乎很少见）——这样一来，我就成了抢劫犯。盗贼在使用暴力并将自己置于战争状态时，就放弃了他的生命权，但我并不能因此对他的财产享有任何权利。因此，通过征服取得的权利只能涉及参战者的生命，只有为了弥补在战争所受的损失和战争费用而要求对方赔偿时，才能涉及他们的财产。但即使在这种情况下，也不能侵犯其无辜的妻子和子女的权利。

183

即使征服者有可能找出最充分的理由（尽可能多的正义），他仍然无权占有战败者更多的财产。被征服者的生命掌握在胜利者手中，胜利者可以用他的劳役和财产来弥补自己的损失，但不能剥夺他的妻子和子女的财产，因为他们对他的财产也享有权利，他的财产中也有他们的一份。举例来说，比如我在自然状态中（所有国家都彼此处于自然状态中）伤害了一个人，且由于拒绝赔偿而使自己进入战争状态，这时我就因为用武力保护自己的非法所得而使自己成为侵略者。当我被征服后，我就全然丧失了自己的生命权，陷入任人随意处置的境地，但我的妻子和子女的生命权却并非如此。因为他们没有参加战争，也没有帮助我作战。我不能放弃他们的生命权，这也不是我有权放弃的。我的财产中有妻子的一份，这也不是我能放弃的；我生养的子女们，更有权依靠我的劳动和财产来生活。因此，情况就是这样：征服者有权要求赔偿自己所遭受的损失，被征服者的子女们也有权依靠父亲的财产来维持生活；至于被征服者妻子的那份财产，无论是她自己的劳动还是契约都使她拥有享受这份财产的权利，她的丈夫显然无权放弃属于她的东西。在这种情况下，应该怎么办呢？我认为，既然自然法的根本法则是尽可能地保护全人类，那么在无法同时完全满足两方面的要求——赔偿征服者的损失和维持被征服者子女的生活——时，富人应该适当降低自己的要求，让那些只有这些财产可以依靠的人优先享有他们急需的权利。

184

但是，假若战争的费用和损失要由被征服者进行最大限度的赔偿，那么，被征服者的子女在其父亲的所有财物被抢夺一空之后，只能忍饥受冻至死。即便征服者有权得到财物补偿的满足,他也不可能被赋予任意处置被征服国家的国土的特权。因为战争的损失,无法与世界上任何一大块被完全开垦的土地的价值相提并论。如果我没有侵夺征服者的土地(既然我已经被他征服,这种情况就不可能出现),那么我曾在他的土地上造成的任何损失,都抵不上我的土地——假如它们与我曾损毁的征服者的土地面积差不多,也经过同样的培植——的价值。战争中,对土地最大的损毁是一两年的收成(很少会达到四年或五年的收成),至于那些被掠夺的金钱和珍宝之类的财物,都不是自然的原始财物,而自然也没有赋予它们这样的价值,它们所具备的无非是一种想象中的虚有价值。从自然的标准来看,它们就如同美洲印第安人的贝壳串珠之于欧洲的君主,或欧洲的银币之于古老的美洲印第安人一样,根本没有什么价值。任何一片被完全开垦的土地,其五年的收成也抵不上土地本身的永久继承权。毋庸置疑,抛开货币的虚有价值,战争的所有损失与土地价值相比是微不足道的。但与之相反的是,在那些土地面积远远大于居民的占有和使用面积,以及居民可以自由地开荒种地的地方,其土地的永久继承权的价值,不过相当于半年的收成价值。在这样的地方,征服者就不会想方设法掠夺被征服者的土地了。因此,处于自然状态的征服者与被征服者(因为君主和政府均处于自然状态中)之间的彼此损失,都不能赋予征服者剥夺被征服者后代的土地所有权并将其赶出理应世代继承的土地的权力。战争结束后,征服者往往以主人自居,而被征服者由于自己的处境,不能对征服者的权利提出质疑。但如果这就是全部的话,那么它赋予的权利,就仅仅是武力赋予强者而非弱者的权利。因此,谁最强有力谁就有权占有他想要的一切。

185

那么,对于征服者而言,即使他发起的战争是正义的,但是对于那些与他一起征战的人,或者战败国家中不曾反对他的人,抑或是反对过他的人的后代,他也无权统治他们。他们不受他的约束，如果他们的政府解体，他们便可以自由地创建一个新的政府。

186

征服者往往付诸武力来迫使战败国的民众屈从于自己，后者慑于其剑下的淫威，被迫服从按照他的意志而建立的政府。那么，他有什么权利这么做呢？如果说他们的服从是基于战败国民众的同意，那么，这就意味着，征服者要想获得统治他们的权力，就必须征得他们的同意。现在仍需考虑的一点是，并非依据权利而是用武力来强迫民众做出的承诺，是否可以被认为是征得同意，以及这种"同意"的约束力有多大。我要说的是，它们并无约束力。因为无论别人用武力从我这里劫掠任何东西，我仍然保有使用它的权利，他有义务立即归还与我。抢走我的马的人，应该立即将马还给我，我仍然有权把它要回来。同样地，他胁迫我做出的承诺，也应该即刻解除，否则便由我自行收回，或自行决定是否践行承诺。自然法基于一个它所规定的准则来界定我应履行的义务，它不能以违反它的准则的行为，比如武力，来侵占我的任何财物或胁迫我履行任何义务。当一个劫匪以枪相抵，勒令我交出钱包，我不得不亲自从口袋里掏出钱包递给他，然后他说这是经过了我的同意，这样根本改变不了案情，也无法宽恕他使用武力而转让这种权利。

187

由此可见，征服者用武力强加给被征服者的政府，要么最初无权对被征服者发动战争，要么即使有权力却并未参加对被征服者的战争，因此无权要求被征服者履行任何义务。

188

但是，让我们假定，被征服者强加于同一政府下的成员都来自同一个国家，他们都参加了那场非正义的战争并被打败，因此他们的命运完全由征服者掌控。

189

我认为，以上这些同样与被征服者的未成年子女毫无关系。因为，既然父亲并不享有支配子女的生命和自由的权力，那么他的任何行为都无法改变这一法则。无论父亲发生什么，他的子女仍是自由人，征服者的绝对权力仅限于那些被他征服的人本身，直至他们死亡。征服者可以像对待奴隶一样将他们置于自己的统治之下，对他们享有绝对的专制权力，但是他对他们的子女却不享有这种统治权。即便他可以在言行上指使他们，但是除非经由他们自愿，否则他不能对他们享有任何权力。只要他们并非主动，而是屈从于他的武力，他就没有任何合法的权威。

190

人生来就有双重的权利：一是人身自由权，任何人无权支配它，只能由他自己掌控；二是他和他的弟兄们享有优先继承其父亲的财物的权利。

191

根据第一种权利,人生来就不受制于任何政府,尽管他出生在一个受政府管辖的地方。可是,如果他不承认自己的出生地国家的合法政府,他就必须放弃该国法律所规定的属于他的权利,以及该国范围内由他的祖先传承给他的财产,因为这个政府是基于其祖先的同意而建立的。

192

根据第二种权利,虽然存在一个违反被征服者的自由同意而强迫他们接受的政府,但是如果作为被征服者的子孙且有权继承其祖先的产业的任一国家的居民,他们将享有继承祖先财产的权利,即使其祖先是在武力的胁迫下接受了这个政府的统治。因为,既然征服者原本就无权占有该国的土地,则作为迫于武力而受制于一个政府的人们的子孙或依据他们的权利而有所主张的人民,则永远有权利摆脱征服者,使自己从迫于武力强加给他们的篡夺或暴政中解放出来,直到统治者将他们置于他们自愿服从的政治机构之下。只要一有机会,希腊的基督教徒们——希腊古代土地所有者的子孙——就可以正当地摆脱压迫他们已久的土耳其人的钳制,谁会怀疑呢?因为任何政府都无权要求那些未经自愿认同的人民服从。我们决不能假设他们表示过这种认同,除非他们是处于可以选择其政府和统治者的完全自由的状态之下,或者至少他们拥有经他们本人或委托人自由地表示认同的长期有效的法律,同时享有合法的财产,从而使他们成为自己所有物的所有者,未经他们本人同意,任何人不能剥夺他们的任何一部分财产。一旦离开这些条件,任何政府之下的人都不是真正意义上的自由人,而是完全置身于战争暴力下的奴隶。

□ 希腊克里特岛独立战争

自19世纪初以来，希腊人民为了摆脱土耳其人的钳制，无数次在本土发起独立战争。1897年，为了克里特岛的归属问题，希腊与土耳其之间再次交战，最后以希腊战败告终。1897年12月4日，希腊、土耳其双方缔结和约，希腊向土耳其支付巨额赔款，同时割让色萨利亚的部分地区，条件是土耳其军队必须撤出克里特岛，克里特岛成为国际保护地。1898年，克里特岛建立了自己的自治政府。

193

但是，即使征服者发起的战争是正义的，他有权支配被征服者的生命和产业——显然，他是不享有这种权利的——那么在他继续统治该国期间，也不会因此而产生绝对的权力。因为这些被征服者的子孙都是自由人，如果他让他们居住在自己的国家，并赐予他们产业和财产（如果没有这些，国家就毫无意义了），那么无论他所赐予为何物，他们对于这些赐予物皆享有财产权：即未经本人许可，任何人不能剥夺他的财产。

194

他们具有自己的人身自由，他们的财产无论多少，都是属于他们自己，任由他们自己支配而非征服者支配，否则也就不是他们自己的财产。假若征服者将一千亩地永久性地授予一个人及其后嗣，同时将另一千亩地永久性地租给另一个人，每年收取五十或五百英镑的租金，那么，前者是否永远有权支配他的一千亩地呢？后者是否在他的有生之年都能租用那一千亩地呢？在其租用期间，通过他的辛苦劳动所获得的一切收入——多于或数倍于租金，是否为他自己终身享有呢？国王或征服者，在授予以上二人土地之后，是否可以凭借自己的权力，从他们的继承人手中夺走全部或部分土地，或夺走他们在这一千亩土地上获得的部分或全部收入？如果他可以这样做，那么世界上所有自由的和自愿达成的契约就会终止，并立即失效。这就意味着，只要有足够的权力，就可以在任何时候解除一切授予，无须任何附加。那么，当权者的一切恩赐和应许，都不过是愚弄和勾结，还有什么比说"我将这件东西永远送给你和你的后嗣"更荒谬的吗？这句话所表达的是最可靠、最庄严的转移方式，但是你必须明白这句话的另一层含义：只要我愿意，我有权明天再把它从你手里夺走。

195

在此，我不想争论君主们是否被免除遵守本国的法律，但是我敢肯定，他们应该服从上帝和自然的律令。没有任何人和任何权力，可以免除他们的永恒的法律义务。就承诺而言，这些义务是如此伟大庄重，以至于无所不能的上帝也受其约束。赠予、承诺和誓言，是维系全能者的纽带：无论世间的一些谄媚者如何奉承他们的君主，与伟大的上帝相比，这些君主和他的人民加在一块，也只不过是沧海一粟，渺如尘埃。

196

征服的情况大致如下：如果征服者是为正义而战，那么他对所有认同他并参与作战的人们都享有专制的权力，他也有权用他们的劳动和财产补偿自己的损失和费用，这并不损害任何其他人的权利。对于那些反对战争者和被俘者，以及二者的子女或财产，征服者不享有任何权力，因此他无权通过征服来统治他们，他的后裔同样没有这种权力。但是，如果他企图侵犯他们的财产，并使自己处于对他们的敌对状态，那他就是侵略者。他和他的继承人并不享有君权，就如兴加尔和胡巴在英格兰、斯巴达克斯（如果他曾经征服意大利的话）在意大利那样。一旦上帝赋予那些被他征服的人以勇气和机会，他们就会挣脱枷锁，摆脱他的钳制。因此，无论亚述帝国的国王依靠武力对犹大王国享有何种权力，上帝仍然帮助希西家[1]摆脱了征服者的辖制。"耶和华与他同在，他无论往何处去，尽都亨通；他背叛，不肯侍奉亚述王。"（《旧约·列王纪下》第十八章第七节）由此可见，即使靠武力获得的承诺和誓言起着阻碍作用，但是摆脱一种通过暴力而非正义加诸一个人身上的权力，纵有背叛之名，也能得到上帝的应许和赞同，而非被视为罪行。凡是细读过亚哈斯和希西家故事的人，一定知道亚述人制服了犹大国国王亚哈斯，将其废黜，并立他的儿子希西家为王。此后，希西家按照约定敬拜他，向他进贡。

---

[1] 希西家：（前741—前686年），犹大王国末年的君主，也是犹大国历史中一位极其尊重上帝的君王。他的希伯来名字意为"被神加力量"。他因预见亚述帝国可能入侵犹大国，便在继位后开始加固耶路撒冷的城墙，修筑塔楼，并开凿了一条隧道，将城外的水源引入城内。公元前701年，亚述帝国入侵犹大王国，并包围耶路撒冷。据《圣经》记载，上帝派出天使，在一夜之间击倒了亚述国18.5万人的大军，迫使其退军。而希西家受上帝的恩赐加寿15年。耶和华为了他使亚哈斯的日晷往后退了十度。

第十七章　论篡夺

197

如果我们把征服看作外来的篡夺，那么篡夺便可以被看作一种国内的征服。事实上，二者有所不同，篡夺者永远不会是正义的一方。因为只有当一个人将另外一个人所拥有的权利据为己有的时候，这种行为才被称为篡夺。

篡夺并非政府形式和章程的变更，而是自然人的变更。如果篡夺者对权力的扩张超出了合法君主或国家统治者的权力范畴，那他的行为就不仅仅是篡夺，而是篡夺加暴政。

198

在所有的合法政府中，为政府指定统治者，是政府的自然和必要的一部分，就如同政体本身一样，并且它是由人民最初确立的。所谓的无政府状态，就是国家完全没有政府，或者同意国家实行君主制却没有指定由谁来充当君王并享有

□ 中世纪的西欧

中世纪的西欧长期处于分裂割据状态，致使人们的国家意识淡薄。而罗马帝国的灭亡，则标志着西欧广大地区由罗马帝国所提供的秩序的终结。在此后数百年的时间里，西欧陷入了无政府状态。这是一个没有秩序的年代，一个充满了战争、掠夺、杀戮、饥荒的年代，人们的生命、财产得不到保障。许多人声称那是无知的"黑暗时代"。

统治权。

由此可见，所有具备政府形态的国家，都会有如何指定参与国家权力的人们的相关规定和如何授予统治者权力的固定方法。因为，一个国家是根本没有政府形式也好，或是虽然同意它为君主制，却没有指定如何选任享有统治权的人来担任一国之君也好，这个国家都属于无政府状态。不管是谁，如果不在国家的法律以及道德基础上去行使统治权或是利用人民赋予自己的权力去管理民众的话，那么哪怕这个国家徒有形式，他也没有权利得到人民的服从，因为他并非法律所指定的统治者，因此并未得到人民的同意。在人民可以自由地表示同意，并同意和确认他因之前的篡夺获得权力之前，这样的篡夺者或任何继承者都没有行使权力的依据。

第十八章　论暴政

199

如果说篡夺是指一个人行使了另一个人有权行使的权力，那么暴政就是越权行使了任何人都没有权利行使的权力。也就是说，当一个人利用自己的权力为所欲为，而不是为了权力之下的人民谋取福利的时候，这就能够称之为暴政。不管统治者享有何种权力，如果他不以法律为准绳，不以保护人民的财产为目的，那么他的命令和行动就只能看作是为了满足他的个人欲望与野心，便可以看作是暴政。

200

如果有人因为这些话出自一个身份低微者，便对它产生怀疑，那么我期望利用国王的权威来令他接受。1603年，詹姆斯一世在一次议会致辞中告诉人们："本人将永远以国家的福祉为要旨，制定良好的法律和宪法，绝不掺杂我的任何私人目的或特殊目的。我将视国家富足和国家福祉为我的最大福祉和最大幸事，我想，这就是一名合法国王和一个暴政之君的不同之处。所以，我可以肯定地说，正义之君主与篡夺之暴君的最大和最重要的差别就在于：暴君总是怀有傲慢之心，他们被野心所操纵，他们认为所有的人民乃至这整个国家都只是为了满足他的个人贪欲而存在。而正义的国王与此相反，他们自认为是受命来为人民谋求财富和财产的。"

在1609年的国会致辞中,詹姆斯一世还说了这么一段话:"国王以双重誓言约束自己遵守王国的基本律法:一种是默认的,即国王的身份就是必须保护人民和王国的法律;一种是明示的,那就是国王在加冕仪式上所说的誓言。所以,在一个安定的王国里,每一位国王都必须遵守与人民所制定的、互相认可的契约,并在这个基础上按照神在大洪水后与挪亚所立的约,为他的百姓建立一个合宜的政府:'地还存留的时候,稼穑、寒暑、冬夏、昼夜,就永不停息了。'因此,国王必须依照王国法律进行统治,否则他就堕落成为一名暴君。"詹姆斯一世继续说:"因此可以肯定,如果一位国王既不是暴君,也不是人民的背叛者时,他一定遵从于法律的框架之内。凡是引诱国王逾越法律的人,皆是奸佞阴险之流,他们既背叛了国家,又对国王不忠。"从詹姆斯一世的话中可以看出,一个真正的国王与暴政者之间的区别其实就在于:明君将法律作为他的权力范围,以为人民谋福利为要旨;而暴政者则以满足自己的私欲为己任。

□ 年轻的尼禄皇帝

众所周知,古罗马帝国盛产伟大的领袖,但也不乏暴君昏君,其中最荒唐的莫过于尼禄(37—68年),人们称他为"嗜血的尼禄"。尼禄十七岁登上罗马帝国王位,在位期间,他荒淫无耻、胡作非为、杀人如麻,甚至为了摆脱母亲的控制而杀死了她。他的暴政导致其将领以及御林军一一叛变,最后落得个弃尸街头的下场。

如果有人认为,这种缺陷是君主政体所特有的,那么他就大错特错了。不管何种政体，这种问题都会不可避免地出现。一个人一旦被人民赋予权力，那他就肩负着保护人民及其财产的责任，他所做的一切，都将以此为目的。不管在任何情况下，如果这一权力被用以满足权力者的私欲，或被利用来使人民贫穷、骚乱，或屈服于权力者的专横和不合法的命令，那么不论行使权力者是一个人还是一个群体，其所作所为都可被称之为暴政。所以就有我们所获知的雅典的三十位暴君，以及西拉克斯的一位暴君，还有罗马历史上的"十人委员会"令人发指的统治，皆是暴政无疑。

202

如果违反法律去侵害人民，那么从法律被违反的那一刻起，暴政就开始了。凡手握权柄的人，若逾越了律法授予他的权力边界，那么他就不再是最高统治者。而未经授权的行为，可以像以武力侵犯他人的权利那样遭到反抗，下级官员也承认这一点。

例如，一个有权在街上逮捕我的人，如果他企图闯入我的住宅强行执行一项令状，那么即使我知道他有逮捕我的权力，我仍然可以将他当作盗贼来对待。我不明白，为什么法律不能像约束下级官员那样约束最高统治者呢？我非常期待有人能够为我解答这个问题。如果说长子因为占有父亲的绝大部分财产，就可以剥夺其他兄弟可分得的财产，这是否合理呢？又或者说，一个拥有整片土地的富人，他是否就能抢占周围穷人的资源与家园呢？即使一个人通过合法手段谋取了远超出亚当子孙的权力和财富，这也不能成为他无视法律而掠夺和压迫他人的借口，更不能成为其理由。相反，这种违法行为只会使情况变得更加严重。因为，对于大小官员来说，越权都不是一种正当权利，国王和警察一样，都是不被允许的。但是，较之警察，国王因为接受了人民的托付，所以比其他人享受更多的优待；并且由于他在接受教育、职业和顾问方面占有优势，他对于是非的认知应该更加明晰，如果他在既已获得权力的同时施行暴政，那无疑恶劣至极。

203

那么，人民是否可以反抗君主的命令呢？如果一个人觉得自己的权利遭到侵害，并且认为君主没有权力对他那样做，那么他是否有权反抗君主？他如果这样做了，只会扰乱国家的制度与秩序，使整个国家陷入无政府状态和混乱之中。

204

对此，我的回答是：人民的反抗或个体的反抗只能是用来对抗不公正和不合法的武力侵犯。任何人在任何其他情况下做出任何反抗，都会受到上帝和人民的公正谴责，从而避免造成国家的混乱。这是因为：

205

首先，在某些国家，法律规定君主的人身是神圣的。因此，无论他做什么或命令什么，都可以免受一切质疑或谴责，可以不受任何法律的制裁与惩罚。但是，对于那些下级官员而言，他们所有的不法行为，都可能遭到人民的反抗。除非他企图通过与人民的战争来解散他的政府，任由人民采取在自然状态下的正当防卫手段。对于这种情况，谁也不知道结果会是什么。就在当今，邻近的一个国家已经向整个世界展示了非同寻常的例子。君主自身的神圣不可侵犯性免除了他的一切麻烦，使他在政府的名义下，免受一切暴力和伤害。没有比这更明智的制度了。因为由他的个人行为所造成的伤害不会经常发生，所以其影响力度也不至于太大，凭借他的一己之力，尚不可能推翻现有的法律，也不可能压迫全体人民，即便生性软弱的君主想这么做也不大可行。

当然，一个以自我为中心的君主在位时，可能会犯下一些令人愕然的过错。但是无论他造成怎样的祸患，亦可由人民的安宁和政府的稳固予以抵消，因此于他而言，仍可使自己置身于危险之外。相对于君主不时被轻易置于危险的境地，整个国家的民众偶尔遭遇危险，可能更加安全。

206

其次，这种免责的特权只限于君主本人，至于那些自称奉君主命令却没有经过法律授权而使用非正义武力的人，将不能享有免除任何被民众反抗和质疑的权利。比如，一个人受君主之托去抓捕犯人，虽然他手持逮捕令，但并不能随意闯入他人的住宅进行逮捕，也不能在某些法律不允许的情况下对他人进行逮捕。这些例外情况虽然没有明文规定，但它是受法律限制的。如果有人这样做了，就是违反了法律，那么即使君主的命令也不能为他开脱。因为君主本人的权威也是法律赋予的，他没有授意他人违反法律的权利，正因如此，君主的授权并不能使违法行为变得合法化。任何地方长官越权下发的命令与任何个人发出的命令一样，都是不具任何效用的。而这两者的区别在于，地方长官迄今为止被法律赋予了某些职权，而个人则完全没有任何职权。因为赋予行动以权力的不是委任，而是权威；违反法律就没有权威。但是，尽管存在这种抵抗，君主的权威和人身安全仍然受到了保护，所以统治者和政府就不会陷入危险之中。

□ 伊万雷帝

伊万雷帝（1530—1584年），史称伊凡四世、恐怖的伊凡，俄罗斯留里克王朝首位沙皇。伊万雷帝在位期间（1547—1584年），通过残酷的手段获得了大量土地，建立了中央控制的政府。他一方面实行独裁统治，尤其是在实行其独创的"特辖制"期间，于7年时间里大约杀害了4000多名大贵族；一方面进行疯狂的对外扩张，攻灭了喀山汗国、阿斯特拉罕汗国，征服了整个西伯利亚汗国。他死后，俄罗斯陷入混乱长达100多年。

207

第三，即使君主的人身不那么神圣，那么这种反抗一切非法行使权力的行为皆为合法的说法，也并不会使君主的人身安全遭受威胁，更不会使政府陷入混乱之中。因为当受害者所遭受的损失能够通过法律的途径获得赔偿的时候，他就失去了使用武力的理由。一个人只有在无法将自己所受到的损害诉诸法律的时候，才能使用武力。同样的道理，只有那些法律无法解决的武力行为，才是真正带有敌意的行为。也就是说，只有当一个人使用武力对另一个人的生命产生威胁的时候，后者对于前者武力的反抗才能算是正当的。当一个人在街头企图持刀抢劫我的时候，也许我的口袋里只有区区十二便士，但我却可以合法地将他杀死。再比如说，我下车的时候交给某人一百块钱，让他帮我保管一会儿，可是在我即将上车之际，他却拒绝把钱还给我，并且在我想要讨回原本属于我的钱的时候，拿剑与我相对，用武力"保护"他所占有的钱。事实上，这个人对我造成的损害远远大于前者（在前者对我造成实质性损害之前，我已经把他杀了）：我可以合法地杀死前者，却不能杀死后者。理由很简单，当前者用武力威胁我生命的时候，我没有时间去寻求法律来使自己立即得到保护，因为我危在旦夕，法律却鞭长莫及，我的生命一旦结束，这种损失是无法补救的。为了防止这种情况的发生，自然法赋予了我权利，允许我在与人处于战争状态时，可以使用强力去反抗威胁我生命的人。但是在第二种情况下，我的人身安全并没有受到威胁，而且有时间通过诉诸法律来要回属于我的钱。

208

第四,如果治安法官孤注一掷地利用手中的权力维护不法行为,并利用他的权力阻挠遭受损害的人们通过法律获得补偿,那么,即便人们对这种明显的暴虐行为进行强力反抗,也不足以扰乱政府。因为,如果这只涉及私人事件,尽管人们有权利对损害自己的行为进行强力反抗或者自卫,以夺回属于自己的东西,但他们一般不会冒着生命危险去行使这样的权利。如果少数几个人的反抗没有得到大多数人的赞同,那么仅凭他们的反抗也不会动摇政府的根基,这就好比一个疯子或厌世者不可能在一个稳定的国家掀起狂澜一样,因为人民不会轻易追随他们中的任何一个。

209

然而,如果一种非法行为危及大多数人的权利,或者人们能够从这种行为对少数人造成的损害,看到自己因此而受到的威胁,那么他们很可能寻求法律来保护他们的财产、自由或者生命,甚至不惜为此放弃宗教信仰。在这种情况下,我就不知道会有什么力量能够阻止人们行使反抗非法强力行为的权利。在我看来,当统治者使政府陷入这样的境地,令民众普遍感到恐惧或质疑的时候,无论政府如何化解这种局面,都会遇到不同程度的麻烦。这可以说是政府面临的最危险的状态。而这样的政府是不足以令人叹息的,因为这种局面原本可以轻易避免。如果统治者是真正的明君,那么他必然会为民众谋福利,并且想要保护国家的法律,对于这一切,民众不可能视而不见,听而不闻,就如同一个父亲不会不让其子女真切感受到自己的爱一样。

210

然而很多时候，人们发现自己身处的政府表里不一，权力者似乎利用其手中的权力来规避法律，他所委托的特权（这是一种专制的权力，授予权力者处理某些事情，以便为人民谋福利而不是损害人民的利益）并未用于既定目的，而是被用于与此相悖的私人目的；如果人民发现，大臣或下级治安法官是出于某些特殊的目的而被选任的，并且选任后是凭借他们在这些目的上的成败来决定升黜的；如果人民发现，专制权力已经几经试探使用，并且宗教方面也对此表示认同，准备随时采用，并对专制权力者给予支持；如果人民发现，当一些尝试失败后，权力者依旧不肯罢休……如果一连串的举动表明，政府全体上下均有这方面的倾向的话，无论是谁都会怀疑事情将演变到无法收场的地步。这就好比他怀疑，自己所搭载的那艘轮船的船长，正将他和其他乘客带往阿尔及尔接受奴役，因为他通过暗中观察后发现，无论航行中发生什么状况，即便因为逆风、轮船漏水、粮食短缺等紧急情况而作短暂的停留后，船长最终还是会驾船回到这条航线上来，这时候，他怎么可能坐以待毙呢？

第十九章　论政府的解体

211

如果有人想厘清政府的解体，那么他应该先把社会的解体和政府的解体区分开来。人们之间因为达成一份协议而脱离个体的自然状态，聚集成为一个政治社会，而这份彼此订立的协议将他们结合为一个整体来行动，从而构成国家。这种联盟的解散，通常或只能是被外力征服。在外力入侵的情况下，个体单一的强力反抗并没有任何作用，如果整个政府不能进行自救，那么在外力的入侵下它就会停止运行。这样一来，每个人又会回到他们以前的自然状态，但也可以在其他的社会自谋生路，自我保护。社会一旦解体，政府自然就不复存在了。因为征服者往往将整个国家连根拔起，使它四分五裂，使这个国家的人民一时之间脱离原来的政府的支持与保护。对于这一点实在是无须多言，毕竟每个人都了解这种解散政府的方法，而且大多数人都没有办法容忍这样的方法。因为社会一旦解体，政府就不会存在，这是任何人都知道的一个简单的道理。正如一间房子被飓风给摧毁了，或者是因为某些灾难而变成废墟以后，那个房子的骨架就不复存在一样。

212

当然，除了这种外力影响的情况之外，政府还会因为某些原因而造成内部解体：

首先，当立法者或者立法机构出现变更的时候，政府有出现内部解体的风险。公民社会作为存在于其成员之间的和平状态，将战争状态排除在他们在立法中规定的裁判权之外，以消除他们之间可能出现的所有分歧。正因为有立法机关的存在，使得国家成员结成一个团结、协调的有机体。立法机关是赋予国家形式、生命和统一的灵魂，国家成员由此而相互影响、同情和联系。因此，立法机关一旦遭到破坏或解散时，公民政府也将随之解散和消亡。社会的本质与结合源于拥有一个统一的意志，而立法机关一旦由大多数人所确立，它就宣示了这一意志，并保持了这一意志。立法机关的组织法是社会最重要也是最基本的法令，这一法令是由国家成员之间结合的延续而制定的，它必须受到那些由民众同意或任命之人的指导以及授权制定的法律的约束。如果没有民众的同意或任命，他们中的任何人均无权制定约束其他人的法律。当民众没有委托他们制定法律而他们擅自这么做了，那么这种法律就是无效的，因此民众没有必要服从。民众甚至可以借此摆脱从属状态，重新建立一个他们认为最好的立法机构，从而自由地抵抗那些越权侵害他们利益的人。如果那些由社会授权宣布公共意志的人被排除在立法机关之外，而被其他那些没有这种权威或未经授权的人篡夺了他们的职位，那么每个人都可以根据自己的意志来行事。

213

这种情况通常是由于那些滥用手中权力的社会成员造成的。如果不了解这种情况发生时的政府形式，就很难正确地认识到这种情况，也很难知道这种情况是由谁造成的。那么，让我们假设了这一立法权同时属于三个人所有：

一、一个世袭的个人，享有持续的最高的执行权，以及在一定时期内召集和解散另外两个权力者的权力。

二、一个世袭贵族的议会。

三、一个由民众选出来的代表议会，他们的任期是一定的。

如果政府的形式是这样，那么很显然：

214

第一，如果世袭者或君主用自己的专制意志来代替由立法机关所宣布的作为社会意志的法律，那么他就变更了立法机关的性质。因为既然立法机关具有效力，那它的规则和法律就应付诸实施，并加以服从。如果制定并实施法律规则并非由社会组建的立法机关所颁布，那么立法机关明显被变更了。无论是谁，只要他未经社会最初任命的授权而推行新的法律，或推翻原有的法律，那么他就否认和颠覆了制定这种法律的权力，从而建立起一个新的立法机关。

215

第二，当君主阻碍立法机关定期集会，或妨碍立法机关依照建立之初的目的而自由行使职权，那么立法机关就被变更了。因为立法机关的存在，并不在于人数的多寡和集会次数的多少，而在于他们享有辩论的自由和充分的时间去为其所在的社会谋福利。一旦这些被剥夺或变更，从而剥夺了民众对其正当权力的行使时，那么立法机关就确定被变更了。因为组成政府的并不是那些名称，而是那些本应与之相随的权力的使用和行使。因此，谁剥夺了立法机关的自由，或妨碍了它定期行使职权，谁就实际上终止了立法机关，结束了政府。

□ 恺撒之死

盖乌斯·尤利乌斯·恺撒（前100—前44年），罗马共和国末期杰出的军事统帅、政治家。恺撒曾被推举为终身独裁官，虽然元老院、公民大会和各种职官在形式上仍然保存，但实际上一切听命于他，他已经成为罗马世界至高无上的主宰者。然而，为了防止他当上皇帝，前44年，以布鲁图所领导的元老院成员暗杀了他。恺撒去世后，他的甥孙及养子屋大维击败安东尼，开创罗马帝国并成为第一位帝国皇帝。

216

第三，如果君王在没有征得人民同意，或在与人民的公共利益相抵触的情况下，私自变更了选举人或选举方式，这也变更了立法机关。因为，如果原来为社会所授权参加选举的那些人无法行使选举权，或者用不符合社会规定的方法进行选举，那么最后当选的人也是不符合规定的，不能算是人民所任命的。他们所组成的立法机关，自然也就得不到人民的承认。

217

第四，如果君王或者立法机关的官员，违背人民的意志，对外国的强权力量低头臣服，那么这也确定更改了立法机关。因为人们之所以参加社会组织，目的就在于要保证这个社会是完整无缺、独立自主的，其所受的限制和约束仅限于本国的法律。如果它放弃了这些法律和限制，反而甘愿接受来自外国权力的支配和约束，那么它的独立性和自由性就遭到了破坏，也就丧失了原来的目的。

218

为什么说在这种情况下,君主应对政府的解体负主要责任呢?因为君主有权使用人力、物力、财力和武力,所以总是自信满满的,并常常会因为别人的奉承而自大,觉得自己可以随意行使权力而不必受到任何法律的束缚和限制,进而以行使职权为借口肆意改革。如果这时候有人站出来反对,那么君主就会加之以"叛国、谋反、分裂国家"的罪名,对其进行威吓、惩处或者强力镇压。而立法机关内除了君主之外的人,是没有权力更改立法机关的。除非他们发动规模较大的政变,引起了公共的关注。如果这种叛变真的成功了,那它的性质与被外来者征服无异。此外,在这种情况下,君主有权解散立法机关的其他部分,使他们成为普通公民,从而丧失了职权,并且绝对不能违反君主的意志,也不能在没有征得君主的同意的情况下就利用法律来变更立法机关原来的设置,因为他们的法令必须得到君主的允许才能生效。然而,如果立法机关的其他部分采取口头或实际行动来鼓励或帮助反对政府的阴谋,或没有尽全力来阻止颠覆国家的阴谋,那么他们就是犯罪,而且犯下世间最大的罪行。

219

在另外一种情况下,这样的政府形式也会发生解体的情况。具体来说就是,当掌握最高执行权的人玩忽职守或者索性放弃行使权力的时候,就相当于将之前制定好的法律搁置不用。这样一来,举国上下将会出现一种无政府的极端自由状态,政府实质上也已经解体。因为一国的法律并非是为了徒有形式而存在,而是为了付诸执行以约束和规范社会组织及其成员的行动。有了明确的规范,国家上下各组织机构才能各得其所、各尽其责。当这个规范的秩序被完全破坏,政府组织也就不复存在了。民众也因此进入了无组织、无秩序、无联系的混乱状态。如果这里既没有专门的司法来保障公民的权利,也没有专门的权力机构来指挥武装或者提供人民的必需品,那么这里必定不再有政府存在。总而言之,如果现有的法律不被严格执行,那么法律就形同虚设;而一个政府失去法律的依托,我认为是十分荒唐可笑的事情。因为这样的状态超出了人类的想象范围,而且与人类社会的运转规律背道而驰。

220

在类似的情况下,当政府组织陷入解体的时候,人民就会做出新的选择。他们可以自由地建立起一个新的立法机关。在此过程中,人民所选择的权力者或者选举的形式会与从前不同,或者这两方面都异于原先的立法机关。因为人民会从最有利于他们的安全和福利的角度出发,来决定这一切。对于社会来说,决不能因为另一个人的过失而丧失它原本享有的权利,比如保护自身的权利和其他的固有权利。正因为如此,社会必须有所依托,需要有一个确定的立法机关来公允合理地执行法律。但是人类的当下尚且没有沦落到如此悲惨的境地:直到饱尝苦果且已经错过了最佳时机之后,才会想到采用这个补救措施。当国家已经受到压迫、遭到劫掠、臣服于外国权力,旧有的立法机关随之覆灭时,当权者们才告诉人民大众,他们可以建立起一个新的立法机关来为自己作打算,这实在是可笑至极的,这就无异于在一个人病入膏肓、奄奄一息的时候,才对他说希望可以得以痊愈。这种行为与先让人民屈就为奴隶,再鼓励他们勇敢地争取自由;先让人民戴上沉重的枷锁,再告诉他们可以像自由人那样行动没有什么两样。如果真的有这样的行为存在,这就是赤裸裸的愚弄,而不是慈悲的救赎。如果人民在面临暴政的时候毫不反抗,那么他们实质上无法逃脱暴政的侵害。因此,人民应该既享有摆脱暴政的权利,也有防范暴政的权利。

221

所以，第一，政府的解体还可在另外的情况下产生，即一个国家的君主和立法机关这二者中有任何一方未遵守人民最初的委托。

第二，当立法机关试图侵犯人民的私有财产时，当他们企图凌驾于人民之上并随意处置他们的生命、财产和固有权利时，他们就辜负了人民的信任，违背了自己的权责，背弃了人民对他们的委托。

222

人民之所以加入社会组织，就是为了保护自己的私有财产不被侵犯。他们选择信任立法机关并且授予其权力，便是寄望于它可以制定合理的律法，建立规则和秩序，以保护一切社会成员的私有财产，同时限制社会各部分及各成员的权力，并且对他们的权责范围进行统筹协调。因为我们绝对不能设想，社会的意志是要让立法机关享有最大的权力，大到可以破坏每个人想要通过参与社会而获得的东西。所以，立法者一旦有所图谋，准备掠夺和损坏人民的私有财产、贬低人民的合法地位、独断专行地奴役民众时，他就已经站在了人民的对立面。这时，人民无须再尽服从于立法者的义务，而可以去寻求上帝赋予他们奋起反抗、抵制暴政的庇护。所以，立法者一旦侵犯了社会的基本准则，并且在野心、欲望、恐惧、愚昧或者腐败的驱使下，想要掌握至高无上的绝对权力，凌驾于世间一切之上，随意支配人民的生命、财产和自由权利时，他就背弃了人民的委托，从而丧失了人民因各自的目的而转交给他的权力。这种权力重新回归到人民手中，使他们得以恢复从前的自由，并建立新的合理有序的立法机关。人民参与社会的最初目的，就是以此来谋求他们自己的安全与保障。一般情况下，我在这里所谈及的立法机关的适用话题，同样适合法律的最高执行者。因为最高执行者实际上受到了来自于人民的双重委托。具体来说，他既要参与立法机关的事务，又要承担法律执行者的职责。所以说，一旦最高执行者开始独断专行，以个人意志代替法律运转的时候，他的行为就背离了人民的双重托付。当最高执行者开始动用社会公共的人力、物力、财力、武力，收买政府各级机构的代表，唆使他们服从于私人目的，或者公开地限定选民选择被他用利益、威胁、承诺或其他途径收买的人，并利用事先约定好投票选举谁、制定哪一条法律的人，那么，他就已经站在了人民的对立面，违背了人民的委托。事实上，这种操纵候选人和选民，并且重新制定选举形式和方法的行为，就是破坏政府和毒化社会的公共安全的万恶之源。因为，人民既然为了保护自己的财产而保留了选举他们的代表的权利，他们的做法就是为了可以自由地实现选举代表的权利，以及经他们选举并当选的代表在经过详细的审查和讨论后，确定国家和社会所需要的公共福利时，能够自由地作出决议和建议。而那些在选举之前从来没有参与辩论，也没有权衡过各方面理由和需求的人，即使当选，也不可能做到公正合理。那些非要设置自己御用的议会组织，试图让拥护自己的人取代人民选举出的真正代表人民利益的立法者的人，是彻底的背信弃义，也是阴谋破坏政府组织的反动者。除此之外，如果还有为了同一目的而采用的奖惩措施，还有以种种阴谋诡计来歪曲法律条文，以及利用这些力量打击阻碍他们的阴谋得逞而不愿同流合污、出卖国家的人民，那么，他的目的何在，已经是不言自明了。这些人采用如此不正当的手法来行使权力，背弃了人民在社会成立之初的信任和托付。他们在社会组织中应该得到和行使什么样的权力，是不难得出定论的，而且任何一个正常人都能看得出来，凡是曾经试图这样做的人都不再值得信任了。

223

对于上面的情况，有人可能会想，既然人民愚昧不明，经常心怀不满，那么他们的意见和情绪应该也是不稳定的；如果将政府建立在这样的基础上，那么它的根基必定不稳或者容易遭受破坏。如果说人民一旦对旧有的立法机关心存不满，就可以自由地建立一个新的立法机关，那么应该不会有任何政府能够持久地存续下去。对于这种想法，我持反对意见。事实上，人民并不像某些人所猜想的那样，轻易就能摆脱掉旧有的政府形式。他们很难被说服去改变公认的错误，因为他们已经习惯了旧有的政府机制。即便他们都发现了可以改变的契机，也没有什么动力促使他们立即抓住它。人民总是拖延着不肯放弃旧有的制度和政治体系，这种心理倾向在英国发生的历次革命中都有体现。直至今日，这个国家仍然保留着由国王、上议院和下议院组成的旧有的立法机关。经过几番尝试和挣扎之后始终没有结果，于是仍然沿用了这一制度。尽管在人民的义愤之下，也曾有几位君主被迫下台，但是人民仍然习惯于在这个固定血统的王室中寻找适合自己的君主，从未把搜寻的目光转向别的王室。

224

但是，也许有人会反驳，认为这种假设会埋下激发国家叛乱的祸根。对于这样的猜想，我将给出这样的回答：

第一，与前面的其他假设相比，这样的假设并不见得会更加激发人民叛乱的念头。因为，当人民遭受了不幸，并发现自己正经受暴虐专政的迫害，那么他们一定会奋起反抗，无论你将统治者夸得多么天花乱坠，说他们是朱庇特的子孙也好，说他们是受命于天、神圣不可侵犯的真命天子也罢，人民都不会再相信了，为了公平和自由的反抗迫在眉睫。在遭受压迫和不公正待遇时，人民会想方设法

□ 罗马帝国的灭亡

1155年，腓特烈一世在位时，改罗马帝国为"神圣罗马帝国"。早期的神圣罗马帝国为皇帝拥有实际权力的封建帝国，至14世纪演变成为承认皇帝为最高权威的邦联。其从13世纪开始，一直到帝国灭亡，一直实行选帝制度。1806年8月6日，在拿破仑的勒令下，当时的神圣罗马帝国皇帝奥皇弗朗茨二世解散帝国，放弃"神圣罗马皇帝"尊号，仅保留"奥地利帝国皇帝"称号，神圣罗马帝国灭亡，此后再也没有重建。

寻找契机卸下压在身上的千斤重担。他们一直在期待机会出现，在人事变迁、缺陷频现、机缘巧合的情况下，机遇永不会缺席。如果有人说没有见过这样的例证，那就说明他一定不谙世事；如果有人无法从世界上的所有政府类别中找到这样的例证，那他一定读书很少。

225

第二，我想说的是，这种革命不会在统治者的统治稍有偏颇的情况下就发生。不管是统治者在政治上的失误、错漏，还是一些不合理的法律条款，或者是一些人类固有的弱点造成了损失，这种种都会被人民所宽容接纳。人民绝对不会因此而奋起反抗，或者怨声载道。但是，如果说发生了一系列的权力滥用、玩忽职守和阴谋诡计，而且这些行为都指向了同一个目的，那么人民都明白其背后的企图是什么，这时候他们会敏感地觉察到自己的处境是多么危险，前途是多么难测。这样一来，他们就会奋起反抗，拼尽全力夺回政治权利，同时把统治权交给真正能保障他们的人，因为他们最初建立政府的目的就是谋求保障和公平。如此看来，人民的反抗也就是顺理成章的事情，不足为奇。如果不是出于这些目的，那么即便旧有政府的名称再古老、外表再光鲜亮丽，也不会比自然状态或者无政府状态更好，而是弊端丛生，糟糕透顶。在这种情况下，人民的补救办法显得遥不可及，令人绝望。

226

关于第三点，当立法者在最初侵犯人民的私有财产，背弃人民当初的信托时，人民有权利建立新的立法机关，重新为自己谋求安全和保障。而且这能很好地防范叛乱、阻止叛乱。事实上，叛乱并不是针对具体某一个人的，而是反对一种以政府、宪法和法律为依据的权威。不管一个人是什么身份，只要他破坏法律并对违法行为进行辩护，那么他就是一个真正意义上的叛乱者。因为在人民参与社会组织并组成公民政府之后，就已经排除了强力武装带来的威胁。他们采用法律的手段来保护自己的私人财产，维护和平稳定。这个时候，任何破坏法律并且重新使用武装暴力的人，就是在恢复过去的战争状态，他们是真正的叛乱者。而手中握有权力的人最容易做出这样的事情，因为他们拥有权威的力量、绝佳的借口，而且他们的周围充斥着诱惑和谄媚的声音。所以说，要想防患于未然，最好的办法就是向那些容易被诱惑犯错的人指出利弊，说明其中的危险性与非正义性。

227

在上面第212和221条目所提到的两种情况下，不管是立法机关有所变更，还是立法者做出了违背人民托付的行为，其所犯罪行都属于叛乱。因为如果有人用暴力破坏或废除了任何社会设立的立法机关及其受人民委托而制定的法律，就相当于废黜了人民原本想要用以和平解决冲突而设立的仲裁者，也相当于清除了阻止人民进入战争状态的屏障。任何人试图变更或废除立法机关，就是试图废除一种只有在经过人民委任、授予和同意之后才会生效的决定性权力，并因此破坏了人民所奉立的权威，而这种权威是任何除人民以外的人都无法奉立的。从这个角度来看，他们造成了实际上的战争状态，即一种没有权力依据而不得不依靠暴力的状态。所以，因为这些人更改甚至废除了人民建立的立法机关，就相当于解开了人民之间联系的纽带，使之重新陷入了一种混乱的战争状态。因为人民同意了立法机关的决议，并被这些决议统一起来，就像是将这些东西当作自己的意志。如果说用强力废除立法机关的人是叛乱者，那么用同样的逻辑可以得出，曾经为了保护人民的私有财产与权利而设置的立法者，在用暴力侵犯或破坏人民的财产与权利之时，就只能同样被看作是叛乱者。因此，正是他们让自己站在了人民的对立面——此前正是人民将他们推举为和平的守卫者，而他们却让人民陷入战争状态。对比来看，这些立法者是罪加一等的叛乱者。

228

但是，如果有人认为我的学说会造成人民叛乱，那他们的意思应该是这样的：当人民意识到，有人做出非法行为侵犯他们的私有财产或权利时，他们可以不必顺从和迁就；当统治者开始损害人民的财产、违背他们的信托时，他们可以奋起反抗，这就会引起国家内部的战乱或叛变。因此，有人觉得这一学说会危害到世界的和平，那么就不应该容许这种学说的存在。如果这些人是抱着如此的态度，那么他们就会用同样的理由来指责那些忠厚老实的人，认为他们不应该在遭遇强盗和海贼的时候进行反抗，仅仅是因为这么做会引发流血牺牲。在上述的场合里发生了任何危害事件，都不应该把责任归咎到正当防卫的人身上，而是应该谴责那些侵犯别人权益的人。假如为了所谓的和谐稳定，忠厚老实的人必须放弃一切，对实施恶行的人拱手让步。那么，我想让人们设想一下，如果说世界上的和平安宁只是由强行霸道的劫掠换来的，而且维系这种和谐只是为了强盗和施暴者一方的利益，那么这个世界将会变成什么样子？它的和平又该是什么样的和平？当羊群面对凶恶的狼却毫不反抗时，它们的脖子会被咬断，谁会把它当作强者与弱者之间应被称颂的和平呢？在波吕斐摩斯[1]山洞中发生的故事，能让我们体会到这种所谓的"和平"和类似的政府典型。在那个山洞里，尤利西斯[2]和他的同伴们只能束手就擒，面对最终被吞噬的结局毫无办法。事实上，主人公尤

□ 尤利西斯嘲弄波吕斐摩斯

这幅油画源自荷马史诗《奥德赛》的故事：经历了特洛伊十年鏖战的尤利西斯和十二个希腊人，在回家途中来到了独眼巨人聚居的西西里岛，并误入了波吕斐摩斯的洞穴。波吕斐摩斯发现后，用巨石封堵了洞口，残忍地摔死并吞食了其中几个人。后来，尤利西斯和同伴使计得以安全逃脱。回到船上的尤利西斯大声嘲笑波吕斐摩斯："没有人伤害你，伤你的是尤利西斯。"

---

〔1〕波吕斐摩斯，希腊神话里食人的独眼巨人，海神波塞冬和海仙女托俄萨之子。在荷马的叙事史诗《奥德赛》中，波吕斐摩斯扮演着极其重要的角色。

〔2〕尤利西斯，又译作俄底修斯，对应希腊神话中的奥德修斯。他是希腊西部伊塔卡岛国王，曾参加特洛伊战争。在率领同伴从特洛伊回国途中，因刺瞎独眼巨人波吕斐摩斯而得罪了海神波塞冬，从而遭到波塞冬的百般阻挠，但最后他战胜一切艰难险阻，于第十年侥幸一人回到故乡伊塔卡。

利西斯是个经历过沧桑的人，但是他在当时却主张消极应对，不惜服从这样的厄运。他对人们解说和平对于整个人类的意义，还指出反抗当权的波吕斐摩斯的后果，最后干脆劝说人们息事宁人、不加反抗地屈服于暴政。

229

政府存在的目的就是要为人民谋取福利，那么我们看看下面哪种情况对于人类是最有益处的：是暴政的独断专行一直支配着人民的生活，还是在当权者渎职滥用权力破坏人民财产和权利的时候，人民可以奋起反抗？

230

事实上，没有人可以得出这样的定论：只要存在一个无事生非，喜欢时不时地变更政府的人，就会引发祸乱和叛变。虽然这种人确实有煽动骚乱的能力，但是这种行为只会危害到他们自身，最后自取灭亡。除非统治者的恶行已经是众人皆知的事情，并带来了大范围的负面影响，或者是他们的野心和欲望已经被人民所觉察，否则习惯于逆来顺受的人民是不会轻易奋起反抗、为自己求一个公道的。那些不公平的事情只是偶然发生，那些受到压迫的人也只是少数，所以人民并不会因此而被激怒。但是如果有特别显而易见的证据表明，有一个损害大众利益的阴谋正在进行，同时事态的发生和变化又让人民怀疑统治者的目的并不纯良，那么这应该归咎于谁呢？如果说人民具有理性动物的敏感，那么他们对于正在发生的事情进行思考，也不是他们的错啊！是否应该要归咎于那些将事态闹到如此地步，还依然想把人民蒙在鼓里的人呢？我承认，那些私人的傲慢、膨胀的欲望和唯恐天下不乱的思想，有时候确实会引起一个国家的混乱与祸端。很多国家和王国受到严重的创伤，起因也是党派之间的斗争。但是我们看看这祸乱的根源处，真是由于人民的任意妄为和对当权者的质疑导致的吗？还是由于统治者过于独断专行甚至伤害民众的利益导致的呢？究竟是压迫导致了混乱，还是反抗导致了灾难，不妨让公正的历史来给出答案和判断。我发自内心地相信，无论是统治者，还是普通的公民，只要是有人想用暴力侵犯君主或者人民的权利，那他就会酿下祸根，致使人民推翻当前合法政府的组织和结构。我认为，他因此犯下了一个人所能犯下的最大的、最严重的罪行，他应该对政府的瓦解、国家的流血牺牲、家园的残破毁坏负责。不管是谁做出了这样的事情，都应该被当作人类中的败类和公敌，受到应有的惩罚。

231

大家公认的一点是，当普通的臣民或外国人试图用武力侵犯公民的财产时，人民可以同样用武力进行反抗，但如果是君主做了这种侵犯之事，人民却不认为民众可以合法反抗。这样一来，仿佛那些本身就享受着最多法律便利的人就有了更高的权利，可以随意地破坏法律。而且正是这些法律的作用，才授予了他们这些高于常人的地位和权利。但恰恰相反的是，这些人的罪行判定应该是更大的，因为他们不但辜负了法律给予的期盼和权利，同时也辜负了人民的信任和托付。

232

如果一个人使用武力并不是出于本身的权利，那么他的行径就无异于目无法纪。他让自己与自己用武力对付的人彼此对立，陷入混乱的战争状态中。在这种状态里，从前的限制一一破除，但是从前的一切有序的权利也都无效了，每个人都拥有正当防卫和反抗侵略者的权利。这件事情是如此的清晰明白，以至于巴克莱这位主张君权至高无上、神圣不可侵犯的学者，也不得不承认人民可以在某些特殊场合下反抗自己的君主。而且这句话刚好是在巴克莱著作中的某一章中出现，那一章里他试图证明上帝的法律禁止人民发生各种各样的叛乱。他指出，人民依然享有在某些特殊场合反抗当权者的权利。那么也就是说，某些对君主的反抗并不能被称为叛乱。巴克莱的原文如下：

233

"倘若有人问：人民是否必须长时间忍受暴政的凌虐？他们是否只能眼睁睁地看着他们的城市遭受掠夺，甚至化为灰烬，看着他们的妻子和孩子被暴君蹂躏，他们自己以及他们的家庭被他们的国王所毁灭，饱受贫穷和压迫的折磨，而只能坐以待毙？大自然允许动物为保护自己不受伤害而充分行使以强制强的共同权利，那么是不是只有人不能行使这样的权利呢？我给出的回答是：自卫属于自然法则的一部分，不能限制社会实行自卫，也不能禁止社会对国王进行自卫。然而人民对国王进行报复是绝对禁止的，这种行为是与自然法则相抵触的。所以，倘若国王不仅憎恶某些人，还与他所统治的整个国家作对，而且以无法忍受的残暴压迫大部分人民或者所有人民，那么人民在这种情形下就有权利进行反抗和保护自己不受迫害。但是，在进行自卫时务必注意的是，人民只能保卫自己，不可以攻击他们的国王。人民可以纠正自己所受到的侵害，但不应出于激愤而有失恭敬和尊重。人民可以对抗当前的侵袭，但不应对曾经的暴行进行报复。原因在于，保卫自己的身体和生命，对个人而言是非常自然的，但是下级惩罚上级，则是违反自然的。人民可以在他们遭受侵犯之前进行预防，但如果侵犯已经发生，即使国王是罪魁祸首，也不可以对他进行报复。因此，这就是人民超出个人所拥有的权利：就连我们的论敌（布肯南除外）也认同个人除了忍耐之外别无他法，但是人民的集体则能够在表示尊敬的同时反抗无法忍受的暴政。然而如果暴政有所节制，那么他们就应该继续忍受。"

234

以上就是著名的君权拥护者能够接受的反抗的程度。

235

不过，他徒劳无益地给反抗增加了两个限制条件：
一、反抗的时候务必怀有敬意。
二、反抗的时候不可以报复或者惩罚。而他给出的理由是，下级不可以惩罚上级。

我们先来分析第一个限制条件。如何与强力抗争而不还手，或者如何恭敬地还手，这是需要高超的技巧才能够实现的。假如一个人在抵御攻击时只用盾牌来挡剑，或者保持更为恭敬的姿态，也就是手不持剑，以求降低攻击者的自信和力量，那么他很快就无法抵抗，而且会发现这样的防卫只能让自己受伤更严重。这样的抵抗方式正如朱温拿尔所构想的作战方式同样可笑：如果你动手打人，那么我就任你打。而战斗的结果自然如同他所描写的那样：

"穷人的自由就是：人们殴打他——他请求，用拳头殴打他——他哀求，倘若对方让他走开，倒是能保住几颗牙齿。"

这种限制人民还手的虚假反抗，最终的结果总会变成这样。所以，凡是有权利反抗的人就必须拥有还手的权利。让我们的作者或其拥护者将当头一棒或者迎头一刀与他认为适合的、尽量多的恭敬和尊重联系在一起吧。谁能将挨打和尊重

□ 审判查理一世

1649年，由于认定国王查理一世对人民发动战争，英国议会下议院通过法令要求对国王进行审判。但是该议案遭到上议院的否决，因为审判国王毫无先例可循。然而，下议院认为"人民是一切公正权力的源泉"，并组成最高法庭，于1月20日宣判了查理一世的罪行。次日，在英国伦敦白厅前的广场上，暴君查理一世被处死。这次审判是契约思想的胜利，也代表着皇室的神圣权力就此成为历史。

互相调和，或许谁就有资格挨人家斯文且尊敬的一棒，以作为他辛劳的报酬，如果他能有这种机会的话。

关于第二个限制条件，也就是下级不得惩罚上级，一般来说，只要他是对方的上级，这个观点是对的。然而，既然以强力来反抗强力使得双方变成平等的对战状态，那么此前的尊敬以及上下级的关系就完全不存在了，所以在这种情况下所剩的差别是，反抗不法侵略者的人拥有比侵略者更高的地位，即当反抗者获得胜利后，他有权利惩罚罪犯——不仅可以惩罚对方破坏和平，还可以惩罚他因为破坏和平而造成的所有后果。因而，巴克莱在另一个地方就特别坚持自己的观点，否定在任何情况下反抗国王是合法行为。不过，他指出在两种情况下国王会自行失去国王的地位。他的原话如下：

236

"那么，这样的事情是否会发生，即人民有权利和根据自身权威自发武装起来，反抗残暴压制他们的国王？如果国王还是国王的话，这种事就绝不应当发生。'尊敬国王'和'谁反抗权力就等同于违抗上帝的命令'，就是永远不允许人民这样做的神的指示。所以，人民绝对不可能拥有支配国王的权力，除非国王做了一些让他无法再成为国王的事情。由于那时国王放弃了自己的皇冠和崇高地位，回到了普通人的状态，而人民则变得自由和优越，同时重新拥有了在奉他为国王之前的王位空缺时期的权力。然而只有极为少数的失政行为才会让事态发展到如此地步。我从各个方面展开探讨后，仅仅找到了两种情况。我认为，只有在这两种情况下国王在事实上无法成为国王，并丧失了支配人民的一切权力和王权，而温泽鲁斯也注意到了这种情况。"

"第一种情况：倘若国王企图推翻政府——如果他蓄意、图谋毁灭王国和国家，例如历史上的尼禄，他打算铲除罗马的元老院和人民，使用火和剑让整座城市化为瓦砾，然后再迁到别处。又例如历史上的加利古拉，他公开宣布自己不再是人民或元老院的领袖，他已经打算铲除这两支队伍中最优秀的人物，然后再退隐亚历山大城。他希望所有人共用一条脖子，以便他一刀就解决他们。倘若任何一位国王心存这种企图并且真正地付诸实践，他就同时放弃了自己对国家的所有关怀，所以也就失去了统治臣民的权力，就如同一个奴隶主如果抛弃自己的奴隶，那么他就丧失了对奴隶的管辖权。"

237

"第二种情况：当一个国王允许自己屈居于另一个国王之下，并将他祖辈传下来的、人民慷慨地交给他的王国受制于另一个国家的统治。原因在于，即使他也许并不是存心想残害人民，但他却因此而失去了他的王位的核心内容，即在王国内拥有仅次于上帝的权力和管辖权，而人民的自由正是他应该悉心维护的。基于他似乎使用了这种办法割让了自己的王国，他也就丧失了此前对王国所拥有的权力，从而无法将丝毫权力转让给他想要给予的人。因此他的这种行为使得人民重获自由，使他们能够自作安排。在苏格兰的历史里能够找到这样的例子。"

□ 处决路易十六

1792年8月10日，巴黎起义爆发，推翻了君主制。1792年9月，国民公会正式废除君主制，成立法兰西共和国。1793年1月17日，国民大会以近乎一致的投票结果判定国王路易十六有罪，并以简单多数票判处其死刑。1793年1月21日，国王路易十六在巴黎的革命广场被送上断头台，这是法国大革命中的一件重要事件。

238

针对上述情况，绝对君主制的著名拥护者巴克莱必须承认，人民可以反抗国王，而国王也可以不再是国王。我们无须旁征博引，总而言之，倘若国王在任何地方失去了自己的权威，那他就不再是国王，也就可以被反抗。因为如果哪里不再存在权威，哪里就不再有国王，而国王就如同没有权威的其他人民一样。他所指出的两种情况与此前提及的破坏政府的情况，并无太大区别，不同之处在于他忘了指出他的学说所依据的原则。那个原则就是，国王辜负了人民的期望，没有保全大家所同意的政府形式，没有设法达成政府本身为公众谋取福利以及保护财产的目的。倘若一位国王已经让自己不再是国王，并且让自己与人民处于敌对状态，有什么对策能够阻止人民不去控诉他这个已经失去国王地位的人，如同对待与他们为敌的其他人一样呢？巴克莱以及同他持有相同想法的人最好能为我们说明一下。从巴克莱的这些观点中，我认为还有一个问题应引起注意，即他认为，人民可以在对他们的侵害尚未发生前进行预防。根据他的这个说法，暴政在计划过程中就已经允许被反抗。这些企图，（他认为）倘若国王已然胸有成竹并且认真实施，他就放弃了自己对国家的所有照料和关怀。因此，根据他的观点，对于公共福利的忽视就应该被视为这种企图的证明，或者至少被当作反抗的充分理由。然而，他这样概括了全部理由：由于国王背叛或压迫人民，而人民的自由原本是他应当悉心维护的。至于他接下来补充的"受制于另一个国家的统治"的话，则没有什么意义，因为错误和丧权在于人民失去了国王应当加以保护的自由，并不在于统治他们的人有所不同。无论人民沦为本国还是外国的奴隶，他们同样受到了侵犯，同样被剥夺了自由。这就是他们受到的侵害，而且他们也只有抵抗这种侵害的自卫权利。在所有国家都能够找到实例来佐证，给予凌辱的并非执政者的国家的改变，而是政府的变更。如果我没有弄错的话，比尔逊——教会的主教和君主权力的顽强拥护者——在他撰写的《基督教徒的服从》一文中，承认国王可以失去让臣民对他们服从的权力。倘若在道理非常清晰的问题上仍需要权威的话，我推荐读者们读一读伯拉克敦、福特斯库、《镜子》的作者以及其他人的作品，这些作家都是不可被置疑为不了解我们的政府或者与政府为敌的。然而我认为只要参考胡克的理论，就足以得到那些以胡克作为依据而主张教会政体的人的认同，因为他们在一种奇异的命运支配下，居然否定胡克得以建立他的观点的那些原则。他们最好思考一下，他们是否已然成为了那些狡猾之人的工具，拆除了自己的建筑物。我可以肯定一件事，他们所秉持的社会政策是那样的新奇、危险，而且危害着统治者和人民双方，以至于在过去是绝对不允许被提倡的。同样，在未来摆脱了埃及的奴隶监工的遗教后，这些卑躬屈膝的谄媚者将以鄙夷的态度被提起。虽然这些人似乎是有用的，但他们实际上将所有政体都变为绝对暴政，并且打算让所有人生来就处在与他们自己的卑贱灵魂相匹配的奴役状态中。

239

在这里似乎又会提及这个经常被提及的问题：由谁来判断国王或者立法机关的行为是否辜负了人民对他们的委托？或许，当国王只是行使自己应有的特权时，图谋不轨和心怀叵测的人会在人民中间传播流言。关于这个问题，我的回答是，裁判者应当是人民。因为受托人或代表的行为是否与对他的委托相符合，除了委托人之外，还有谁更适合当裁判者呢？如果受托人辜负了委托，而委托人曾经给予过委托，那么就有权将他撤换。倘若这种行为在私人的个别情况下是合理的，那么在关系极为重大的情况下，在关系到千千万万人的利益的情况下，以及在如果不进行阻止就会有更大的祸害，而且挽救起来会非常困难、危险、费力的情况下，为什么不是这样呢？

240

但是还有一个层面，裁判者应该是谁这个问题不应当包含绝无任何裁判者之意。这是因为，倘若人世间没有司法机关来解决人与人的纠纷，那么上帝则是裁判者。诚然，只有他才是正义的裁判者。然而在这种情况下，如同其他所有情况下，到底另一个人是否曾经让自己与他们处于敌对状态，以及他是否应像耶弗他那样诉诸最高的裁判者，则是由每个人自己来判断。

241

倘若在法律中没有规定或者存在争议而又关系重大的事情上，国王与一部分人民发生了纠纷，我认为在这种情况下，人民的集体是适合的仲裁者。因为在国王受到人民委托而又不被普通法律法规所约束的情况下，假如有人认为自己受到了侵害，认为国王的行为辜负了委托或者超越了委托的范围，那么除了人民的集体（当初是他们委托他的）之外，还有谁能够最为恰当地判断当初的委托范围呢？然而，假如国王或者任何执政者拒绝这样的解决方法，那么只有诉诸上帝。倘若使用强力的双方在世间无法找到公认的权威，或者情况不允许诉诸世间的裁决者，在这样的状况下，只能够诉诸上帝。在此等情形下，受到侵害的一方必须自行判断何时使用这样的申诉并向上帝呼吁。

242

我的结论如下：只要社会继续存在，每个人在参与社会活动时所交给社会的权力，就绝对不能重归到个人手中，而是将其始终留在社会之中。因为假如不是这样，社会就不会存在，国家也不会存在，并且违背了人们最初加入社会时所订立的契约。因此，假如社会已经将立法权交给了由若干人组成的议会，允许他们以及他们的继任者来行使，并且规定议会产生继任者的范围以及职权，这样一来，只要政府继续存在，那么立法权就绝对不能重归于人民。既然人民已经赋予立法机关持续存在的权力，那他们就将自己的政治权力交给了立法机关，不可以再予以收回。然而假如人民曾经规定了他们的立法机关的任期，使得任何个人或者议会只能暂时拥有这种最高权力，或者假如掌权者因为滥用职权而丧失权力，那么在掌权者任期届满或者丧失权力时，这种权力便将重归社会，人民得以行使最高权力，并且由他们自己继续行使立法权，或者建立一个新的政府形式，又或者在旧的政府模式下将立法权交给他们认为合适的新人。

附 录

选取洛克生平的某些重要年份作为时间线,列出(洛克本人及其所在国家)相应大事记,以帮助读者更好地掌握《政府论》一书的背景与影响。

洛克生平大事年表

时 间	事 件
1632年8月29日	出生于萨默塞特郡的林顿村
1642年	英国内战爆发
1645年	奥利弗·克伦威尔击败查尔斯一世
1647年	被伦敦威斯敏斯特公学录取
1648年	签订《威斯特伐利亚条约》，欧洲三十年战争结束
1649年	查尔斯一世被处死；英格兰共和国成立
1651年	托马斯·霍布斯发表《利维坦》
1652年	被牛津基督教会学院录=取
1652—1667年	常居牛津
1656年	获得文学学士学位
1658年	文学硕士毕业；护国主奥利弗·克伦威尔去世
1660年	恢复查尔斯二世统治下的君主专制
1661—1664年	担任牛津大学希腊文、修辞学和道德哲学讲师
1663年	参加化学和医学讲座
1663—1664年	写作《论自然法则》
1666年	获得执业医师许可证；不受圣职（令）而保留学生身份
1667年	搬进了阿什利勋爵于伦敦的住所，兼任他的个人医师；常住伦敦直到1675年；撰写《论宗教宽容》
1668年	主持阿什利勋爵的开刀手术并获得成功；当选英国皇家学会会员
1669年	参与起草《卡罗莱纳州基本宪法》
1670年	巴鲁克·斯宾诺莎发表《神学政治论》
1671年	担任卡罗莱纳州上议院领主秘书（直到1675年）；开始写作《人类理解论》
1672年	阿什利被任命为沙夫茨伯里伯爵和财政大臣、司法官；洛克被委任为伯爵的机要秘书（管理教会生计）和贸易与种植园事务委员会的秘书（至1673年）；塞缪尔·普芬多夫发表《论自然法和国际法》
1675年	查理二世的幼弟及皇位继承人约克公爵詹姆斯皈依天主教；沙夫茨伯里伯爵被免职；开始领导反对党
1676年	前往法国，居住在蒙彼利埃（直到1677年）

续表

时 间	事 件
1677年	离开蒙彼利埃，旅居巴黎
1679年	返回英国；政府发布人身保护令
1679—1681年	辉格党企图将天主教继承人排除在王座之外；辉格党在三次大选中获胜，但《排斥法案》被国王否决
1681年	协助沙夫茨伯里伯爵参加牛津议会；牛津议会解散；查尔斯不再召集议会；皇室和保守党开始对辉格党进行弹劾；沙夫茨伯里伯爵被控叛国罪；辉格党大陪审团驳回指控
1682年	伦敦金融城反对辉格党的法庭政变；沙夫茨伯里伯爵逃往荷兰
1683年	沙夫茨伯里伯爵在荷兰去世；洛克在多塞特参加葬礼；辉格黑麦家族暗杀国王的阴谋曝光，威廉·拉塞尔勋爵和阿尔杰农·西德尼被处决；埃塞克斯伯爵在塔楼自杀；牛津大学对煽动叛乱罪的判决与裁定
1683—1689年	流亡荷兰；主要生活在乌得勒支、阿姆斯特丹和鹿特丹
1684年	在不在场的情况下被牛津基督教会学院开除
1685年	查理二世之死；詹姆斯二世登基；蒙茅斯辉格党公爵叛乱失败；路易十四撤销了1685年的南特法令；路易十四迫害胡格诺教徒；洛克写作《论宗教宽容》
1687年	詹姆斯二世发表《独立宣言》
1688年	牛顿发表《自然哲学的数学原理》；反抗詹姆斯二世天主教政策的高潮，"光荣革命"：奥兰治的威廉入侵英国；詹姆斯二世被推翻后逃往法国
1689年	威廉国王和玛丽女王就职典礼；英国议会通过了《宽容法案》，授予新教徒有宗教信仰自由的权利；洛克返回英国；拒绝大使职位；委任税务上诉专员；发表《论宗教宽容的第一封信》《政府论》；结识艾萨克·牛顿
1690年	博伊恩之战：威廉三世在爱尔兰击败雅各布派；洛克发表《人类理解论》
1691年	发表了《论宗教宽容的第二封信》；居住在朋友玛莎姆夫人的奥茨庄园
1692年	发表了《论宗教宽容的第三封信》
1693年	发表《教育漫话》
1694年	英格兰银行成立，洛克投资500英镑；英国议会通过了《三年法案》，规定每三年必须召开一届议会
1695年	就终止新闻审查制度及《新闻公报》发表意见；发表《基督教的合理性》；约翰·爱德华兹抨击《基督教的合理性》
1696年	被任命为贸易委员会成员（至1700年）；约翰·托兰德出版《基督教并不神秘》；皮埃尔·贝尔出版《历史与批判词典》
1697年	《里斯威克条约》：反法大同盟与法国暂时议和；出版《基督教合理性的第二次辩护》；写一篇关于济贫法的文章；撰写关于弗吉尼亚州政府的报告；托马斯·艾肯海德在爱丁堡被绞死，这是英国最后一次处决异端邪说者

续表

时间	事件
1698年	莫利纽克斯的爱尔兰案例引用了两篇为爱尔兰辩护的论文；阿尔杰农·西德尼（已去世）的《论政府》出版
1701年	西班牙王位继承战争爆发
1702年	洛克最后一次访问伦敦；世界第一家日报在伦敦创办
1704年	完成对圣保罗书信的释义和注释；布伦海姆战役：马尔伯勒公爵战胜法国；直布罗陀沦陷，英国在地中海的海军统治拉开了序幕；10月28日，洛克死于奥茨庄园；葬在英格兰埃塞克斯郡东部小镇的教堂墓区
1705—1707年	《圣保罗书信释义和注释》出版
1706年	未完成的《论宗教宽容的第四封信》出版
1710年	《论宗教宽容》的第一个法语和德语版本出版
1714年	《洛克作品集》第一版
1743年	《论宗教宽容》美国版第一版

文化伟人代表作图释书系全系列

第一辑
《自然史》〔法〕乔治·布封 / 著
《草原帝国》〔法〕勒内·格鲁塞 / 著
《几何原本》〔古希腊〕欧几里得 / 著
《物种起源》〔英〕查尔斯·达尔文 / 著
《相对论》〔美〕阿尔伯特·爱因斯坦 / 著
《资本论》〔德〕卡尔·马克思 / 著

第二辑
《源氏物语》〔日〕紫式部 / 著
《国富论》〔英〕亚当·斯密 / 著
《自然哲学的数学原理》〔英〕艾萨克·牛顿 / 著
《九章算术》〔汉〕张 苍 等 / 辑撰
《美学》〔德〕弗里德里希·黑格尔 / 著
《西方哲学史》〔英〕伯特兰·罗素 / 著

第三辑
《金枝》〔英〕J.G. 弗雷泽 / 著
《名人传》〔法〕罗曼·罗兰 / 著
《天演论》〔英〕托马斯·赫胥黎 / 著
《艺术哲学》〔法〕丹 纳 / 著
《性心理学》〔英〕哈夫洛克·霭理士 / 著
《战争论》〔德〕卡尔·冯·克劳塞维茨 / 著

第四辑
《天体运行论》〔波兰〕尼古拉·哥白尼 / 著
《远大前程》〔英〕查尔斯·狄更斯 / 著
《形而上学》〔古希腊〕亚里士多德 / 著
《工具论》〔古希腊〕亚里士多德 / 著
《柏拉图对话录》〔古希腊〕柏拉图 / 著
《算术研究》〔德〕卡尔·弗里德里希·高斯 / 著

第五辑
《菊与刀》〔美〕鲁思·本尼迪克特 / 著
《沙乡年鉴》〔美〕奥尔多·利奥波德 / 著
《东方的文明》〔法〕勒内·格鲁塞 / 著
《悲剧的诞生》〔德〕弗里德里希·尼采 / 著
《政府论》〔英〕约翰·洛克 / 著
《货币论》〔英〕凯恩斯 / 著

第六辑
《数书九章》〔宋〕秦九韶 / 著
《利维坦》〔英〕霍布斯 / 著
《动物志》〔古希腊〕亚里士多德 / 著
《柳如是别传》 陈寅恪 / 著
《基因论》〔美〕托马斯·亨特·摩尔根 / 著
《笛卡尔几何》〔法〕勒内·笛卡尔 / 著

第七辑
《蜜蜂的寓言》〔荷〕伯纳德·曼德维尔 / 著
《宇宙体系》〔英〕艾萨克·牛顿 / 著
《周髀算经》〔汉〕佚 名 / 著 赵 爽 / 注
《化学基础论》〔法〕安托万–洛朗·拉瓦锡 / 著
《控制论》〔美〕诺伯特·维纳 / 著
《月亮与六便士》〔英〕威廉·毛姆 / 著

第八辑
《人的行为》〔奥〕路德维希·冯·米塞斯 / 著
《纯数学教程》〔英〕戈弗雷·哈罗德·哈代 / 著
《福利经济学》〔英〕阿瑟·赛西尔·庇古 / 著
《量子力学》〔美〕恩利克·费米 / 著
《量子力学的数学基础》〔美〕约翰·冯·诺依曼 / 著
《数沙者》〔古希腊〕阿基米德 / 著

中国古代物质文化丛书

《长物志》
〔明〕文震亨/撰

《园冶》
〔明〕计 成/撰

《香典》
〔明〕周嘉胄/撰
〔宋〕洪 刍 陈 敬/撰

《雪宧绣谱》
〔清〕沈 寿/口述
〔清〕张 謇/整理

《营造法式》
〔宋〕李 诫/撰

《海错图》
〔清〕聂 璜/著

《天工开物》
〔明〕宋应星/著

《髹饰录》
〔明〕黄 成/著 扬 明/注

《工程做法则例》
〔清〕工 部/颁布

《清式营造则例》
梁思成/著

《中国建筑史》
梁思成/著

《文房》
〔宋〕苏易简 〔清〕唐秉钧/撰

《斫琴法》
〔北宋〕石汝砺 崔遵度 〔明〕蒋克谦/撰

《山家清供》
〔宋〕林 洪/著

《鲁班经》
〔明〕午 荣/编

"锦瑟"书系

《浮生六记》
〔清〕沈 复/著 刘太亨/译注

《老残游记》
〔清〕刘 鹗/著 李海洲/注

《影梅庵忆语》
〔清〕冒 襄/著 龚静染/译注

《生命是什么?》
〔奥〕薛定谔/著 何 滟/译

《对称》
〔德〕赫尔曼·外尔/著 曾 怡/译

《智慧树》
〔瑞士〕荣 格/著 乌 蒙/译

《蒙田随笔》
〔法〕蒙 田/著 霍文智/译

《叔本华随笔》
〔德〕叔本华/著 衣巫虞/译

《尼采随笔》
〔德〕尼 采/著 梵 君/译

《乌合之众》
〔法〕古斯塔夫·勒庞/著 范 雅/译

《自卑与超越》
〔奥〕阿尔弗雷德·阿德勒/著 刘思慧/译